向松祚◎著

争夺制高点

全球大变局下的金融战略

Fighting for Commanding Heights

the Financial Strategy in the Age of Globalization

中国发展出版社
CHINA DEVELOPMENT PRESS

图书在版编目（CIP）数据

争夺制高点——全球大变局下的金融战略/向松祚著．北京：中国发展出版社，2013．4

ISBN 978-7-80234-925-4

Ⅰ．①争…　Ⅱ．①向…　Ⅲ．①金融—世界—文集　Ⅳ．①F831-53

中国版本图书馆 CIP 数据核字（2013）第 074640 号

书　　　名：争夺制高点——全球大变局下的金融战略
著作责任者：向松祚
出 版 发 行：中国发展出版社
（北京市西城区百万庄大街 16 号 8 层　100037）
标 准 书 号：ISBN 978-7-80234-925-4
经　销　者：各地新华书店
印　刷　者：北京科信印刷有限公司
开　　　本：700mm × 1000mm　1/16
印　　　张：22．5
字　　　数：310 千字
版　　　次：2013 年 5 月第 1 版
印　　　次：2013 年 5 月第 1 次印刷
定　　　价：48．00 元

联 系 电 话：（010）68990630　68990692
购 书 热 线：（010）68990682　68990686
网 络 订 购：http：//zgfzcbs．tmall．com//
网 购 电 话：（010）88333349　68990639
本 社 网 址：http：//www．develpress．com．cn
电 子 邮 件：bianjibu16@ vip．sohu．com

自　序

美国著名学者、哈佛教授塞缪尔·亨廷顿的名著《文明的冲突与世界秩序的重建》曾经风靡学界。多年前我拜读这部著作，作者的一个重要论断深深吸引了我的注意力，长期萦绕在我的脑际。亨廷顿列举了西方文明控制世界的14个战略要点，竟然有3项是在货币金融领域，包括“拥有和操纵国际银行系统”、“控制所有硬通货”和“主宰国际资本市场”。

多年来，金融史和金融战略，一直是我致力研究的重要课题，我渴望深入理解金融体系之演变规律和金融战略之重大作用。本书所收文章，只是一些思想碎片。虽非系统论述，脉络还算清晰。

纵观近现代世界史，我们可以发现一个基本规律：货币霸权、金融中心和大国崛起往往三位一体，如影随形。金融战略是大国崛起的关键力量，强国富国则与金融霸权相伴而生。过去500年来，各个时期具有代表性的世界强国，诸如荷兰、英国和美国，在他们相继勃然兴起的过程中，金融发挥了举足轻重的巨大作用。15～16世纪的荷兰凭借丰富的金融创新和强大的金融中心，将殖民触角和贸易网络伸向世界，一跃成为欧洲最富有国家。17～19世纪的英国，通过创立英格兰银行、国债市场和股票市场，建立起一套完整的金融体系，带动了经济快速发展，催生了第一次工业革命，并从此称霸世界数百年。

美国崛起和称霸世界的历程，与金融的关系则更加密切。20世纪以来，美国政府与华尔街金融家和企业家紧密合作，通过制定和实施周密长远的金融战略，敏锐抓住了两次世界大战、冷战、经济金融全球化等多次重大战略机遇，精心策划，运筹帷幄，迅速将美元提升为全球最主要储备货币和金融交易货币。通过控制国际清算银行、国际货币基金组织和世界银行等主要国际金融机构，美国牢牢掌握着国际货币金融体系的话语权和规则制定权。通过控制全球货币金融市场，美国得以操控世界经济，为国家攫取最大利益。

美国凭借美元霸权的特殊地位，将全球经济改造成“美国出口货币，其他国家出口商品”的格局。美国能够低成本吸纳资金和对外借债，反过来投资其他国家的高收益资产，为自己赚取高额收益；美元作为世界主要金融贸易结算货币，美国无需承受汇率动荡风险，却可以反过来将指责他国汇率操纵作为重要的金融外交武器。

美国可以近乎无限制发行储备货币，制造全球性通货膨胀，向其他国家转移金融危机和财政赤字负担；美国还可以近乎无限制创造信用，通过投资银行和各种基金去收购或控制其他国家的产业命脉；美国掌控着全球货币金融的交易体系和清算网络，从而可以很方便地对敌国实施货币金融制裁，最近几年对利比亚和伊朗的金融制裁就是突出例子。

正因为此，维护美元霸权地位，始终是美国外交和军事战略的核心目标之一。现任美联储主席伯南克多次宣称：维持美元的国际货币地位，对美国至关重要。当许多国家抱怨和批评美元贬值、希望寻找美元替代品之时，美国总统奥巴马就专门发表声明，强调美元不能被替代，也不应该被替代。

欧元单一货币的诞生，正是欧洲各国渴望争夺全球货币金融制高点的直接结果。欧元诞生的主要政治背景，是欧盟希望摆脱美元控制，与美元分庭抗礼，分享全球货币金融话语权和控制权。欧元战略是欧盟国际战略最核心的组成部分。最近几年，即便遭到债务危机的严重冲击，即使面对英美高调唱衰欧元，欧盟依然顽强捍卫欧元，并发誓要继续扩张欧元，竭力提升欧元在国际货币体系中的地位。

进入21世纪之后，全球化浪潮一日千里，金融战略和金融实力愈加重要。许多政治家和战略家一致认为，金融战略、军事战略和外交战略并驾齐驱，已经成为国家争夺和维护自身利益的三大关键武器。数百年以来，特别是过去数十年的历史经验充分说明，谁能占领全球货币金融制高点，谁就能掌控和操纵全球经济体系为自己的利益服务。

2008年金融危机爆发之后，国际货币金融体系进入急剧动荡时期，改革呼声此落彼起，一浪高过一浪。许多发展中国家开始高度关注国际货币金融体系对自身利益的巨大影响，纷纷开始制定国际货币金融战略，力图提升本国货币地位，推动双边和多边货币合作，以促进和保障本国利益。

毫不夸张地说，当今世界，围绕国际金融控制权和话语权的争夺，正呈日益激烈之势。它从一个侧面充分证明了邓小平的著名论断：金融是现代经济的核心。如果读者认为本书所收录的那些只言片语，有资格成为邓小平著名论断的小小脚注，那将是我的莫大荣幸。

向松祚

2013年3月

目　录

争夺制高点

汇率大辩论

货币潘多拉

超级霸权论

欧债风云录

迈向国际化

理论新思维

争夺制高点 ›

金融是现代经济的核心。

——邓小平

如果你控制了石油，你就控制了所有国家。
如果你控制了粮食，你就控制了所有的人。
如果你控制了货币，你就控制了整个世界。

——佚　名

汉密尔顿创建的金融体系，是美国繁荣富强的神奇密码。他叩开信用资源之门，财富洪流立刻汹涌澎湃。美国人民满怀感恩之情，世界人民满怀敬畏之心。丘比特拈花一笑，智慧之神翩然而至，那是我们钟爱的希腊神话。然而，汉密尔顿创造的金融战略比希腊神话还要美妙。他那不可思议的大脑灵机一动，整个美国金融体系就应运而生。

——19 世纪美国政治家 Daniel Webster

争夺全球金融制高点

早在1960年代，美国利用货币特权制造货币泡沫以掠夺其他国家财富和资源，就遭到许多学者和政治家的严厉谴责。法国总统戴高乐及其最亲密经济顾问雅克·鲁夫的批评举世知名，是国际货币历史上的经典故事：

戴高乐（1965年）："美国享受着美元所创造的超级特权（Exorbitant Privileges）和不流眼泪的赤字。它用一钱不值的废纸去掠夺其他民族的资源和工厂"。创造新的国际货币以挑战美元霸权，是戴高乐和几代法国政治家的共同使命，欧元则是最重要的成就。

雅克·鲁夫（1961年）："当代国际货币体系已经沦落为小孩子的过家家游戏。欧洲各国辛辛苦苦赚回美元和英镑，然后又毫无代价地拱手返回给发行这些货币的国家，就好像小孩子们玩游戏一样，赢家同意将赚回的筹码奉还给输家，游戏却继续进行。"鲁夫精彩深刻地描述了储备货币国家和非储备货币国家所处的不平等地位，40多年后的今天，此种不平等地位变本加厉。

前苏联学者瓦西里·列昂捷夫（1974年）："事实是，在资本主义世界里，国家乃至有胆识的企业家和银行家都使用或滥用铸造货币的特权。美国政府尤其如此，它长期让不可兑换的美元充斥其他国家。它之所以能够这么做，根本原因是它有足够的信用，有足够的实力。"列昂捷夫强调"足够的信用，足够的实力"，客观中肯，引人深思。毕竟，美元霸权和历史上的一切货币霸权不是天上掉下来的馅饼。

今天我们仍然要仔细思考最基本的问题：为什么美联储敢于放胆制造伯南克泡沫，为什么美国能够肆意放纵美元吸金大法去"掠夺"世界各国财富？就连美国学者自己也问：为什么美元霸权能够如此嚣张？为什么欧央行、英国也能够享受与美国类似的特权？

某种程度上，三个地区都能够操纵货币金融霸权来转嫁危机负担，都能够滥用货币金融特权来转移世界财富。三个地方有一个基本的共同点：它们都是世界主要储备货币发行国，是世界金融中心，是老牌金融帝国主义强国，是金融资本和产业资本相结合之垄断资本的发源地。

有几个数字可以概括当今国际货币金融体系："两个75%、一个80%、一个90%"。美元和欧元加起来，占全球外汇交易总量的75%；占全球债券发行量的75%；占特别提款权（SDR）货币篮子的80%；占全球中央银行外汇储备总量的90%（美元64%，欧元26%）。英国和英镑也不可小视。英镑储备货币地位虽然比不上美元和欧元，伦敦却是世界主要金融中心，某些指标甚至超过纽约，高居世界第一。根据最新统计数据，英国银行体系存款余额与GDP的比例高居世界第一（超过400%），主要原因就是英国银行体系吸收了大量全球资金。凭借金融中心地位，英国将全球资金吸引到伦敦去，创造利润、创造财政收入、创造就业，一举多得。英国许多银行都是国际著名大银行，譬如汇丰银行、渣打银行、苏格兰皇家银行、巴克莱资本。它们的资金、收入和利润主要来自英国本土之外。

美国、欧元区和英国堪称全球货币金融三巨头。分析它们的整体资产负债表，我们就会发现，美国、英国、欧元区就像真正的世界银行那样，凭借储备货币和金融中心地位，以极低利率（成本）吸收全球资金（存款），然后转手到世界各地去投资高收益资产。

截至2010年底，美国海外资产20.315万亿美元，负债22.786万亿美元，净负债2.471万亿美元。虽然负债累累，每年美国却都赢得巨额净收益，原因是美国海外资产之收益率远超过负债成本（平均3个百分点以上）。美国海外资产近80%是高收益直接投资，负债近80%却是国债和公司债，成本极低。2008年金融危机之后，美国短期国债收益率几乎为零，全球资金却依然趋之若鹜，相当于世界各国免费把资金给美国人使用。

欧元区与美英类似。2010年底，欧元区海外资产21.971万亿美元，负债23.620万亿美元，净负债高达1.649万亿美元。英国海外资产

14.539 万亿美元，负债 14.857 万亿美元，净负债 3180 亿美元。英国 GDP 排名已经落到世界第七，金融地位却依然高居世界第二，仅次于美国。它让我想起法国年鉴派史学大师布罗代尔的一句话：货币金融霸权总是非常长久！

储备货币地位给美国带来多大利益？很难测算，单凭它们可以随意印钞票救银行、救企业、救政府、大肆为赤字融资；单凭超过 5.5 万亿美元的外国资金以极低代价借给美国人使用，替美国人的军事开支埋单，你就可以想象储备货币和金融中心利益有多大。假若美国不是世界主要储备货币国家，遇上 2007～2008 年那样的金融危机，美国早就破产了，许多金融企业早就完蛋了。然而，伯南克可以泰然自若地肆意滥发货币来应对危机，全世界资金滚滚流入美国国债市场。2012 年 8 月标准普尔下调美国主权信用级别，举世哗然，结果美国国债收益率不升反降，2011 年底，美元甚至变得比黄金还牛，比黄金还“贵”，比黄金还“安全”！

亘古以来，谁能够占领一个国家、一个地区和全球的货币金融制高点，谁就能够利用或滥用货币特权为自己牟取巨大利益。货币体系的本质是购买力创造机制，是收入分配机制，是财富转移机制，是价格决定机制。相应地，国际货币体系就是国际一般购买力创造机制，全球财富和收入分配机制。它决定了全球经济体系的价格结构和价格权力。谁掌控国际货币体系，谁就可以创造国际一般购买力去购买全世界，谁就可以操纵全球价格体系将世界财富据为己有。

我们总是习惯从贸易结算、汇率制度、货币政策、储备资产等角度去观察国际货币体系，这很不完全，非常错误，非常危险。金融危机教会我们从国际战略角度、从全球财富和收入分配角度、从国家兴衰角度、从大国竞争角度去观察国际货币体系和全球价格体系。

全球价格体系从来就不是一个公平公正的价格体系。经济学教科书给人的印象似乎是：白菜萝卜、鸡蛋韭菜的价格与石油、铁矿石的价格没有什么两样，与货币、公司股权和债券的价格没有什么两样，好像全球价格体系是一个公平的体系，大错特错。

世界价格体系从来就是一个金字塔体系，金字塔的顶端是储备货币的发行，它决定了全球流动性总量和价格水平。第二层是全球债券市场，它决定谁有能力和以多少代价获得全球资金。第三层是全球股权价格，它决定各国公司和企业的价值。第四层是全球战略资源价格，即通常所说的大宗商品价格。第五层是最终商品价格。掌控全球储备货币和金融中心，就掌控了全球价格体系金字塔的最顶端或制高点。

谁能占领货币金融制高点，谁就能掌控和操纵全球价格体系为自己利益服务。全球经济金融的制高点就是储备货币和金融中心。谁掌握这两个东西，谁就能立于不败之地，数百年独领风骚。17 世纪的荷兰阿姆斯特丹、18～19 世纪的英国伦敦，20～21 世纪的美国纽约，皆是如此。

伯南克泡沫和美元吸金大法

请允许我首先引述两段胡锦涛主席2011年11月4日在法国戛纳G20峰会上的重要讲话。

从根本上看，世界经济发展的最大瓶颈在于广大发展中国家未能实现充分发展，使世界范围内有效需求增长未能跟上生产力发展步伐。长期以来，发达国家和发展中国家资源占有失衡，财富分配不公，发展机会不均，形成‘越不发展越落后，越落后就越难发展’的恶性循环，最终制约了世界经济持久稳定增长。

国际社会应该加强沟通和协调，努力形成相互支持、相互补充的政策措施，妥善化解主权债务、跨境资本大规模无序流动等金融风险，控制大宗商品价格波动，有效缓解全球通胀压力，避免各国经济政策效果相互抵消。我们应该推动形成更加合理透明的大宗商品定价和调控机制，扩大产能、稳定供求、加强监管、抑制投机，实现和保持大宗商品价格合理稳定，着力保障全球能源安全和粮食安全，尤其是要保障发展中国家能源和粮食消费需求。

这两段话深刻揭示了当今全球货币、金融和经济体系的深层次矛盾和重大难题。跨境资金大规模无序流动、大宗商品价格剧烈波动、大宗商品过度投机、全球性通货膨胀压力、能源和粮食安全极度堪忧……这一切的根源，就是以美联储为首的全球性量化宽松货币政策，我们可以将上述现象统称为“伯南克泡沫”。

伯南克泡沫的危害远不止此。其最大危害就是加剧“发达国家和发展中国家资源占有失衡，财富分配不公，发展机会不均”。以“伯南克泡沫”制造全球通胀，转嫁危机成本，转移世界财富，吞噬各国外汇储备，加剧全球金融动荡，我给这个过程取个名字，叫做“美元吸金大法”。

伯南克泡沫和美元吸金大法相互促进，相互加强，共同构成了当今世界货币金融格局最重要的变化，那就是全球制造业中心与货币金融中心的快速背离，也就是全球真实财富创造中心和一般购买力创造中心的快速背离。

这是人类经济数百年来前所未有的大变局。它对全球产业格局、资源配置格局、大宗商品价格和全球价格体系、财富分配格局，都具有极其深远的重大影响。最近几年，我逐渐认识到，如果不能消灭或遏制伯南克泡沫的泛滥和美元吸金大法持续兴风作浪，新兴市场国家（包括中国）极有可能陷入“贫困性增长困境”。所谓“贫困性增长困境”，就是你生产得越多，出口得越多，相对收入水平不仅不会提高，反而会越来越低！

为什么会出现如此怪异的现象？我以为核心原因是美元霸权加速了全球制造业中心和金融中心的背离。发达国家（美国、欧洲和日本）的制造业逐渐“空心化”，全球制造业中心已经决定性地转移到新兴市场国家，尤其是转移到亚洲（重心又是中国）。然而，发达国家继续掌控着全球货币金融中心或者一般购买力创造中心。换句话说，东方拥有真实财富创造中心，西方掌控货币金融中心；东方制造真实产品，西方创造货币购买力；东方为全世界制造产品，西方为全世界产品定价；西方大量发行债券和创造各种金融产品，东方则用自己的储蓄去购买这些金融产品；东方储蓄，西方消费；东方节俭，西方挥霍；西方向东方借钱，东方给西方融资。

制造业中心和货币金融中心的快速背离，才是国际经济失衡之本质。现在许多人谈论全球经济再平衡，甚至把焦点集中于人民币汇率，实在是看错了病，更是吃错了药。全球经济再平衡的关键只有一个，那就是如何遏制或消灭伯南克泡沫和美元吸金大法。途径有两条，一是新兴市场国家（尤其是中国）尽快成为全球货币金融体系的强大竞争者，占领全球货币金融制高点，一是发达国家重启制造业。

伯南克泡沫和美元吸金大法，可以分解为五大手段：发行钞票、制造通胀、创造信用、操纵汇率、掌控国际货币体系话语权。详细分析，可以分解为十大机制。

其一，美国可以近乎无限地发行美元钞票以购买全球资源和商品。换句话说，作为全球最主要储备货币发行国，美国出口“货币流动性服务”，全世界其他国家为获得美元流动性服务，就要支付对价，也就是拿资源和商品兑换美元货币储备。根据不完全统计，仅美钞一项，全世界（美国以外）每年的需求量就超过5000亿美元。

其二，向全世界征收通货膨胀税，以美元贬值方式间接“赖债”（让美国发行的国债和其他债券贬值）。新世纪以来，美元相对世界主要货币贬值幅度超过30%。

其三，以美元信用购买各国产业和企业。美国拥有全世界最庞大的风险投资基金、私募基金和其他各类基金，拥有全世界最强大的投资银行（以高盛和大摩为代表），它们以杠杆融资方式参与全球产业的兼并、整合、重组和上市，以金融资本和产业资本相结合的垄断资本形式，控制全球许多产业的制高点和命脉。

其四，投资其他国家的高收益资产，却限制外国资本到美国控制企业和进行外商直接投资。美国政府制定有非常明确的金融投资和贸易政策，确保外国资本在美国境内的外商直接投资不能超过一定比例，一般是20%以下，尽量引导外国资本进入美国债券市场和其他金融市场。到2010年底，外国资本在美国的总投资里，外商直接投资占比只有17.1%，其余皆是投入到金融市场。相反，美国拥有的外国资产总额里，外商直接投资占比达到65%，金融市场投资只有1/3。

其五，操纵美元与其他货币之汇率以赚取利差收益。譬如2001～2006年期间，仅美元相对其他货币汇率贬值一项，美国就净赚8920亿美元。

其六，借助庞大美元债券市场的规模效益和“锁定效应”，吞噬外国政府累计的外汇储备。外国投资美国国债越多，就越难以自拔，美元债市流动性就越高，各国外汇储备投资就越是别无选择。2007年次贷危机以来，美联储大搞量化宽松货币政策、肆意滥发货币，迫使世界许多国家累积的美元储备急剧增加，从危机前不到6万亿美元，剧增到今天接近12万亿美元。

其七，世界各国美元储备资产大多数存放于美资银行，许多国家外汇储备及其投资直接委托美联储托管，从而有效降低美国的国际金融风险，大幅度增强各国对美国的依赖。美国金融战略家还制定出针对中国的“确保金融相互毁灭机制”（Monetary Mutual Assured Destruction M－MAD）。

其八，美国以自己的货币借债，完全不存在困扰其他国家的“货币错配”（Currency Mismatch）难题，要是其他国家经历2007～2008年那样的次贷危机和金融海啸，一定会破产，美国却安然无恙，伯南克的美联储可以任意发行美元救市。

其九，美元是国际贸易最主要结算货币，企业不用承担汇率风险。美国却可以肆意指责他国操纵汇率，以此为借口，搞贸易制裁和保护主义。

其十，美元霸权地位确保美国完全掌控对国际金融规则的话语权和制定权，主要是对世界银行和国际货币基金组织的绝对控制权。美国至今依然不愿意放弃对国际货币基金组织一票否决权，不愿意放弃对世界银行的绝对掌控权。

全球金融大变局

全球金融体系正在经历史无前例的大变局，它的幕后推手就是量化宽松货币政策。我们既没有深刻认识到货币泛滥对全球金融体系之深远影响，当然更没有找到妥善应对之策。它是人类面临的最大麻烦之一，没有哪个国家能够躲开这个麻烦。

2011 年 8 月，当美国国会和白宫为提高国家债务上限纠缠不休之时，一家澳大利亚报纸刊登一幅漫画，讽刺美国债台高筑和美联储印刷钞票为债务融资：一位白宫助理兴高采烈地告诉总统奥巴马："我们终于达成协议了，新的债务上限高达 14.3 万亿美元。"奥巴马问："折换成硬通货是多少？"答："约等于 12 根上好的澳大利亚香蕉！"

保守估计，美国政府目前总债务高达 32 万亿美元，如果算上间接和隐形债务，总额可能超过 80 万亿美元。国际货币基金组织预计，2015 年，美国国债与 GDP 之比将超过 100%。以滥发钞票和通货膨胀来实质性削减债务负担，是难以抗拒的诱惑和易如反掌的捷径。

2008 年，美国《时代》周刊将格林斯潘选为年度封面人物，赞扬他是"拯救世界的三位英雄之首"。而在 2009 年，该杂志却将格老列为 2008～2009 年全球金融海啸和金融体系崩溃三位元凶之首。与此同时，格老的继任者伯南克却荣登年度封面人物。人们不禁要问：伯南克的货币政策与格林斯潘有什么本质上的不同吗？答案是没有。若干年后，伯南克或许要遭遇格老同样的命运，以毁灭世界经济和金融元凶之身份被钉上历史耻辱柱。

格林斯潘执掌美联储近 20 年时间里，多次长时间实施低利率货币政策。2000 年 IT 泡沫破灭和"9·11"恐怖袭击之后，格老将美联储基准利率维持历史低位长达 16 个月，次贷泡沫应运而生。如果严格依照美国长期经济增长趋势来制定货币政策，美联储基准利率之适当水平应该是4%～5%，然而，21世纪长达10年时间里，美联储基准利率超过4%的时间总共只有16个月（即2006年6月29日至2007年9月18日），其余时间里，美联储一直坚持低利率政策。很长时间里，美国真实利率（名义利率减去预期通胀率）为负数。人类金融和货币历史的经验反复告诉我们：负利率必然导致资产价格泡沫和泡沫破灭之后的金融危机。

伯南克无疑是美联储历史上最“勇敢”的人物，他颠覆了中央银行货币政策长期信守不渝的一切规则、惯例、哲学和禁忌。著名货币理论家和美联储史学家艾伦·梅泽说（Allan H. Meltzer）：“2008年，美联储彻底改变其货币政策。它抛弃了以往所有先例，破天荒接受不具有流动性的长期债务资产为抵押品，以便向银行体系无限度提供贷款。仅仅数周时间，美联储资产负债表上超过一半的资产就变成长期债务资产。这是所有发达国家中央银行历史上前所未有的巨大变革。”

美联储对全球所有国家的货币政策具有决定性影响力，绝大多数国家或主动或被迫追随美联储货币政策。全球近70个国家的货币与美元挂钩，货币政策自然与美联储同步。日本央行和英格兰央行自不必说，它们是量化宽松政策的始作俑者和急先锋。就连矢志捍卫德意志联邦银行（德国中央银行Bundesbank）货币政策哲学的欧洲中央银行（ECB），最终也难以抗拒量化宽松的诱惑。仅仅两轮“长期再融资操作”，数月内就向金融市场释放货币超过1万亿欧元。全球主要储备货币国家肆意放水，相当部分流到新兴市场国家，迫使新兴市场国家中央银行大量买入美元和欧元储备货币，被迫释放大量本国货币。从核心国家到边缘国家，从储备货币到非储备货币，从中央银行到商业银行和金融机构，全球性量化宽松的滚滚洪流，以迅雷不及掩耳之势泛滥到世界每一个角落。

以美联储为首的全球性量化宽松货币政策，就像那个打开的“潘多拉盒子”，滚滚不息的货币洪流就像肆意到处兴风作浪的魔鬼，不断卷起货币信用、资产价格和金融危机的惊涛骇浪。伯南克自己也承认这一点。他在新世纪之初（2002年）写道：“过去20年里，全球金融不稳定性显著增加，其中的重要环节就是资产价格的剧烈波动。”他没有深刻认识到，正是全球货币体系和货币供应量失去约束，才是导致全球资产价格的剧烈波动的根本原因。

我们可以简要勾画出当今全球金融体系的基本逻辑：全球货币扩张→全球信用扩张→全球资产价格泡沫→泡沫破灭和崩盘→货币危机、债务危机、银行危机和金融危机→经济危机或衰退萧条→扩张货币（低利率和量化宽松）救市和刺激经济复苏→扩张的货币和信用流入虚拟经济→新一轮资产价格泡沫迅速产生→新一轮资产价格泡沫破灭导致危机→开启新一轮救市和经济刺激措施→新一轮货币信用扩张应运而生……如此循环往复，以至无穷。

全球金融逻辑导致全球金融大变局，全球金融不稳定性急剧恶化。它主要表现为三个方面。

其一，虚拟经济日益背离实体经济。根据不完全统计，1980 年，全球虚拟经济与全球 GDP 之比刚刚越过 100%，1995 年达到 215%，2005 年达到 316%，2010 年达到 338%。美国、欧元区和英国的虚拟经济规模分别达到 GDP 的 420%、380% 和 350%。“投机赌博新经济”和“赌场资本主义”成为人类经济体系之显著特征，成为金融危机频繁爆发之内在根源。

虚拟经济和实体经济严重背离，已经成为全球宏观经济政策的最大难题，财政政策和货币政策已经无力刺激实体经济复苏，因为量化宽松和财政赤字所释放的货币和信贷，绝大部分进入到虚拟经济自我循环体系之中，无法流到实体经济体系。伯南克实施了两轮大规模量化宽松货币政策，美国实体经济之复苏依然缓慢和脆弱，失业率长期高位盘桓。与此相反，道琼斯股票指数、纳斯达克指数、金融市场交易量早已跨越危机之前的最高水平，可谓高歌猛进，势不可挡。欧洲、英国、日本和许多新兴市场国家的情形大同小异。全球性量化宽松货币政策加剧了虚拟经济和实体经济之背离，加剧了全球金融不稳定性。

其二，全球虚拟经济或金融投机经济日益成为一个自我循环、自我膨胀的体系。与实体经济几乎毫无关系的金融交易（尤其是衍生金融交易）已经成为银行和许多金融机构收入和利润的重要甚至主要来源。譬如，2009～2011 年三年间，美国三家最大银行（花旗银行、美国银行、摩根大通）之税前利润总额，金融交易之贡献比例高达 149.44%，

75.95%和59.50%。全球金融衍生品名义价值高达数百万亿美元，外汇市场日交易量超过4万亿美元，全年超过800万亿美元，与此对照，全球每年真实贸易额只有20万亿美元左右，全球实体经济GDP每年只有60万亿美元。

其三，大宗商品成为地地道道的金融投机产品，大宗商品价格已经严重脱离真实经济体系的供给和需求，投机炒作成为大宗商品价格的主要决定力量。金融投机推动大宗商品价格持续暴涨，输入性通胀成为新兴市场国家长期面临的最大威胁。

金融战略助推大国崛起

——从阿姆斯特丹到纽约

纵观以往 500 年波澜壮阔的人类发展史，我们会发现一个基本规律：货币霸权、金融中心和超级强国往往三位一体，如影随形。17 世纪是荷兰和阿姆斯特丹，18～19 世纪是英国和伦敦，20 世纪开始是美国和纽约。金融战略对大国崛起究竟有多大作用？笔者粗浅研究之体会，以为金融战略乃是国家强盛之核心动力。以美国为例，一个人口不到400 万的小小殖民地，只用百年功夫，就傲然成为全球第一强国，秘诀何在？我以“八字真言”总结之：制度、教育、科技、金融。制度是根本，教育是基础，科技是先导，金融是工具。历史经验反复证明，不善用金融工具之国家，很难成为真正富裕强大之国家。

东西文明“大分叉”是国际史学界最热闹的课题。话说直到 18 世纪初，东西方之文明水平还不相上下，为什么随后就分道扬镳，只过了百多年时间，欧美文明就完全控制了世界？一个重要答案就是：自 17 世纪开始，西方突然出现史无前例的金融创新，金融创新启动工业革命，工业革命创造富国强兵。与此同时，以中华帝国为代表的东方诸国，竟然彻底闭关锁国，与世隔绝。直等到西洋坚船利炮轰开国门，方大梦初醒，惊骇莫名。

现代金融起自 15～16 世纪意大利城邦国家威尼斯、热那亚和佛罗伦萨。三大城市有多项重要发明流芳百世，可交易国债市场、复式簿记和金融算术算是三大法宝。凭借三大金融魔术，小小城邦纷纷登上世界舞台，以不可遏制的勃勃野心向海外疯狂扩张，领衔主演则是犹太金融投机家。时移世易，宗教迫害和频繁战乱将欧洲金融中心逐渐转移到以宽容和安全著称的荷兰阿姆斯特丹。自 16 世纪下半叶开始，阿姆斯特丹雄踞欧洲，是最重要的贸易中心、金融中心、航运中心和财富中心。1531年，阿姆斯特丹股票交易所和商品交易所开业；1609年，世界上第一家中央银行—阿姆斯特丹银行诞生；1602年，世界上最著名的远洋殖民冒险公司—荷兰东印度公司创立；1609年，世界上第一只可以自由转让的公司股票——荷兰东印度公司的股票开始交易；1636年，人类第一个远期期货合约和交易诞生；1650年，阿姆斯特丹股票买空卖空和投机达到巅峰……金融创新眼花缭乱，金融投机风起云涌，财富神话日新月异，一个依靠围海造田获取生存空间的欧洲小国奇迹般飙升为欧洲乃至全球最富有和最强大的国家，殖民地和贸易网络遍及整个世界。1603年，荷兰船队抵达印度；1603年，荷兰商船抵达澳门和锡兰；1610年，荷兰占领马六甲和槟榔屿；1616年，荷兰迫使日本通商；1624年，荷兰占领我国宝岛台湾。不到20年时间里，荷兰人的殖民和贸易网络横跨非洲好望角到日本福冈的广大海域。与此同时，荷兰人创立西印度公司去美洲新大陆争霸，与西班牙、葡萄牙和英国一决雌雄。历史学家公认，至少在长达150年时间里，荷兰阿姆斯特丹是欧洲和全球贸易、货币和金融的主导者甚至垄断者。

1688年，英国爆发光荣革命，荷兰省督、英国国王女婿入承英伦大统，他就是大英帝国历史上赫赫有名的威廉三世。威廉三世的最大贡献就是将阿姆斯特丹的金融魔术全盘引进伦敦，一大批荷兰的犹太金融大亨跟随威廉三世到英国再创辉煌。1694年，威廉三世和王后作为大股东亲自创办的英格兰银行，成为以后英国历次对外战争和海外扩张最方便和最有力的融资平台。有了英格兰银行为坚强后盾，国债市场、股票市场、外汇市场、商品交易市场等多层次金融市场迅猛发展，很快就催生了人类历史上第一次工业革命，英国从此称霸世界，伦敦从此成为世界银行和金融中心，英镑从此加冕为世界最重要储备货币。在长达近200年时间里，英国凭借金融魔术那不可思议的神秘力量，将一个资源异常贫乏的国家改造成为世界超级霸主，米字旗飘扬到世界五大洲四大洋。

法国百科全书派历史学家最杰出的代表布罗代尔就曾经以极大篇幅描述英国国债对大英帝国兴旺发达的最高重要性。在《15至18世纪的物质文明、经济和资本主义》第3卷里，布罗代尔写道："公债是英国经济健康的最佳标志。公债是英国取得历次战争胜利最重要的法宝。英国战胜法国就是公债政策的结果，法国的脆弱就在于它没有公债市场，信贷组织不完善。然而，差不多过了100年，法国人才开始认识到英国公债的优越性。"

金融创新和国债市场同样是美利坚赢得独立战争和迅猛崛起的重要秘诀。建国之初，年轻财长汉密尔顿就以难以置信的天才思维和远见卓识，将金融战略确定为最重要的建国方略，华尔街金融传奇立刻开始上演。

汉密尔顿倾尽全力开启美国宏伟壮阔的金融革命，源自他系统深入的金融哲学思想，源自他对世界各国经济发展史尤其是大英帝国崛起历史经验的深刻把握。远在出任财长之前，汉密尔顿就在读书笔记里写道："1690年代开始，大英帝国创建了英格兰银行、税后体系和国债市场。18世纪，英国国债市场迅猛发展。国债市场之急速扩张，不仅没有削弱英国，反而创造出数之不尽的巨大利益。国债帮助大英帝国缔造了皇家海军，支持大英帝国赢得全球战争，协助大英帝国维持全球商业帝国。与此同时，国债市场极大地促进了本国经济发展。个人和企业以国债抵押融资，银行以国债为储备扩张信用，外国投资者将英国国债视为最佳投资产品。为了美国的繁荣富强，为了从根本上摆脱美国对英国和欧洲资金和资本市场的依赖，美国就必须迅速建立自己的国债市场和金融体系。"

汉密尔顿深刻洞察了金融创新和信用手段的本质以及最高重要性。历史则很快验证了汉密尔顿的先见之明和高瞻远瞩。1780年代，美国金融市场还是一塌糊涂，10年后的1794年，也就是正式建国仅仅7年之后，欧洲投资者就给美国国债和整个金融市场以最高信用评级。当时的法国外交部长宣称："美国国债运转良好、安全可靠；美国政府对国债市场的管理是如此规范、美国经济发展是如此迅速，以至于我们从来不担心美国国债的安全性。"正是国家信用的完善刺激欧洲资金源源不断流入美国，推动了美国经济的快速增长。

19世纪美国著名政治家 Daniel Webster 曾经如此评价汉密尔顿金融战

略对美国的最高重要性：汉密尔顿创建的金融体系，是美国繁荣富强的神奇密码。他叩开信用资源之门，财富洪流立刻汹涌澎湃。美国人民满怀感恩之情，世界人民满怀敬畏之心。丘比特拈花一笑，智慧之神翩然而至，那是我们钟爱的希腊神话。然而，汉密尔顿创造的金融战略比希腊神话还要美妙。他那不可思议的大脑灵机一动，整个美国金融体系就应运而生。

世界与货币洪水随波逐流

2012年3月14~15日，我到德国法兰克福参加货币金融机构官方论坛（OMFIF）和德国中央银行（Bundesbank）联合举办的国际会议，辩论“处于十字路口的国际货币局势”。德国央行理事拿格尔博士（Joachim Nagel）的主题演讲令人印象深刻。他直率批评欧央行（ECB）实施“长期再融资操作”（LTRO，累积规模超过1万亿欧元）。

拿格尔博士认为，再融资操作并非欧债危机妥善解决之道。相反，四方面的负面效果将迫使欧洲各国付出巨大代价。其一，长期再融资操作扭曲金融市场对欧元区各国债券和金融产品的风险评估，金融债券产品风险估算将严重背离经济基本面。其二，长期再融资操作给欧元区和全球金融市场注入过多流动性，必然强化欧元区和全球的长期通胀风险预期。其三，长期再融资操作加剧欧元区各国贸易账户、经常账户和国际收支账户失衡，单一货币区内的经济失衡将日趋恶化。其四，欧央行资产负债表急速膨胀。自2007年1月到2012年初，欧央行资产从11544亿欧元扩张至26557亿欧元，增幅高达250%。如此庞大资产未来如何善后，如何避免各国纳税人为欧央行潜在的巨额“坏账”埋单？拿格尔认为欧央行再融资操作背离了货币政策的正确方向，是极端危险的行动。他演讲的最后一句话是：我们恳求政治家帮助我们将货币政策重回正常轨道！

拿格尔并非公开批评再融资操作的第一人。2011年底，德国央行新任行长魏德曼接受德国最大经济报刊《德国商报》（Handelsblatt）专访，明确质疑欧央行的再融资操作政策。2011年9月，欧央行德籍理事会成员、首席经济学家史塔克（Jurgen Stark）强烈反对欧央行大规模注入流动性购买政府债券来应对危机，愤然宣布辞职，将欧央行内部的政策分歧昭告世界。

法兰克福会议的晚宴邀请美联储著名鹰派人物、达拉斯联储主席Richard Fisher发表主题演讲。此公目前是联储公开市场委员会非投票权成员，长期在公开市场委员会里高唱反调，与伯南克分庭抗礼，广受世人瞩目。Fisher的演讲再次强调他一贯坚持的两个基本立场。其一，无限度扩张货币供应量必定导致大宗商品价格长期攀升和全球通胀预期恶化。其二，货币政策有内在局限性。不能过度依赖货币政策来刺激经济复苏。Fisher多次向华盛顿政客喊话："我们已经做够了，现在必须看你们的了。"

从法兰克福回北京的飞机上，我拜读美国学者Peter Hartcher的一篇文章，题目颇为耸人听闻：《货币之死》(The Death of Money)，这是我读过的对伯南克货币政策最激烈的批评了。文章开宗明义，观点鲜明："美国肆意创造廉价货币就像是沉溺于毒瘾，正在刺激新一轮史无前例的金融和货币泡沫，彻底摧毁人们对信用货币和良好政府的最后一点儿信心！"文章还引用共和党总统候选人对美联储货币政策的激烈批评："此时此刻，以滥印钞票之卑劣手段来玩弄政治，简直就是叛国行为！"

货币洪水泛滥是当今世界经济的最大麻烦，地球与货币洪水随波逐流，人类与美联储和欧央行共舞！2012年，高油价再度灼伤全球经济，成为世界经济复苏最大威胁，迫使我们再度深入思考货币洪水泛滥改变全球金融局势的多种渠道，思考世界为何只能与美联储和欧央行共舞。这或许是当今世界货币领域最有趣的话题。

先看几个基本的事实。

其一，金融危机以来，尤其是各国大搞量化宽松以来，全球货币政策快速趋同。2007年1月至2012年初，美联储资产从9000多亿美元扩张到2.9万亿美元，增长幅度达到332%。同期，英格兰银行资产负债从852亿美元扩张至3082亿美元，增长幅度达到362%。欧央行资产负债从11544亿欧元扩张至26557亿欧元，增长幅度达到250%。2008年9月至2012年初，美联储基础货币量从5000亿美元增加到25000亿美元。欧元区基础货币供应量加速扩张，英国基础货币供应量持续稳定增长，日本基础货币供应量创历史新高。从2007年1月到

2012年初，全球主要央行基础货币量增幅超越以往一切历史时期，美联储、欧洲央行增幅最大。

其二，全球利率水平直线下降。2008年以来，美联储实施两轮量化宽松，联邦基准利率长期维持0~0.25%水平。英格兰银行多次实施量化宽松，基准利率长期维持1%以下。欧央行实施两轮量化宽松，四次降低基准利率。日本中央银行实施三轮量化宽松，三次降低基准利率。

其三，全球大宗商品价格持续暴涨。大宗商品价格走势严重脱离真实经济供求关系。金融投机炒作成为大宗商品价格的关键决定力量，每次量化宽松货币政策都成为大宗商品价格新一轮暴涨的导火线。

几乎所有世界货币金融领域的领袖们（包括伯南克本人）都承认，量化宽松货币政策是导致大宗商品价格持续暴涨的主要力量，大宗商品已经成为金融投机产品。世界银行行长佐利克说："全球金融市场流动性泛滥，粮食作物成为金融交易重要产品。全球粮食作物的价格波动，与石油价格波动紧紧联系到一起。过去10年来，这种联系变得越来越紧密。"金融学者为这个现象取了一个名词："全球粮食作物的金融化"。佐利克还说："毋庸置疑，我们通常所说的大宗商品粮食和石油，早就是金融投机的主要标的物。"

美联储当然是全球流动性的主要发源地。当伯南克稳坐华盛顿宪法大道庄严巍峨的大理石"神庙"，不断发出指令向全球注入货币洪水之时，全球资产和大宗商品价格就随之翩翩起舞。2011年1月，美国国会曾就量化宽松货币政策效果质询伯南克，他的回答是："我们的政策对于股票市场的强劲增长贡献极大。最新一轮量化宽松货币政策让标准普尔指数上涨超过20%，罗素指数（Rusell）上涨超过30%。"然而，当国会议员质疑美联储货币政策是推高全球大宗商品价格的罪魁祸首之时，伯南克却断然否决。

伯南克的否决自然难以自圆其说。既然他承认量化宽松是刺激股票价格上涨的主要力量，当然也是刺激其他资产飙涨的主要力量。有许多相关研究证明了美联储货币政策与全球资产价格和通货膨胀之关系。譬如，早在伯南克实施第一轮量化宽松货币政策之时，美国著名货币理论学者、泰勒准则发明人 John Taylor 就撰写了一部精彩的小册子《南辕北辙：政府行为如何触发、延长和恶化了金融危机》。泰勒的结论很清楚："美联储降低利息和实施量化宽松政策最引人注目的效果就是美元的急剧贬值和油价的急剧上升。金融危机第一年，油价翻番，从 2007 年 8 月的 70 美元一路飙升到 2008 年 7 月的 140 美元。随后数月，全球实体经济急转直下陷入负增长，迫使油价急剧回落。相关数据明确说明，全球油价和美联储利率走势是如此惊人而准确地正相关。"

货币金融霸权到底有多么重要

最近几年，笔者多次为文说明货币金融霸权对大国崛起的极端重要性，尤其是美元霸权如何控制全球货币金融和经济体系。好些人以为我是夸大其词了。几天前一位朋友直率地问我：货币金融真的有你说的那么重要吗？我回答说：货币金融体系的重要性其实远远超过了我们的想象。正如蒙代尔经常强调的那样：国际货币金融体系的动荡不安触发了历史上无数次政治上的风云变幻，可惜我们至今对国际货币金融体系动荡的根源和重要性还知之甚少。

1968 年，后来成为法国总统和欧元主要战略家的吉斯卡尔·德斯坦，曾经就国际货币体系发表多次重要演讲。他有一段著名的论述：“简而言之，国际货币体系对世界经济和各国经济，皆有异常深刻之影响。国际货币体系对世界各国经济政治之影响程度，远远超过所有国内经济政策，美国亦不例外。”

2012 年第一期《外交》季刊发表美国著名经济学家马丁·费尔德斯坦的长篇文章《欧元的惨败》。根据他的描述，欧洲政治家创建欧元的主要动机是提升欧洲的国际政治地位，以便抗衡美国。“欧洲一体化的主要政治动机是提升欧洲在世界事务中的地位和作用，过去如此，现在依然如此。1956 年苏伊士运河危机爆发，美国利用金融市场的威力，迫使法国和英国从苏伊士运河撤军。数天之后，西德总理阿登纳就告诉法国政治家：单个欧洲国家永远不可能成为一个全球性力量了。欧洲若想在世界事务中发挥决定性作用，只有一条路可走，那就是将其整合起来成为一个统一的欧洲。唯有一个统一的欧洲才有可能与美国抗衡。一年之后，欧洲签订《罗马条约》，欧共体诞生，成为欧元单一货币创生的起点。”

最近我拜读一些历史学家的著作，发现几乎所有历史学家都比经济学家更加重视货币金融霸权。法国年鉴学派历史学大师布罗代尔的名著《15至18世纪的物质文明、经济和资本主义》，有大量篇幅详细论述金融创新如何助推荷兰和英国成为世界强国。他有一句话值得反复回味和深思：货币金融霸权总是非常持久！

依照布罗代尔的详细分析，欧洲大陆尤其是英国的主要竞争对手法国，直到英国金融霸权开始崛起近100年之后，才开始醒悟到金融创新对英国崛起的极端重要性。布罗代尔首先提出一个问题："在英国经济明显高涨和超越欧洲大陆的众多标志中，我们应该记住什么？哪些标志应列在首位？"他的答案是："公债是英国经济健康的最佳标志。"

很长时间里，包括一些著名经济学家（譬如法国经济学家萨伊）在内，都对英国金融市场特别是国债市场发展嗤之以鼻，甚至给以极其严厉的批评，认为那是英国国力衰弱的象征，他们对英国债台高筑大感惊异，认为那简直不可思议，坚信英国必定由此彻底破产，走向灾难。只有在英国赢得与欧洲大陆列强的多次战争之后，一些理智清醒的观察家才开始意识到："公债和金融市场正是英国胜利的重要原因。当英国需要钱的时候，公债市场就可以方便地为它筹集巨款。相反，法国的失败和孱弱就在于它的信贷组织不完善。"

我们再来看看美国主要战略思想家是如何看待货币金融霸权的吧。

中国学者对塞缪尔·亨廷顿都相当熟悉，他的许多思想得到美国政府高度重视和采纳。《文明的冲突和世界秩序的重建》是亨廷顿最有名的著作，据说被翻译为40多种文字在全世界发行。该书第四章开篇就写道："西方是唯一在其他各个文明或地区拥有实质利益的文明，也是唯一能够影响其他文明或地区的政治、经济和安全的文明。"亨廷顿接着列举了西方文明控制世界的14个战略制高点，货币金融制高点就占了3个。分别是"拥有和操纵着国际金融系统"（位居第1）、"控制着所有的硬通货"（位居第2）和"主宰着国际资本市场"（位居第5）。

亨廷顿随后论述了西方文明可能衰败的历史路径，他首先强调的是经济总量和货币金融实力。他相信，即使西方文明最终注定要衰落下去，其衰落亦将是非常缓慢的过程。"西方力量的崛起历时400年之久，它的衰退也可能需要同样长的时间。”这与布罗代尔“货币金融霸权总是非常持久”的意思异曲同工。

另一位美国著名国际战略家布热津斯基似乎更加重视金融货币对美国霸权的重要性。他的名著《大棋局》许多人都读过，其中对“美国霸权”的描述令人印象深刻：“在仅仅一个世纪的时间里，从一个相对孤立于西半球的国家，变成一个前所未有的遍及全世界的大国。”“美国对手的垮台使美国处于一种独一无二的地位。它成为第一个也是唯一真正的全球性大国。”

无独有偶，布热津斯基也列举了“美国霸权”的十四个基本战略制高点，经济、金融和货币战略占据了其中六个。分别是：

第五：美国经济居于全球独一无二的领袖地位，自1900年起，它的经济总规模就一直远超后三位之总和！

第六：美国始终确保最先进技术上的绝对领先地位，从而确保其经济和军事上的绝对主导地位。从19世纪、20世纪的石油、钢铁、汽车、飞机、电子、火箭、核弹等等到21世纪的信息技术、航天科技、生物科技，等等，美国始终保持创新先锋之地位。

第七：生产率增长上始终维持全球领先地位。即使是经受了全球金融危机之冲击，美国产业的生产力增长依然位居世界前列。

第十二：总体而言，全球金融货币体系基本依照美国利益要求所设计，亦代表美国之基本利益。譬如世界银行、国际清算银行和国际货币基金组织（IMF），基本由美国人掌控。

第十四：或许最重要的，是美元本位制和美联储支配了全球货币政策和金融市场。

第十五：美国凭借军事力量和金融力量，控制了以石油为核心的全球大部分战略资源。

当然，最早认识到货币金融霸权极端重要性的美国政治家首推第一任财政部长汉密尔顿。远在出任财长之前，汉密尔顿就写道：“1690年代开始，大英帝国创建了英格兰银行、税后体系和国债市场。18世纪，英国国债市场迅猛发展。国债市场之急速扩张，不仅没有削弱英国，反而创造出数之不尽的巨大利益。国债帮助大英帝国缔造了皇家海军，支持大英帝国赢得全球战争，协助大英帝国维持全球商业帝国。与此同时，国债市场极大地促进了本国经济发展。个人和企业以国债抵押融资，银行以国债为储备扩张信用，外国投资者将英国国债视为最佳投资产品。为了美国的繁荣富强，为了从根本上摆脱美国对英国和欧洲资金和资本市场的依赖，美国就必须迅速建立自己的国债市场和金融体系。”

世界经济的划时代转变与我们的战略和策略

世界经济已经发生和正在发生的划时代转变，必将深刻影响我们的理论思维和政策哲学。遗憾的是，今日世界绝大多数学者依然固守传统理论模型的老生常谈，茫然不知我们生活的大千世界早已今非昔比。他们对现象的解释错误百出，对政策的建议则谬以千里。绝大多数政治家迷惑于眼前的短期利益，未能洞察人类经济体系演变的内在趋势和难以抗拒的历史规律。他们无法把握划时代转变所蕴含的历史机遇，也无力回避划时代变革必然伴随的巨大风险。纵观人类历史，一个国家、一个民族之兴衰成败，皆取决于该国和该民族之领袖是否能够准确洞悉历史进程中划时代拐点之来临，从而实现伟大的战略转折。

本文简要分析世界经济已经发生和正在发生的三个划时代转变，及其它们对经济理论和政策思维的深远意义。这三大转变分别是：

其一，全球经济结构性失衡，亦即全球制造中心和货币金融中心完全背离。制造业中心已经决定性地转移到发展中国家，尤其是转移到亚洲（重心是中国），货币金融中心却没有跟随转移，依然位于发达国家。我们将前者称为真实财富创造中心，将后者称为虚拟财富创造中心（或全球一般购买力创造中心），两大中心之背离是过去四十年人类经济快速发生的奇特现象，史无前例。它是全球经济失衡最本质的根源和最主要的结果。两大中心之背离时刻左右着各国经济运行和政策选择，其力量远远超越任何国内货币金融和财政政策。

其二，全球经济总量失衡。亦即全球经济整体出现真实经济和虚拟经济严重背离。虚拟经济和真实经济总量上的严重失衡或严重背离，亦是过去四十年人类经济快速发生的独特现象，史无前例。它是全球货币金融制度运行的必然结果，是过去四十年金融危机频繁爆发，尤其资产价格泡沫——破灭周期反复出现的最直接根源，是各国货币金融政策面临的最严峻挑战。

其三，全球经济增长速度严重失衡。即发达国家整体增长速度持续下降，并可能永久性地陷入低速增长或负增长，发展中国家整体增长速度持续上升。然而，由于前两个失衡愈演愈烈，发展中国家是否可以长时期维持高速稳定增长，顺利完成工业化和城市化，赶上发达国家之收入水平，却充满了巨大的不确定性。

三大失衡（结构失衡、总量失衡、增速失衡）源于全球经济体系的三大制度：其一，全球货币金融制度，即纯粹美元本位制和浮动汇率体系，标志性起点是1971年8月15日尼克松摧毁布雷顿森林固定汇率体系。其二，全球贸易制度，即以WTO为代表的全球自由市场制度，最具标志性的事件则是起自1980年代、极盛于1990年代、席卷整个世界的市场化改革浪潮。其三，全球福利制度，它是蔓延全球的福利主义思潮的必然产物，是西方民主制度的必然产物。间接促成三大失衡的还有两大重要力量，即以互联网和移动通信为代表的信息科技革命和各国差异巨大的人口政策。

过去40年来，全球经济最深刻的变化是制造业中心和货币金融中心逐渐背离。我们将制造业中心称为真实财富创造中心，将货币金融中心称为虚拟财富创造中心或全球一般购买力创造中心，那么，过去40年来，全球经济体系最深刻的变化是真实财富创造中心和虚拟财富创造中心逐渐背离。制造业中心迅速转向发展中国家（主要是亚洲新兴经济体），货币金融中心则依然在纽约和伦敦（比较小程度上也包括欧洲大陆的金融中心，譬如法兰克福和巴黎）。

我们至少可以举出以下事实以说明上述变化。

（1）从真实经济增长速度来看，1970年之后，发达国家总体而言增速大幅度下降，亚洲各国（日本除外）则大幅度上升。根据麦迪逊的深入研究，与布雷顿固定汇率时代（1950～1973年）相比，浮动汇率体系降临以来（1973年之后），发达国家的真实经济增长速度皆普遍大幅度下降。美国从年平均3.93%降到2.99%；日本从9.29%降至2.97%；德国从5.68%降至1.76%；英国从2.93%降至2%；前苏联从4.84%降至-1.15%；拉美从5.33%降至3.02%；非洲从4.45%降至2.74%。

相反，日本之外的亚洲主要国家真实经济一直维持很高的增长速度。尤其是1980年代之后，中国从5.02升至6.84%，并迅速跃居年增长9%以上。韩国维持7%；中国台湾6%；新加坡6.5%；越南5%；马来西亚6.5%；印尼5.5%。1990年代之后，印度亦迅速追赶上来，经济增速达6%左右或更高。尽管有多次债务危机和金融危机之冲击（尤其是1997年亚洲金融危机），亚洲始终维持了较高的真实经济增长速度。

2007年全球金融危机之后，亚洲的经济增长表现让世界大吃一惊。亚洲尤其是中国几乎是一枝独秀。2009年，亚洲贡献了全球经济增长的%，中国的贡献达到%。

	2008年	2009年	2010年	2011年
世界	3.0	-0.8	3.9	4.3
亚洲	7.9	6.5	8.4	8.4
欧盟	1.0	-4.0	1.0	1.9
中国	9.6	8.7	10.0	9.7
美国	0.4	-2.5	2.7	2.4
德国	1.2	-4.8	1.5	1.9
日本	-1.2	-5.3	1.7	2.2

（2）全球制造业中心决定性地转移到中国。2011年，中国毫无悬念地取代美国成为全球第一制造大国。

当然，中国仍然处于全球制造业产业链的中低端。根据相关统计，尽管中国早已成为全球制造业大国，其所获得的附加值只占制造业平均附加值的%。技术、专利、商业秘密、品牌设计和全球营销渠道等等利润的主要源泉依然由发达国家控制，发达国家依然获取全球制造业利润的%，占绝大比例。此外，即使是中国的制造业，相当高比例也是来自由外商投资企业（独资企业和合资企业）。然而，制造业的基础要素投入（土地、劳力、环境、基础原材料）主要来自中国和其他发展中国家，发达国家主要提供资金或股权投资。

（3）亚洲迅速成为全球基础资源（石油、矿产）的主要需求者。从2002年到2005年，全球石油增量需求的一半来自亚洲，发展中国家对石油的增量需求甚至首次超过发达国家。

（4）亚洲迅速成为全球最主要的制造业出口基地。中国迅速取代德国和美国，成为世界第一出口大国，由此累积巨额贸易顺差和外汇储备。全球近一半外汇储备由亚洲各国持有，主要是中国、日本、韩国、中国台湾、新加坡、中国香港、马来西亚、印度。

（5）伴随着全球制造业中心和货币金融中心之逐渐背离，全球储蓄和投资的地理分布特征出现显著变化。马丁·沃尔夫曾经总结了当代全球储蓄—投资结构的五个重要现象。其一，由于发达国家储蓄率普遍持续下降，导致全球整体储蓄率持续下降。其二，发达国家投资率同样持续下降，1990年代之后尤其如此。其三，同期内，新兴市场国家储蓄率和投资率持续上升（1997～1998年亚洲金融危机期间有暂时下降）。其四，发达国家储蓄率降至投资率之下，从而成为资本净进口国家。其五，新兴市场国家储蓄率高于其投资率，从而成为资本净出口国。

（6）综上所述，由于制造业中心和货币金融中心之背离，世界经济体系之“储蓄—投资”、“贸易顺差—逆差”、“资本输出—资本输入”皆出现持续背离或失衡。最典型的两级就是美国和中国。中国是全球主要制造业中心，美国是全球主要货币金融中心，中国高储蓄、高投资、低消费、巨额贸易顺差、巨额外汇储备、巨额资本输出，美国低储蓄、低投资、过度消费、巨额贸易逆差、巨额财政赤字和储备货币发行、巨额资本输入。

制造业中心和货币金融中心之背离，人类经济历史上史无前例。

争夺全球金融定价权和话语权

轰动全球的LIBOR利率操纵丑闻，正迅速演变成为一场金融定价权和话语权争夺战，英格兰银行和美联储是战斗主角。

2012年7月17日，英格兰银行行长默文·金到英国国会作证，断然否认英格兰银行和金融监管局（FSA）负有监管LIBOR利率的责任，亦没有义务去审查银行是否操控利率。他甚至宣称自己两周前才知道有LIBOR利率操控这回事儿，之前从未听说。金的证词虽然荒唐可笑，难以置信，弦外之音却非常明确，他必须尽可能为英国银行巨头开脱和减轻责任，极力维护伦敦金融中心和英格兰银行的声望和地位。

大西洋彼岸的伯南克却是另外一番说辞。也是7月17日，伯南克出席美国国会货币政策听证会，他对LIBOR操纵的看法颇值得玩味。他将美联储撇得干干净净，明确指出英格兰银行和FSA应该对LIBOR操纵负责；他直率批评LIBOR利率机制有垄断或寡头之弊端，必须允许更多银行金融机构参与LIBOR利率定价，以便让LIBOR更具代表性、竞争性和公正性。最重要的是，伯南克明确倡议改革LIBOR利率机制，倡议以其他基准利率取代LIBOR，譬如用三个月期的美国国债利率来替代LIBOR。

早在四年多前，时任纽约联储主席的盖特纳就曾经向英格兰银行行长提出改进LIBOR利率机制的六项建议，核心就是加强美国银行对LIBOR的话语权和定价权。盖特纳的六项建议是：第一，改进和完善LIBOR计算和报价程序，防止银行故意错报。第二，强烈要求允许更多美国银行加入LIBOR定价机制。当时只有美洲银行、花旗银行和摩根大通参与LIBOR定价。盖特纳建议增加华盛顿互惠银行、纽约银行、北方信托银行和State Street等四家美国银行加入LIBOR定价机制。第三，为美国货币市场专门增加一个新的LIBOR利率品种。第四，参与LIBOR定价的银行除了报告价格之外，还必须披露它们以此价格所进行的实际交易量。第五，减少 LIBOR 品种，只计算和报告最活跃和最有用的 LIBOR 品种，取消没有多大用途的 LIBOR 品种，譬如 7 个月和 11 个月的 LIBOR 利率。第六，尽可能消除银行操纵和误报 LIBOR 的动机，关键还是增加参与 LIBOR 定价的银行数量，尤其是要增加参与 LIBOR 定价的美国银行数量。

盖特纳的六点建议和伯南克的国会证词，暗含玄机，意义深远。美联储对于 LIBOR 利率机制所存在的诸多问题心知肚明，却故意引而不发，他们在等待出手的最佳时机。事实上，对于英国银行家协会（BBA）和英国商业银行长期主导 LIBOR 利率机制，美联储一直心怀不满，曾经多次强烈要求增加美国商业银行对 LIBOR 利率的定价权和话语权，英格兰银行却始终置之不理。现在，英国银行业因为操纵丑闻威信扫地，LIBOR 的公正性和有效性遭到普遍怀疑，美联储立刻抓住机会，迅速倡议以新的基准利率来取代 LIBOR。为争夺全球金融体系基准利率的定价权和话语权，美联储可谓是处心积虑，精心策划。

全球金融资产规模高达数百万亿美元，每年的金融交易量超过 1000 万亿美元。基准利率哪怕一个基点（0.01%）的变化，就可以导致数以千亿美元计的损失或盈利，掌控基准利率定价权的极端重要性，可见一斑。LIBOR 操纵所诱发的全球金融定价权争夺战，将愈演愈烈，深刻改变全球货币金融的游戏规则。我们必须高度重视，绝不能袖手旁观。

汇率大辩论 ›

有人说中国在输出通货收缩，说人民币应该升值。不要听他的！不管别人怎么说，我们稳坐钓鱼台。为什么人民币要升值呢？美元是世界第一大货币，我们现在就紧跟着美元，你升我也升，你贬我也贬，我们就这么走。国际货币基金组织总裁科勒，原来是德国财政部副部长，跟我见过几次面，那时他一再向我推荐要搞一篮子货币……我们也做过一些测试方案，最后我们还是没有采纳他的意见。

我们紧盯美元的政策没有错，而且得到很大益处。我讲这番话的意思，就是我们十年改革和发展的经验表明，增加外汇储备的政策是正确的，我们的汇率政策也是正确的，目前看不到有改变的必要。这两条今后还会继续对国民经济起作用，我们不要动摇，不要随随便便被人家的言论所迷惑。尽管有各种各样的说法，但我们自己要站稳立场。

——《朱镕基讲话实录》第四卷第464~465页

浮动汇率能够更好地为美国服务。

——1970年代美国众议院金融委员会主席罗斯

人民币升值的最大危害是加剧中国经济泡沫化

观今日世界围绕人民币汇率政策的激烈辩论，尽管热闹非凡，问题却只有两个。其一，美国强压人民币升值和浮动的真正意图到底是什么？其二，从中国最高国家利益出发，假若完全没有美国的压力，人民币到底应不应该升值和浮动？

第一个问题已有共识：那就是美国的人民币汇率战略完全是出于国家战略的政治考虑，目的是通过人民币升值和浮动制造中国经济泡沫和金融危机，从而打乱中国工业化、城市化和现代化进程，从根本上遏制中国的战略崛起和中华民族的伟大复兴。

自2002年开始，美国强压人民币升值和浮动的主要理由皆不成立，理论上站不住，事实上也毫无依据。美国强压人民币升值和浮动的理论有如下数种："全球经济失衡论"、"全球储蓄过剩论"、"美国贸易逆差论"、"人民币汇率低估论"、"中国工人抢夺美国工人饭碗论"、"不公正竞争优势论"、"汇率升值和浮动对中国有益论"、"汇率浮动保证货币政策独立性论"等等，皆是稀奇古怪之谬论。拙著《不要玩弄汇率》和《汇率危局》皆有详尽破斥，此不赘述。我想告诉读者的是：笔者与好些美国学者私下交流时，他们亦坦率承认上述理论有重大缺陷，不足为政策依据。

譬如关于人民币汇率低估，多个模型估算数据差距巨大，有天壤之别，有说低估60%，有说50%，有说40%，有说30%，有说20%或15%，各执一词，莫衷一是，你要相信谁？美国学者私下喝咖啡时坦承那些数据是武断和主观的（Arbitrary）。又譬如关于汇率低估抢走了多少美国人的饭碗，有说是480万，有说是360万，有说是240万，华盛顿彼得森国际经济研究所总裁伯格斯坦说是60万～120万，克鲁格曼则将美国失业和全球经济复苏缓慢完全归罪于中国。哈佛大学著名历史学家弗格森坦承这些计算纯属无稽之谈，是无聊游戏。我们必须明确，美国人是非常“讲政治的”，貌似高深的学术理论，实际是政治和战略的一个“幌子”和外衣。

麻烦是第二个问题，至今争议极大。有国内学者认为：从中国经济实际出发，人民币应该升值和浮动。只不过现在美国高调施压，中国为了尊严和面子，硬扛着不进行升值和浮动。假若没有美国的政治压力，中国早就升值和浮动了，所以美国很蠢，不知道中国人特要尊严和面子。此类议论和劝告，似乎是国内学者“苦口婆心”为美国出主意：你们美国人怎么这么蠢呢？你们别高调喊话了，越喊话，我们就越下不了台！越不会让人民币升值和浮动！你们要是不高调叫喊，我们早就这么做了，不是正合你们的意图吗？

最近美国人似乎是“听从”了中国“顾问”和“谋士”的善意劝告。财政部决定推迟发布是否决定中国“汇率操纵国”的报告。财长盖特纳和多位高官最近的口风有了180度的大转弯：“中国应该根据自己的利益来决定汇率政策；中国应该能够依照自己的利益来决定汇率政策。”国内许多人和国际许多评论竟然将美国财政部推迟发布报告看做是“释放善意”，中国应该投桃报李，满足一下美国的要求吧。我多次明确指出：“美国推迟汇率政策报告，与其说是释放善意，不如说是策略改变。”

回到问题的关键：人民币升值和浮动究竟对中国有多么大的伤害？概而言之，有六大危害。

第一，制约中国出口。从真实经济（实体经济）看，汇率升值将严重制约中国出口增长和降低中国产品的全球市场份额。从而严重影响中国经济增长速度和就业稳定，严重影响中国的工业化和城市化进程。

根据不完全统计，2008年由于人民币升值的累积效果和金融危机的双重打击，我国共有6.7万家规模以上的中小企业倒闭。2009年底，全国失业人口高达4000万人。

第二，削弱中国竞争力。中国出口的竞争对手其实不是美国，而是其他新兴市场国家。美国正在联合其他国家（包括发展中国家）共同对中国施压。2010年四月份，盖特纳访问印度，目的之一就是要求印度支持美国对中国施压。2010年基金组织年会期间，美国财长盖特纳召集西方七国财长举行秘密会议，希望在基金组织年会公报里，异口同声对人民币汇率高调施压，最好是西方七国达成某种决议，以形成事实上的"国际联盟"，以更加有效的手段迫使中国"就范"。根据《纽约时报》会后的报道，盖特纳之目的最终没有完全实现（基金组织年会公报里，对人民币汇率只是一笔带过），原因有二。其一，西方某些财长认为新一轮的全球汇率动荡，乃是由美联储宣布新一波量化宽松货币政策所触发，真正有能力操纵汇率、实际上确实在操纵汇率的，正是美联储（或美国政府），中国哪有能力操纵汇率啊？将中国作为"替罪羊"确实说不过去，"于心不忍"也！其二，西方某些财长对于全球金融危机之根源、挽救全球经济之良策、改革国际货币体系之方案等诸多方面，与美国政府之认识和政策，并不完全相同，好些方面甚至完全相左，他们不再愿意唯美国马首是瞻。尤其是他们心知肚明，明明是美国政府及其华尔街金融货币扩张过度，才酿成全球金融危机和经济大萧条，干吗要把责任推给一个贫穷落后的发展中国家（中国）？

美国国家战略的一个重要实施手段，就是始终玩一个平衡策略，即不让任何一个可能的对手国家真正做大。其整体外交策略乃是从英国继承而来（大家可以参考基辛格的名著《大外交》）。

根据多家机构的统计监测，2005年人民币升值以来，中国出口在全球的市场占有率有相当显著的下降，与此同时，印度、印尼、墨西哥、巴西、马来西亚、越南等国家的市场占有率上升。

第三，让中国经济彻底泡沫化，制造"中国式金融危机和经济危机"。此乃人民币升值和浮动对中国经济的最大危害。

通过制造人民币单边升值预期，或通过人民币汇率浮动之后再进行操纵，就可以制造中国资产价格的巨大泡沫和泡沫破灭后的经济危机。与此同时，由于人民币升值遏制出口增长，中国政府为了"保增长"，必然进一步使用扩张性财政政策和货币政策来刺激经济，扩张性货币财政政策必将制造出经济泡沫和经济危机。

根据不完全统计，2005年人民币升值以来，至少有超过万亿美元的投机热钱流入中国市场，绝大多数进入楼市和股市（美国胡佛研究所和多家其他机构估算：目前中国庞大的外汇储备，至少有一半是国际投机热钱流入中国所形成）。

过去几年来（尤其是2005年人民币开始单边升值之后），中国经济泡沫化程度愈演愈烈。全国平均房价上涨幅度远远超过居民可支配收入增长速度，导致80%以上的城市居民无力购买住房。上海、北京等一线城市的房价上涨幅度最少也超过收入增速30个百分点，最高超过120个百分点。房价飙升3倍以上。网上盛传一个日本经济泡沫化和中国经济泡沫化的对照表，虽不十分准确，却包含许多令人心惊胆寒的真理！高盛集团研究报告估算：假如将房价列入CPI，2009年CPI涨幅超过10%。

经济泡沫化的本质是收入分配的大幅度转移和集中，大幅度加剧收入分配两极分化和贫富差距，给中国社会埋下不稳定的严重后果，实在应该引起决策者的高度重视。早在2005年，笔者就明确指出“人民币升值预期综合征”必将导致中国经经济严重泡沫化。后来出版《汇率危局》，详尽阐述了“人民币升值预期综合征”的机制和后果。

第四，加剧国内财富向外国投机者转移：国际投机热钱借助人民币升值预期和中国经济泡沫化获得巨大套利收益，加剧中国财富向外国投资家手中转移，加剧财富向国内少数权贵阶层转移，急速加剧收入分配两极分化。

第五，加剧国内财富向美国政府转移。美国的汇率战略是“予取予夺”，需要美元强势时，它可以让美元强势；需要美元弱势时，它可以让美元弱势。通过操纵美元与其他货币之汇率，美国赢得巨大的汇率利差收益。美国对外债务是美元计价，对外投资却是以他国货币计价的资产，让他国货币升值和美元贬值，美国可以“一箭双雕”：①提升美国对外投资的收益；②降低他国投资美国的收益。譬如人民币升值5%，中国投资美国国债的收益就等于零或负收益。美元汇率贬值恰好是美元赚取汇率收益的主要手段之一。

美国通过操纵汇率，究竟赢得多少利益呢？根据美国国民经济研究局的详尽研究，以2001~2006年为例，正是美元相对世界主要货币大幅贬值时期（亦是美国压迫人民币升值最激烈之时期），该时期美国累计对外借债3.209万亿美元，然而净负债竟然还减少了1990亿美元，等于美国净赚3.408万亿美元，其中仅汇率贬值一项就让美国赚8920亿美元，资产—负债收益差距让美国赚1.694万亿美元，其他手段赚1.469万亿美元。

3.408万亿美元是什么概念？它相当于美国6年的国防军事开支总和。也就是说，美元霸权创造的超级利益，意味着世界各国为美国庞大的军事开支“埋单”！

第六，货币汇率政策完全丧失独立性。人民币汇率浮动将让中国的货币汇率完全丧失任何独立性。过去40年的历史经验充分证明：浮动汇率体系加上巨量国际投机资本，让汇率浮动成为各国货币政策之主导变量。而各国汇率之波动，相当程度上操纵于美联储和财政部之手（还包括国际货币基金组织），以及操纵于国际投机家之手。最近日本中央银行干预外汇市场提供了一个最新例证。日本央行在日元汇率85时出手干预，希望阻止日元升值，结果日元继续升值到80水平。一旦汇率浮动，本国央行几乎完全丧失干预或稳定汇率之能力。

上述六大危害综合起来，我们得到一个最一般的结论：遏制中国出口、削弱中国竞争力、让中国经济泡沫化、制造金融危机、财富集中和转移、货币汇率政策丧失独立性等诸多危害之共同结果，就是彻底挫败工业化和城市化过程，彻底打乱中国的现代化进程。

工业化、城市化和现代化进程一旦被打乱，中国将陷入所谓“拉美化”的困境。社会分为极少数巨富群体和占人口绝大多数的城市贫民和“农民工”；或者分为与国际资本有千丝万缕联系的精英群体和没有基本生活保障的大多数赤贫群体。一旦陷入此一困境，中国社会将完全解体，政权将崩溃，社会将动荡。此乃治国者必须深思的最大问题，是最大的政治难题。

这才是我们思考人民币战略和策略最基本和最重要的出发点。唯有站在这个高度，我们才能真正高瞻远瞩，认清人民币汇率政策辩论的本质，站稳人民币汇率政策的立场，理清人民币汇率的战略和策略。

最后再简要说一下中国经济面临的三大根本性难题：①如何平稳完成工业化和城市化过程。②如何缓解收入分配两极分化或贫富分化。

③如何实现内需拉动的增长方式转变和产业升级换代。三大根本性难题皆与人民币汇率战略和策略有重大关系。

（1）中国工业化才完成了40%（按非农劳动力占全国就业人员比重计算）。目前全国农民工为2.25亿，未来至少还有4亿以上农民需要转化为产业工人。

（2）中国城市化才完成了30%（按城镇人口占全国总人口比例计算）。

（3）中国经济对出口的依赖度依然极高（最保守的估计是30%）。譬如2009年出口贡献为负，只好依靠史无前例的扩张性货币政策和财政政策，结果进一步造成房地产的惊天大泡沫。

（4）经济泡沫化通过加剧收入分配差距和贫富分化，让许多老百姓在CPI涨幅极低的情况下，生活负担不是减少，反而加大。很多买了房子的人承受着巨大的偿债压力，必须设法限制自己的其他消费，想要买房的人则必须尽量减少其他开支，攒钱买房。经济泡沫化已经极大地限制了国内居民消费，将对我们经济增长方式的转变产生深远的负面后果。我们不能再允许人民币单边升值预期重启，进一步激化经济泡沫化。

人民币汇率走向何处去

几天前在飞机上翻阅最近热卖的《朱镕基讲话实录》，第四卷第464~465页赫然写道："有人说中国在输出通货收缩，说人民币应该升值。不要听他的！不管别人怎么说，我们稳坐钓鱼台。为什么人民币要升值呢？美元是世界第一大货币，我们现在就紧跟着美元，你升我也升，你贬我也贬，我们就这么走。国际货币基金组织总裁科勒，原来是德国财政部副部长，跟我见过几次面，那时他一再向我推荐要搞一篮子货币。我们也做过一些测试方案，最后我们还是没有采纳他的意见。"

"我们紧盯美元的政策没有错，而且得到很大益处……我讲这番话的意思，就是我们十年改革和发展的经验表明，增加外汇储备的政策是正确的，我们的汇率政策也是正确的，目前看不到有改变的必要。这两条今后还会继续对国民经济起作用，我们不要动摇，不要随随便便被人家的言论所迷惑。尽管有各种各样的说法，但我们自己要站稳立场。"

朱老讲这番讲话的时间是2003年1月3日。谁曾料想，仅仅过了30个月又18天（也就是2005年7月21日），朱镕基言犹在耳，人民币汇率政策就完全背离了他确定的原则，开始逐步而且是单边的升值，至今名义汇率升值幅度已经超过25%。

"为什么人民币要升值呢?"朱老2003年提出的严肃问题，仍然是今天人民币汇率政策乃至我国货币政策最严峻的问题，我们需要明确答案。遗憾的是，制定和实施人民币升值政策的负责部门和负责人，至今也没有给出明确的答案，人民币单边升值政策似乎永远是在稀里糊涂、莫名其妙的政策哲学指导下进行。

2005年启动单边升值之时，希望达到的目的主要是三个。其一，以人民币升值来降低中美贸易不平衡（主要是美国的逆差）；其二，以人民币升值来遏制通货膨胀；其三，以人民币升值来促进企业升级换代。

6年多过去了，实证的经验究竟如何呢？坦率地说，我们找不到任何令人信服的证据，证明6年来人民币的单边升值实现了上述三大目的。首先看中美贸易逆差，2005年中美贸易逆差是1141亿美元，到2010年扩大到2731亿美元。人民币名义汇率升值超过25%，中美贸易逆差增长幅度竟然达到140%！2005年，我国总体贸易顺差只有1019亿美元，伴随着人民币单边升值，贸易顺差也是一路高歌。2006年，1774亿美元；2007年，2622亿美元；2008年，2954亿美元；2009年，1960亿美元；2010年，1831亿美元。铁的数据完全否定了人民币升值的第一个理由。为什么人民币升值后，我国对美贸易顺差和总体顺差不减反升呢？原因是多方面的，最主要原因是人民币升值推动加工贸易快速增长，加工贸易顺差是我国对美贸易和总体贸易顺差的最大贡献者。2008、2009、2010年加工贸易顺差分别达到2967亿、2646亿和3229亿美元。道理很简单，人民币升值让来料和配件进口更便宜，刺激加工贸易大幅度增长和相关产业加速向中国转移。结论不言而喻，人民币升值对降低中美贸易不平衡没有任何作用。

最可叹的是所谓以人民币升值来遏制通货膨胀和迫使企业升级换代。2005年人民币开始升值之时，CPI只有1.4%，哪有什么通货膨胀？到2008年7月，人民币升值幅度接近20%，CPI也急速攀升到7.8%！2011年6月份我们再次启动单边升值之时，CPI还在3%左右，如今升值幅度再次超过5%，CPI却攀升到接近7%。我们需要尊重理论，更需要尊重事实。实事求是不是我党最基本的指导方针吗？至于所谓以人民币升值来迫使企业升级换代，只要我们虚心去问问企业家，去看看许多因为汇率升值陷入经营困境、后来被迫举借高利贷并最终破产的企业，我们就知道那是多么荒谬、危害多么巨大的政策！当然，我多次分析指出，人民币单边升值对中国经济最大的危害，就是让中国经济出现严重的资产价格泡沫和整体经济泡沫化，其深重后果正在快速显现，我们正面临至少是地区性的金融危机。

然而，尽管我们“矢志不渝”地坚持人民币单边升值，美国人却并不买账。再过几天（10月4日），美国参议院就要针对新的人民币汇率法案投票。根据外电报道，此次以参议院多数党领袖亨利·里德（Harry Reid）为领军人物向人民币汇率开战，来势汹汹，势在必得。我看了法案初稿，主要是两大内容。一是迫使白宫和财政部尽快将中国列为“汇率操纵国”，一是制定了详细的制裁清单，一旦中国被列为汇率操纵国，美国政府就必须依照法案上的清单严厉制裁中国。美国政客们这次指责中国汇率政策所用的词汇也大幅度升级，从过去的“蓄意操纵”升级为“邪恶操纵”、“非法操纵”以至“恶毒欺骗和阴谋搞垮美国”！

人民币汇率究竟要走向何处？它关乎我国货币政策全局，关乎我国宏观调控全局，关乎我国经济持续稳定增长的全局，关乎我国稳步完成城市化和工业化的全局。汇率政策，国之大事，生死存亡之地，岂可轻忽？最上之策是稳定、稳定、再稳定，最下之策就是单边无限期升值。呜呼！让我们牢记朱老的谆谆教诲吧：“我们不要动摇，不要随随便便被人家的言论所迷惑。尽管有各种各样的说法，但我们自己要站稳立场。”

彻底抛弃西方错误的汇率理论

一位先哲说过：没有自己的理论在手，什么辩论你也赢不了。

我们与外人辩论人民币汇率理论和政策，为什么似乎总是处于“下风”？许多国内学者为什么总是“唯西方马首是瞻”？克鲁格曼那么荒谬绝顶的言论，连美国学者都听不下去，纷纷站出来大声批驳，为何国内竟然还有那么多“粉丝”和追随者？

答案很简单：我国经济学术界至今没有自己独立的经济学和金融学，自然谈不上有自己的汇率理论、汇率战略和策略了。辩来辩去，我们的学者无非是拾西人之牙慧，从来没有想过西洋的理论到底是对是错，对多少，错多少，从来没有仔细思考过，许多教科书上信誓旦旦的理论和学说，连洋人们自己也是当做笑话讲的，我们却虔诚地奉为圭臬。

今日中国经济学术界几无真正学术可言。信奉马克思政治经济学教条的人，至今还是死抱着那几个教条念来念去，了无新意。去年 11 月参加一个政治经济学年会，会上某著名大学的一位“博导”颇为自己培养博士生的办法自豪。她高声宣告：现在我们搞马克思政治经济学的人又重新得宠了，我要求我的博士生必须从《资本论》里面推导出结论，然后再找证据来支持她（他）的结论，我要求我的研究生始终以马克思经济学为准绳。本来坐在会场昏昏欲睡，该“博导”之伟大誓言入耳心惊，让我从半睡中霍然而起，高声质问：既然你说马克思已经穷尽了人间真理，还要你们这么些人来凑热闹做甚？你们的所谓研究还有什么价值？博导面红耳赤，无言以对。

信奉西洋经济学的诸多教授博导们组成另一个阵营，最近数十年声势浩大，颇为风光，让各个大学坚守“马学”之人日子相当难过。今日中国所有著名的大学皆以用英文原版教材授课为荣，国内学者编纂教材无非是抄抄外国的书本而已，从未质疑过西洋的理论是不是正确，更谈不上有自己的原创性思想。最骇人听闻的是：北京某最著名大学的经济学院和该大学出版社2008年还专门召开一次研讨会，会议主题就是“如何教好曼昆的《经济学》”。呜呼，中国经济学术之衰败、思想之腐陋、精神之萎靡、人才之凋敝，早已到了无可救药之境地！还侈谈什么夺取国际话语权，还谈什么自己独立的经济学！

闲话到此为止，还是回到西洋的汇率理论吧。看起来热闹非凡的争吵，相关理论其实只有两个，然而两个理论皆是完全错误的。我愿意和世界上任何经济学者冷静仔细辩论，详细说明两个理论从基础上为什么错了。

第一个理论是所谓“全球经济失衡论”（Global Imbalance）。

“全球经济失衡”纯属美国财政部的武断定义（详细论述参见笔者文章“美国政府究竟想干什么?”）。美国财政部将所谓“全球经济失衡”定义为“美国的贸易赤字或国际收支赤字”，我不知道有哪些严肃的经济学者会同意如此单方面的武断定义。我必须指出的是：“全球经济失衡论”与伯南克的“全球储蓄过剩论”、“人民币汇率低估导致美国贸易逆差论”、“中国工人抢夺美国工人饭碗论”、“人民币汇率低估攫取不公正竞争优势论”等许许多多稀奇古怪的理论，完全属于同一类。任何逻辑谨严的学者，都明白此类理论属于无稽之谈。当然，诸般议论背后有一套理论逻辑，那就是所谓的均衡汇率论和购买力平价理论。

我曾经与好些美国学者私下交流过，他们直率地告诉我，上述诸般理论其实没有多少理论基础和事实依据，纯属美国政客和智库为政治目的所编造。

我愿意指出几个事实，供有心的读者去深入探讨。譬如美国国会议员和奥巴马总统指责人民币汇率低估，有人说人民币低估40%，有人说低估30%，有人说低估10%，还有人说低估5%。你要相信哪个正确呢?仅此一点，足见所谓均衡汇率理论和购买力平价理论之荒谬。

有一次我到华盛顿一个著名智库拜访，该智库发表报告，说人民币至少低估30%~40%。我请教负责计算的研究人员：可否让我看看你们的计算模型？看完他们的模型后，我马上说：我可以给你们另外的数据，证明人民币应该贬值100%，你们如何反驳我？他们无言以对。我接着问他们：你们心中似乎有一个所谓的“均衡汇率”，请问你们如何计算出均衡汇率？理论依据又是什么？他们照样支吾其词。

再告诉读者一个非常荒谬的事实，却是写到许多经济学教科书里面的理论。那就是所谓“麦当劳巨无霸”汇率理论，这是英国《经济学家》杂志的奇怪发明。内容如下：一个麦当劳巨无霸汉堡包在美国的平均售价是4美元，在中国的平均售价大约为20元人民币。根据教科书所谓的“一价定律汇率理论”，人民币的均衡汇率应该是1美元兑5人民币，所以人民币应该升值。然而，我对美国的经济学者说：你用麦当劳汉堡包，我用《阿凡达》电影如何？《阿凡达》电影在美国售价是10美元，在中国至少是80人民币，那么人民币—美元汇率应该是1∶8，他们亦是无言以对！如果读者朋友愿意用其他商品（譬如豪华汽车），你甚至可以证明人民币汇率应该是1∶20或1∶30！

中国的学者、学子、决策者和老百姓应该明白：美国政府、国会议员、智库、学者（包括那个获得诺贝尔奖、炙手可热，且从中国赢得巨额讲课费的克鲁格曼）指责人民币汇率的诸多理论，看似高深莫测，其实皆属于上述“麦当劳汉堡包汇率理论”一类。哪位要是不信，或者是有什么新鲜说法，我愿意虚心请教！

读者一定会问：既然是如此荒谬的理论，美国人为什么会一而再、再而三地提出来，并作为针对中国重大政策之依据？问得好！美国的精英阶层或决策层绝对是一流人物，他们深深知道，那些所谓理论原本是无稽之谈，然而中国有人信！更重要的是，中国没有学者提出有力的反驳！君不见，许多所谓权威学者不是天天也在追随美国政府的定义、夸夸其谈“全球失衡”吗？北京大学好些“鼎鼎大名”的权威人士不是天天高声指责中国人民币汇率低估应该为全球金融危机负责吗？

美国精英深深懂得：既然中国有那么多人相信那些无稽之谈，我们就可以放心大胆地去鼓吹。不仅要鼓吹，他们还要用这些荒谬的理论迫使中国就范。当然，他们确实花了一些钱在中国培养代理人，或者美其名曰：支持中国的学术研究！读者若有兴趣，可以学学当年胡适之先生“索隐”的爱好，去考证一番吧！看看是哪些人接受了美国基金会的资助。

上述诸般荒谬的理论，本质只有一个，那就是美国的霸道逻辑，美国依靠军事强权迫使中国“让分”（参见笔者文章：《汇率政策，国之大事》）。短期目的是美国政客们希望转移国内问题的注意力，长期目的则是要从根本上扰乱中国的货币金融环境，让中国经济完全泡沫化，从而彻底打乱中国的工业化和城市化进程，彻底打乱中国现代化的历史进程。

第二个理论是所谓“汇率浮动与货币政策独立论”。该理论说只有人民币汇率浮动，中国人民银行才能拥有货币政策的独立性，才能有效控制国内通货膨胀，才能自由使用利率手段调控国内经济。该理论的逻辑基础是所谓的“不可能性三角”，业界都说是蒙代尔的发明，是从著名的“蒙代尔—弗莱明模型”推导出来的，但他老人家自己从不承认。他老人家反复说过：“蒙代尔—弗莱明模型”不适合中国这样的发展中国家（参见《蒙代尔经济学文集》第三卷）。

关于所谓“不可能性三角理论”，我和蒙代尔教授多次讨论。他反复提出两个问题：其一，什么算是货币政策独立性？我们追求的目的是货币环境之稳定，不是什么货币政策独立性。正確的问题应该是：采取哪种货币政策准则能够最有效地实现货币环境的稳定？其二，假若汇率浮动，你真的能够赢得货币政策独立性吗？历史经验支持“汇率浮动—货币政策独立性”吗？去问问日本中央银行吧？

我以为，“汇率浮动—货币政策独立性”理论的鼓吹者们从来没有深入思考上述两个问题。他们没有深刻理解当今国际货币体系的深刻变化；没有认识到汇率浮动和货币政策独立性不是没有前提条件的；没有认识到本国实体经济、资本市场和货币市场没有发展到一定程度，贸然实施浮动汇率，后果一定是灾难性的；没有认识到浮动汇率其实是国际储备货币（当然主要是美元）的内生无限扩张的机制；没有认识到，一旦汇率浮动，他们将完全丧失货币政策独立性；没有认识到，一旦汇率升值和浮动，将极大地损害或延缓我国的工业化和城市化过程。

假若我们不能从根本上抛弃西洋错误的经济金融理论，重建经济学和金融学，我们永远也不可能真正赢得国际话语权！

人民币“对内贬值对外升值”玄机何在

人民币“对内贬值对外升值”愈演愈烈

最近有朋友多次问我：人民币为何“对内贬值对外升值”？每次都是匆匆回答几句，无暇细说。不是我没有把问题彻底想清楚，而是问题确实没有那么简单，简单几句话说不清楚也。2010 年 10 月 29 日至 11 月 2 日到中东名城、海湾明珠之迪拜和阿布扎比参加国际货币会议，主题自然少不了美联储重启量化宽松货币政策、汇率战争和人民币升值。猛然间，我觉得应该系统阐述一下人民币“对内贬值对外升值”之怪象。

会议讨论中，好几位国际资深经济学者指出：美联储重启量化宽松货币政策重要目的之一，就是要让美元相对世界主要货币贬值（对外贬值），让美国货变得便宜，从而刺激美国产品出口。当然，量化宽松货币政策最主要目的是让美国经济摆脱“通货收缩或流动性陷阱”，或者“重新通货膨胀”（英文词是 reflate），或者让美元“对内贬值”。量化宽松货币政策能否成功是另一个大问题（笔者曾经有专文论述它为什么不能成功），内在逻辑却是一致：美元对内贬值、对外也贬值。反观人民币，为什么会出现对内贬值、对外升值之“怪象”呢？

事实摆在眼前毋庸置疑：先说 2005 年 7 月 21 日人民币名义汇率启动单边升值到 2008 年全球金融海啸爆发为止，人民币名义汇率升值幅度达到 22%，与此同时，衡量通货膨胀最主要的指标（CPI）却从 2005 年微不足道的 1.4% 一路上升到 2008 年 7 月份令人忧心的 8.0% 以上，导致国内真实利率长期为负值，普通存款者为此付出高达 7000 亿元的代价（等于是可怜的普通贫穷存款者补贴财大气粗的银行!)

譬如2007年12月，银行一年期贷款基准利率为7.47%，但2008年一季度通胀率达到9.3%，真实利率变为-1.8%。负利率导致信贷需求旺盛，央行不得不实施信贷额度控制。与此同时，存款利率之扭曲更加严重。2008年，活期存款利率只有0.72%，一年期存款利率只有3.33%，然而，该年上半年消费物价指数CPI是7.9%，导致活期存款真实利率是-7.22%，一年期存款真实利率是-4.74%。

如此低的存款利率（还要征收利息税）导致住宅市场疯狂暴涨，政府又不得不采取各种措施限制买房。2005年至2008年股市暴涨，部分原因亦是国内货币之负利率（对内贬值）。资产价格膨胀远超CPI增长幅度，2005年到2008年，全国平均房价上涨幅度超过3倍。无论从哪个指标衡量，人民币“对内贬值对外升值”确属无疑。

2008年金融海啸之后，人民币暂时停止升值。2010年6月开始，迫于外部巨大政治压力，人民币名义汇率重新启动单边升值，迄今升值幅度接近3%。通货膨胀又如何？2010年CPI连续8个月上升，真实利率连续8个月为负。房价自2009年以来一路高歌，势不可挡，年平均上涨幅度超过50%（有些城市上涨幅度甚至超过100%）。房价不顾一切的疯狂上涨，终于迫使中央政府痛下决心重拳出击。高盛集团今年年初发布报告：假如将房价列入CPI，2009年中国的CPI涨幅早就超过10%，远远不是官方公布的那么低!

当然，更令人揪心和抓狂的是，几乎所有与老百姓日常生活息息相关的产品，价格皆扶摇直上。君不见，“豆你玩”、“蒜你狠”唱得正欢，“糖高宗”又闪亮登场！今年以来，国内主要农产品和大宗商品价格之涨幅实在有些吓人（最低涨幅也超过30%）。人民银行10月15日宣布加息，大大出乎人们意料，然而，好些有识之士却高调批评中央银行出手太晚，“通胀猛虎”早已出笼狂奔，要驯服它岂能易如反掌？人民币“对内贬值、对外升值”之趋势愈演愈烈！难怪许多老百姓都看出此一“怪象”，纷纷试图解释!

美元和人民币：两个相反的逻辑？

美元量化宽松货币政策之逻辑是：美元货币泛滥（货币超发）——国内通胀（至少期望如此）——美元贬值——国内通胀刺激国内消费和投资——美元贬值刺激出口。人民币5年来的实际运行逻辑却是：人民币泛滥（货币超发）——国内通胀（CPI上升和资产价格暴涨）——人民币升值——国内通胀和资产价格暴涨大幅度降低普通老百姓真实收入——人民币升值虚弱出口竞争力、降低中国产品国际市场份额、让部分出口企业关门破产转向房地产投机、让许多低收入工人丢掉饭碗。呜呼！怎么会出现如此怪异的逻辑？人民币“对内贬值对外升值”让我们腹背受敌、左右为难、横竖受害！

区分名义汇率和真实汇率是关键

先说一个“时髦”却似是而非的理论，该理论有两个要点：①中国国内出现通货膨胀或通胀预期，恰好说明人民币汇率低估；②必须让人民币名义汇率大幅度快速升值才能遏制国内通胀。

公正地说，所有宣称人民币汇率低估和应该升值的言论里，通胀之说最有学术含量。试问一国汇率低估最明显的证据是什么？经过学术训练之经济学者，往往会给出明确答案：通货膨胀（相应地，汇率高估之后果就是国内通缩）。要明白此中机理，须透彻理解名义汇率和真实汇率。须知真实汇率等于名义汇率即本国货币之外国货币比价（外国通胀水平/本国通胀水平）。个人之见，透彻区分名义汇率和真实汇率，是汇率理论和政策之关键。

严格地说，真实汇率与货币无关（正如真实利率与货币无关一样。顺便提醒一下年轻学子，费雪名著《利率理论》主要讲真实利率，与货币无关也）。真实汇率取决于两国生产力和真实经济增长之水平。国际经济学领域有一个著名的巴拉萨和萨缪尔森效应（Balassa—Samuelson Effect），旨在解释国与国之间，实质生产力之相对变化与要素价格水平之相对变动之间的关系，也就是真实汇率之变动趋势。易言之，即使完全没有货币，中国生产力和真实经济增长速度超过美国，那么人民币相对美元之“真实汇率”必然处于上升或升值趋势（汇率背后的基础是商品服务交换和资源流动。即使是使用同一货币之不同国家或地区之间，亦有真实汇率。譬如北京与河北、广东与浙江、欧元区的德国与希腊之间，等等，皆有真实汇率之含义也）。

生产力快速增长必然意味着真实汇率升值

根据前面的定义：真实汇率升值可以采取两种方式：①名义汇率不变，让要素价格水平上升；②要素价格水平不变，让名义汇率升值。历久以来，经济学者围绕所谓通货膨胀与名义汇率升值之权衡取舍，曾经争得头破血流。1960 ~ 1980 年代，西德与美国、日本与美国之间的货币政策之争，就是要求日本和西德货币之名义汇率升值，最有力理由就是：本币升值可以遏制国内通胀；国内通胀压力正好说明本币有升值压力。今日一些学者主张人民币快速大幅度升值之重要理据，亦是通胀与升值取舍之论（当然，有些国内学者是什么理论也没有的）。遗憾的是，好多人没有明确区分名义汇率和真实汇率，也没有将汇率升值和通胀权衡取舍之机制说清楚。

经济学的麻烦是：同样一个术语，不同学者使用或在不同背景下使用，含义往往不同，由此引起许多无谓的争论，浪费数之不尽的时间和精力。根据前面的定义，名义汇率升值和通胀权衡取舍之机制里的所谓“通胀”，与弗里德曼货币意义上的通货膨胀，含义完全不同。弗里德曼名言“通货膨胀无论何时何地都是一个货币现象”，讲的是货币超发意义上的通货膨胀，不是要素价格相对上升。前面真实汇率定义里的所谓“通胀”，绝对不是“货币超发”或“货币贬值”意义上的通胀，而是本国生产要素价格相对外国生产要素价格上升，是相对价格之变化（全球意义上或地区意义上的相对要素价格变化）。

国际贸易理论领域有一个登峰造极的伟大成果：那就是“赫克歇尔—奥林—萨缪尔森要素价格均等定理”。该理论说自由的国际贸易和区域贸易，最终将导致所有要素价格完全均等。要素价格均等的机制就是相对要素价格的不断调整。生产力增长相对快或真实经济增速相对快的国家或地区，要素价格亦将快速增长。工资上升、地价上升、资源价格上升、所有其他要素价格皆上升。譬如我国沿海地区生产力相对中西部快速增长，沿海地区之要素价格（工资、地价等等）皆比中西部上升要快，我们可以说沿海地区相对中西部地区之“真实汇率”升值。再说一遍，此类要素价格上升是相对价格变化，不是弗里德曼货币意义上的通货膨胀。

概念混淆酿成政策大错，名义汇率升值剥夺劳动者收入增长权利

澄清了此一要点，我们就立刻明白：今天大行其道的所谓“汇率升值与通胀权衡取舍”之说或“人民币大幅度升值以遏制通货膨胀”之说，乃是严重混淆了几个最基本的概念。①主张汇率升值遏制通胀之人，他们心中的通胀乃是弗里德曼货币意义上的通胀，不是真实汇率概念里的相对要素价格上涨。②主张汇率升值遏制通胀之人，往往没有明确区分真实汇率和名义汇率。他们想要的到底是人民币名义汇率升值，还是真实汇率升值，也是语焉不详。他们心中的汇率升值似乎总是名义汇率升值。

前面反复论说，生产力增长快本来就意味着真实汇率自然升值。从这个意义上说人民币升值（真实汇率升值）乃是大势所趋，绝对正确。然而，主张名义汇率大幅度升值却是一种人为的“剥夺”手段，剥夺了中国劳动者收入财富增长的权利、剥夺了中国劳动者工资福利上涨和稳定就业的权利，是一种极端不道德、非正义的行为！

相对要素价格随着生产力增长而上升，是真实经济增长最自然不过的趋势，是最应该鼓励的趋势，如何可以以名义汇率升值手段来遏制或阻碍呢？

中国人那么拼命地工作，夜以继日地努力降低成本、改善产品质量，生产力之增长率（不是说生产力水平）大幅度超过美国和其他高

工资、高福利的发达国家，根据巴拉萨—萨缪尔森原理，中国劳动者的工资、福利上涨速度（即要素价格上涨幅度），理应超过发达国家劳工工资福利上升幅度（不是说绝对水平），并最终达到或超过发达国家的工资和福利水平。主张“以人民币名义汇率大幅度升值来遏制通胀”的人，实际上是要剥夺我国劳工就业、提升工资和福利的权利，试问天理何在？

国内货币超发和人民币升值预期综合征导致人民币“对内贬值”

回到“人民币对内贬值对外升值”之怪象吧。此处所说的“对内贬值”，正是弗里德曼货币意义上的通货膨胀，与要素价格相对上升风马牛不相及！“对内贬值”或通货膨胀之根源，主要有二：①国内基础货币超发；②人民币名义汇率单边升值预期刺激热钱滚滚流入，加剧国内基础货币投放和信用创造。如此一来，“对外升值”恰恰为“对内贬值”或通货膨胀火上浇油、推波助澜。

2010 年 10 月 15 日人民银行加息之后，许多有识之士再次批评人民银行长期“货币超发”（如何准确定义货币超发是一大问题，此处无暇细说）。有人根据广义货币供应量与 GDP 之比例，判断我国目前货币超发已经达到 43 万亿元。客观地说，随着我国经济货币化和金融深化程度不断加深，广义货币供应量与 GDP 之比例肯定呈上升趋势。然而，假若基础货币供应速度远超真实经济增长速度，结果必定是通货膨胀。此一结论或许是货币理论数百年研究最值得骄傲和最确定的成果之一。

根据人民银行最新统计数据：2010 年 9 月末，广义货币（M2）余额 69. 64 万亿元，同比增长 19. 0%；狭义货币（M1）余额 24. 38 万亿元，同比增长 20. 9%；流通中货币（M0）余额 4. 19 万亿元，同比增长 13. 8%。皆远超真实经济增长速度。

众所周知，2009 年我国的货币政策不是“适度宽松”，而是“过度宽松”，甚至是不负责任的“极端宽松”。2009 年年末，广义货币供应量 M2 余额为 60. 6 万亿元，同比增长 27. 7%，增速比上年高 10 个百分点。

狭义货币供应量 M1 余额为 22.0 万亿元，同比增长 32.4%，增速比上年高 23.3 个百分点。

2009 年全年我国人民币各项贷款增加 9.59 万亿元，同比多增 4.69 万亿元；金融机构人民币各项贷款余额 39.97 万亿元，同比增长 31.74%，增幅比上年末高 13.01 个百分点。

基础货币和信用如此超高速膨胀，如果不出现严重通胀，那就是人类货币史上的奇迹了。笔者 2009 年 6 月就公开明确指出："中国的通胀即将到来!"（参见笔者文章和 CCTV2 于 2009 年 6 月 10 日对笔者的访谈）。

上述数据清楚表明：国内货币政策和信用政策极度宽松，是造成今日国内通胀及其预期严重恶化或人民币"对内贬值"之主要推动力量。经济体系的内在规律是不以人的意志为转移的。

人民币名义汇率单边升值或"对外升值"则为"对内贬值"火上浇油、推波助澜。其内在机制就是笔者深入论述过的"人民币升值预期综合征"。此处不详述。有兴趣的读者可以参阅笔者著作《汇率危局——全球流动性过剩的根源和后果》（北京大学出版社 2008 年版）。

再论人民币和美元的相反逻辑

最后一个问题是：依照正常逻辑，国内货币超发、通货膨胀，人民币名义汇率本来应该贬值（此乃美联储量化宽松货币政策基本逻辑之一），为什么反而升值呢?

答案是：国内货币超发通货膨胀导致本币贬值之机制至少有贸易市场、货币市场、资产市场三个渠道。

其一，国内通胀让本国产品昂贵，刺激人们增加进口，外汇需求增加，本币需求减少，本币遂有贬值之势，此乃贸易渠道。

其二，本币通胀刺激国内居民将本币替换为外币，外汇需求增加，本币需求减少，本币遂有贬值之势，此乃货币市场渠道。

其三，国内通胀，资产价格（譬如房地产）亦暴涨，国内投资者将资产投资转向国外（譬如中国人到美国去购买房地产），外汇需求增加，本币遂有贬值之势，此乃资产市场渠道。

正常情形下，只要三个渠道发挥作用，本币通胀必定伴随本币贬值（对内贬值必定伴随对外贬值）。

人民币国内通胀“对内贬值”，却同时出现“对外升值”之原因是：①海外各国（尤其是美联储）之货币政策同样宽松，甚至比中国货币政策还要宽松！②美元和其他发达国家货币（譬如欧元和日元）是完全自由兑换货币，是国际流通货币，买卖美元（欧元）或转移美元资金要容易得多。美联储宽松货币政策释放的美元，很大一部分流向国际资本市场和货币市场。美国国内暂时未见通胀，反而是通缩。我国国内居民海外投资渠道依然不畅，规模依然很小，人民银行宽松货币政策所释放的人民币资金，主要在国内循环。理论上，假若美国国内通胀速度与美元贬值速度一样，美联储量化宽松货币政策则无法刺激美国出口。美元的独特地位让美国至少暂时没有通胀，它将通胀转移到海外了！③人民币名义汇率本来没有升值的内在动力（真实汇率升值则是大势所趋），之所以出现名义汇率单边升值，纯属美国政治压力所致。国际投机热钱追随政治压力疯狂炒作，遂导致人民币名义汇率升值预期愈演愈烈。名义汇率单边升值，反而剥夺了真实汇率正常升值之机制（即阻碍或中断了我国劳动者充分就业、工资和福利持续上涨之正常过程）。

结　论

结论很简单：

（1）人民币“对内贬值、对外升值”看似矛盾，实则一致，后者为前者推波助澜（人民币升值预期综合征）。

（2）人民币“对内贬值、对外升值”（名义汇率升值），二者皆不可取，皆应休矣！

（3）稳定名义汇率，既是控制国内货币供应量之基本政策准则，亦是消除“人民币升值预期综合征”之最重要手段。易言之，确保人民币名义汇率稳定，才有可能消除人民币“对内贬值、对外升值”之怪象。（顺便指出：人民银行究竟应该采取何种货币政策准则来控制货币供应量，从来未见明确声明。然而，任何中央银行要实现货币环境稳定之目标，就需要一个明确的货币政策准则。笔者之前多次论述过，依照今日中国经济之发展阶段来判断，稳定名义汇率是最佳货币政策准则）。

（4）面对美联储极端不负责任的量化宽松货币政策和滚滚而来的国际热钱，还必须继续强化对热钱流入的监管，同时适当放宽我国企业和居民海外投资的限制，鼓励我国企业和居民到海外投资。

谁在压迫人民币升值

汇率政策　国之大事

汇率问题已经成为且必将继续成为未来中国面临的最主要政治、经济、金融、货币外交难题之一。美国正在全方位实施其“鞭打中国”之策略。与1960～1970年代的“鞭打西德”政策和1970～1980年代的“鞭打日本”（Bashing Japan）政策相比，有过之而无不及。我们必须审时度势、高瞻远瞩、制定长远战略和策略。没有远虑，必有近忧。

（关于美国如何实施鞭打日本之政策，读者可以参考斯坦福大学著名教授麦金龙和日本学者合作进行的深入研究，以及笔者撰写的《不要玩弄汇率》和《汇率危局》。美国今日将他国列入“汇率操纵国”之法律依据是1988年的《贸易和竞争力综合法案》，该法案出台的背景就是鞭打日本）。

2005年7月21日，迫于美国压力，我们实施所谓汇率制度改革，其实就是允许人民币单边缓慢升值。当时美方要求升值25%～35%。2005年至今，人民币名义汇率升值超过22%，实际有效汇率升值超过18%。美国善罢甘休了吗？没有，从来没有，反而是步步紧逼，得陇望蜀。今日美国又要求人民币再升值30%～40%。当年没有顶住压力，错误决策，今日高压又重来，我们能够顶得住吗？

2005年人民币汇改之际，笔者出版《不要玩弄汇率》，明确指出：“尽管人民币已经走上了缓慢升值和有管理的浮动之路，美、日却不会善罢甘休，人民币升值和人民币浮动之压力将长期存在，中国政治家必须高瞻远瞩、审时度势、巧妙斡旋、慎重决策。”

为什么我们似乎总是处于“被动挨打”之势？核心是我们许多学者

和决策者压根儿对人民币汇率政策之本质和核心没有想清楚，至今也没有制定出一个长远战略。

为什么人民币汇率政策会成为我们必须面对的一个重大难题？原因有二。

其一，一个快速增长的经济体与相对缓慢增长或陷入衰退的经济体之间，必然发生矛盾和冲突。矛盾和冲突之解决只有两种方式，即和平方式和战争方式。和平方式包括：①开放市场、开放投资、开放移民，互利共赢。19 世纪后期英美之间或欧美之间大体采用的是这个模式，当时美国相对英国和欧洲快速增长。②相对衰退的国家要求快速增长的国家“让分”，类似体育比赛里面的“让分赛”或围棋比赛里面的“让子赛”，主要办法就是要求快速增长的国家将汇率升值。当年美国要求西德马克升值，要求日元升值；今天要求人民币升值，属于此类方式。战争方式就是以武力要求开放市场或重新瓜分势力范围。历史上所有战争基本上都与此相关。英国侵华的鸦片战争、日本多次侵华战争、第一次世界大战和第二次世界大战都与争夺世界市场直接相关。

其二，美国确实不希望中国增长太快，更不希望中国取代美国成为世界第一经济强国，尽管目前差距遥远，美国的战略是未雨绸缪。美国政府战略家多次公开宣称过：遏制中国的主要战场是全球能源及战略资源市场和全球金融市场，扰乱中国货币金融环境是最佳良策。美国政治家深深懂得：汇率政策对于中国而言，真可谓是牵一发而动全身。压迫人民币升值和浮动一旦成功，对美国经济固然好处不大（这一点儿美国高官和学者心里十分清楚），对中国的损害和遏制作用却巨大而深远，尤其是中国目前依然处于工业化和城市化的中级阶段。假若中国坚决顶住，美国也必然要求中国在其他方面让步或妥协（譬如最近的伊朗制裁问题）。因此，汇率政策已经成为美国对华外交的重要武器。

汇率政策为什么对中国而言牵一发而动全身？①汇率升值将严重制约中国出口增长和全球市场份额或扩张态势（中国出口企业的竞争对手其实不是美国企业，而是其他新兴市场国家的企业），从而严重影响中国经济增长速度和就业稳定，严重影响中国的工业化和城市化进程。对于中国而言，汇率之本质在此。多数人并没有深刻认识到这一点。过早让人民币升值和浮动，将挫败工业化和城市化过程，中国将陷入所谓“拉美化”的困境——社会分为富裕的城市群体和贫穷的乡村群体；与国际资本密切合作的精英群体和几乎没有基本生活保障的绝大多数赤贫群体。②国际投机热钱获得巨大套利收益，加剧中国财富向外国投机家手中转移。（到底有多少热钱已经进入中国市场？多个研究机构的估计是：中国外汇储备至少一半即超过1.2万亿美元是热钱流入中国所形成）。还有中外投机家大肆借低廉（低利率的）美元换成人民币进行投资或投机，多方套利。房地产价格暴涨之本质，即是财富分配大转移，外国投机热钱亦大量参与其中。③汇率政策之选择，直接决定了我国货币政策之目标和工具。

审时度势，我国汇率政策之战略和策略应该有短期、中期和长期之周密考虑和严谨部署。短期（10~15年）之最佳策略就是坚决维持固定汇率；中期（2025年之后）可以考虑较大幅度放宽汇率浮动区间（不是什么完全自由浮动汇率，须知世界上从来没有哪个国家真正实施过放任不管的浮动汇率，即使是美联储，照样经常干预美元汇率或操纵汇率。美联储的定量宽松货币政策本质上就是汇率操纵政策）；长期（2040年）则是必须实施人民币的区域化和国际化，形成人民币、欧元、美元“三足鼎立”之全球货币格局。

当前最紧迫的是坚定不移执行汇率稳定三措施：①政策目标必须透明，决心必须坚定。决策者不可言辞闪烁，三心二意，甚至相互矛盾，引发全球市场猜测和投机炒作。②必须采取切实有效措施控制热钱流入，同时适当放宽我国企业和居民境外投资限制，鼓励境外投资。③加快改革外汇管理体制，取消结汇，让民间企业和个人自主使用外汇，鼓励国内企业和居民到海外投资。客观地说，外管局无力管理好那么庞大的外汇储备。

美国压迫人民币升值之政策乃是“缘木求鱼”

数年间，人民币汇率政策一直是国际经济理论和政策辩论之焦点，言者高手如云，论点百花齐放，让人忧喜交加。喜的是：中国经济问题终于成为世界顶级学术界人士辩论的热门话题，反映出中国经济之国际实力真的不可同日而语，而中国经济学者若真能秉承科学态度参与探索，必定为经济学做出世界性贡献。忧的是：汇率理论和政策之观点如此众说纷纭，中国经济决策者可能无法择善而从，一旦做出错误决策，将对中国经济产生深远的负面影响。

2007 年 1 月 5 日，2001 年诺贝尔经济学奖得主、斯坦福大学教授、胡佛研究所高级研究员迈克尔斯宾塞在《华尔街日报》发表文章，题为《我们都在一条船上》，文章以非常明确甚至尖刻的语言批评美国政府：美国政府压迫人民币汇率升值的政策，部分源于“政治力量之推动”，部分源于理论逻辑之“内在矛盾”。他的分析基于最基本的经济学和最朴实的一般均衡理念与国际视野，学子们不应该忽视。那些以荒谬逻辑或完全没有逻辑之怪论来支持人民币升值的中国学者和官员，就更应该花多点儿时间，仔细学习一下斯宾塞的逻辑推理！

斯宾塞之要点有三：一曰数字，二曰理论，三曰政策。将他的大作与美国政府政策相比，我将美国政府之人民币政策归纳为“曲解的数字，荒唐的理论，错误的政策”。2006 年 5 月初，一个美国商务代表团访问北京，我应朋友之邀请去讲几句话，主题就是批评美国的人民币汇率政策，当时我用的词是：“wrong number！Wrong theory！Wrong policy！”，想不到，半年后斯宾塞与我“英雄所见略同”，让我再一次体会到正确的经济学逻辑确实“放之四海而皆准”！

先说数字。根据斯宾塞分析，中国 2005 年国际收支顺差或外汇储备净增 2000 亿美元，其中只有 500 亿美元是贸易顺差！还有 500 亿美元是外商直接投资，其余 1000 亿美元从何而来？斯宾塞没有详细说，他的原文是：there was an additional，largely unwanted net capital inflow of MYM100 billion. 我个人初步考察所得，认为这个“不想要的”1000 亿美元资本流入，乃是人民币升值预期所导致的“国际热钱”，主要渠道是海外投机者借用贸易账户将热钱输入国内（其他渠道还很多）。斯宾塞进一步认为：2006 年中国国际收支顺差或外汇储备增加的情形与 2005 年类似，结论很清楚：国际收支顺差主要不是来自中国贸易顺差，而是热钱和外商直接投资。如果我的判断正确，即国际热钱之流入乃是人民币升值预期所导致，那么，今天中国所谓外部不平衡的根源，恰恰就是美国、日本政府高官极力高唱人民币升值所引起。美国指责中国制造什么“全球不平衡”，罪魁祸首不是中国的人民币政策，而正是美国高官不负责任的高谈阔论（背后深刻的政治原因姑且不论），当然，一些中国学者和官员不着边际的夸夸其谈也是重要原因。

关于斯宾塞对中国贸易顺差的分析，我基本同意，只补充一点。中国贸易顺差里，绝大部分是加工贸易顺差，受益者不是中国企业，而是外资企业，扣除加工贸易顺差，中国之贸易顺差很少（更有数字说，扣除加工贸易后，中国贸易账户是赤字）。无论如何，真正属于中国企业的贸易顺差应该没有统计数字那么大（关于中国贸易顺差，世界银行、国际货币基金组织、美国政府、中国商务部、中国外管局、国家统计局、海关等等部门的数字都不尽相同，甚至差距很大，不过统计数字大体趋势一致）。斯宾塞的见解相当深入。

再说理论。中国贸易顺差或国际收支顺差的根源究竟是什么？斯宾塞说得非常清楚，不是中国的人民币汇率政策。

从基本的宏观经济学等式来看，贸易顺差等于储蓄超过投资的差额（差额为负则是贸易赤字）。要明白贸易顺差，我们就要进一步分析，为什么中国储蓄会超过投资？为什么中国储蓄比例非常高？斯宾塞认为中国金融体系之功能、透明度和效率严重不足，是主要原因。正确之至！早在百年前，经济学天才大师费雪讲过一句名言：“投资是消费在时间上的权衡”，人们储蓄不过是为了未来消费，本质上，储蓄也是投资！根据经济学基本原理，假若金融市场完美，信息知识完美，每个人皆可以用资产（尤其是个人的人力资本和未来收入）做抵押贷款，那么，我们完全不需要储蓄，甚至银行金融体系之存在也是多此一举。中国、日本或亚洲各国储蓄率高，金融体系相对不发达的确是重要原因。世界上金融体系非常发达的国家，如美国、英国，国民储蓄率较低（美国多年为负）。还有学者认为中国储蓄率高是社会保障体系没有健全，亦有道理。此处不详论。

我对斯宾塞的补充是：一国贸易是否顺差或逆差，金融体系发达与否固然是重要原因，但最根本的原因却是国际产业分工体系和国际金融贸易制度安排。

其一，世界许多国家都经历过贸易顺差或逆差过程。比如英国 19 世纪、美国自内战直到 1970 年代、1950 年代之后的德国和日本，都曾经出现巨额贸易顺差。英国、美国之贸易顺差源于当时英国、美国乃是世界主要工业制造国，许多产品只有它们能生产，别人不能生产，而且英美凭借其巨大经济军事实力，能完全控制出口和进口价格（它们进口的大多是原材料）。其他国家与它们贸易的结果，自然是逆差多。其他国家如何为他们的贸易逆差融资呢？主要是依靠英美两国银行之贷款，抵押物从其他国家之矿产、能源、基础设施，一直到税收或关税收入。必须指出，美国、英国以及 1950 年代之后德国、日本之贸易顺差，与汇率完全没有关系！想不到今天众多学者竟然将中国贸易顺差归咎于人民币汇率，难怪蒙代尔感叹：今天很多经济学家对国际经济学之认识比 18 ~ 19 世纪的学者还差。

其二，今天中国贸易顺差同样是国际产业分工之必然结果，但日子却远远没有当年英国、美国甚至后来的德国和日本好过。原因很简单。今天中国贸易顺差，不是源于“只有中国能生产，你们不能”，而是源于“发达国家不再生产，中国却不得不生产”。发达国家产业主体早就转向高科技、金融服务、知识信息行业了，他们占据的是国际产业链高端，中国处在国际产业链低端。中国生产的产品又是发达国家日常生活所需(不过要是你中国不愿意生产，不要紧，美国和其他发达国家可以转向巴西、墨西哥、越南、印尼等等进口)，中国必定要向发达国家大量出口这些低端产品。

其三，处在产业链低端就必定是贸易顺差吗？不一定！中国相对美国和其他发达国家的贸易顺差，还有一个重大原因，那就是美国为首的发达国家对中国实施高科技和军事工业出口限制，那就是美国和其他发达国家限制中国人自由进出或移民到他们国土！中国想买的产品和技术，美国不允许卖给中国；中国人好不容易赚点钱，想到美国享受一下美丽的环境和清新的空气，美国人又不让！你要我们怎么办？其实，要是美国和其他发达国家真的放开自由贸易，中国那么点贸易顺差或外汇储备，实在买不了多少“美国货或美国技术”。连中国到其他国家购买石油矿产资源，美国都要限制，却又反过来指责中国贸易顺差或制造国际不平衡，天理何在！简单而言，贸易顺差不过是“多卖少买”。中国的确想多买，可是美国就是要限制，要制裁，如之奈何！为什么中国与周边国家不是贸易顺差，而是逆差？因为中国从周边国家大量进口原材料。中国与周边国家之贸易是“多买少卖”了。

其四，美国国际收支逆差的根源乃是美元本位制，即美元是当今世界唯一的国际储备货币，各国要储备美元，美国必定是国际收支逆差。这不是我的观点，四十年前，蒙代尔就有极其精彩和深刻的阐释，近年麦金龙教授亦有详尽研究，我也写了好些文章阐述此一关键论点。

综合以上分析，中国相对美国的贸易顺差，无论从哪个角度分析，都与人民币汇率无关，更谈不上中国操纵汇率来“赢得”贸易顺差，美国政府那些高官和议员，为了美国国家利益，为了自己哗众取宠，赢得选票，侈谈什么人民币汇率高估，是中美贸易不平衡之罪魁祸首，其实他们心知肚明，是在欺世盗名！他们说说也就算了，中国那些官员学者跟着起哄，如果不是愚蠢之至，那就是私利作祟了，令人悲哀！

最后是政策。斯宾塞不愧是经济学大师，他始终从一般均衡角度看问题，非常漂亮！

第一，他指出：假若美国强迫人民币升值，真的大幅度减少中国出口，不让中国积累外汇储备，从而不让中国每年大量购买美国资产（主要是国债）。结果会怎样呢？他是这样讲的：［A］sudden shift away from accumulating reserves would cause the dollar to fall further, raise the value of their own currencies and reduce their export growth by an indeterminate amount. It would also force savings up or investment down —— or both —— in the U. S. , producing with near certainty a recession here that would be exported world-wide... In this sense we are all in it together（中国或日本突然放弃积累外汇储备资产，将迫使美元汇率进一步下跌，提高他们各自货币汇率，降低他们的出口增长速度，具体幅度只有天知道。两国突然放弃累积美元资产，同样会迫使美国储蓄上升或投资下降或二者并举，结果肯定是美国经济衰退，而且衰退将波及全球。我们必须明白：大家都在一条船上！）

张五常教授多次讲过：不知道美国人怎么如此愚蠢，其实人民币与美元挂钩、中国累积大量美元外汇储备，是对美元最大的支持！五常教授和斯宾塞可谓英雄所见略同。大家都不要美元资产，美元汇率自然下跌，美国国债卖不出去，再没有中国、日本等国家为它的财政赤字、国际收支赤字或负储蓄融资，美国人当然得自己增加储蓄，减少投资了。美国经济要是衰退，世界经济整体必定受到影响。斯宾塞的见地，简单却不凡！

第二，斯宾塞进一步指出：美国压迫人民币升值，完全不能减少美国对外贸易逆差。他是这样讲的：If our savings rate is stubbornly stuck below our investment rate，and if China does allow its currency to revalue over time，then we will simply run a deficit with another collection of countries，and from a domestic point of view，nothing much will have changed（如果美国储蓄率始终低于投资率，即使中国永远持续让人民币升值，美国将依然是贸易赤字，只不过对方国家可能不是中国，而是其他一些国家，从美国经济自身看，什么也没有改变。）蒙代尔、麦金龙、斯蒂格利兹、普雷斯科特、贝克尔、伯南克等等大师级学者，都从不同角度反复阐释过上述斯宾塞的论点。他们的学问千锤百炼，我们中国的学者和官员为什么不虚心听听？

第三，斯宾塞最后给美国政府发出忠告：The graceful way out of this is gradual：an increase in U. S. savings relative to investment，a reduction in savings relative to investment in China and Japan，a probable further lowering of the market－determined value of the dollar in the short and medium term. As part of the process，it would be useful if we stopped pretending or alleging that China's exchange－rate policies are the root cause of our trade deficit.（解决美国贸易赤字或不平衡问题只能慢慢来：即逐步增加美国储蓄率，逐步降低中国和日本的储蓄率——皆是相对投资率而言。此过程里，短期和中期的美元市场汇率可能进一步下降。渐进策略的基本要点是：我们绝不能不懂装懂，甚至强词夺理，说中国人民币汇率政策是美国贸易赤字的罪魁祸首。必须停止诸如此类的夸夸其谈。）

美国政府应该虚心接受斯宾塞的忠告，中国政府更应该虚心听取、衷心感谢斯宾塞的精妙分析。

人民币升值后遗症

中国汇率政策下一步应该怎么办？

原则上有三个选择，上策就是一次性将人民币贬值到2005年7月21日汇改之前的水平，然后再明确坚决地固定下来，即将美元对人民币的汇率重新固定到1∶8.27水平；中策就是在现有汇率水平上稳定下来，实际上从2008年6月初以来，人民币汇率的走势就是这样，全世界都注意到了这个重要转变；下策就是让人民币缓慢贬值，形成一个贬值预期。

依照目前全球经济急剧衰退、中国经济急剧放缓、通货收缩越来越严重的情形，假若中国让人民币形成持续贬值预期，那只会加剧中国经济通货收缩的压力，刺激人们将人民币转换成美元，刺激投机资金流出中国。人民币缓慢贬值或贬值预期的效果正好与人民币缓慢升值或升值预期的效果相反，前者是通货收缩，后者则是通货膨胀。2005年人民币汇改以后形成了一个人民币长期缓慢升值的预期，国际投机热钱滚滚而来，结果是严重的"人民币升值预期综合征"，中国经济目前就是在承受汇率升值预期综合征的沉重后果。我相信中国政府不会再犯错误，让人民币缓慢贬值或形成缓慢贬值预期。人民币汇率政策的关键和核心是稳定。过去升值错了，现在假若让人民币形成贬值预期，则是错上加错。

继续让人民币持续升值怎么样呢？的确还有一些经济学者鼓励人民币继续乃至大幅度升值，请他们去问问无数的企业家吧！去问问那无数失业的打工者吧！问问那每天都在处理失业民工的政府官员吧！汇率升值究竟能够解决中国什么经济问题？前几年鼓吹人民币升值的人，他们的主要理由是要通过升值遏制通胀，事实证明他们错得实在离谱，面对三年多的现实，他们应该无地自容，无话可说，现在转过来说人民币升值可以帮助中国实现产业升级换代。我不知道他们的“人民币升值帮助中国产业升级换代”的证据在哪里！铁的事实是，人民币升值和长期升值预期主要是搞乱了中国的货币政策，其次是让数之不尽的出口企业关门破产。除此之外，人民币升值没有任何正面效果。希望那些说人民币升值帮助中国产业升级换代的经济学者能够拿出有力的证据来。

过去几年人民币升值幅度超过20%，对中国出口打击是很大的。过去的14个月里，美国对中国的出口增长了23%，中国对美国的出口增长是11%，这纯粹是汇率升值的效果。中国一个这么穷的国家，这么多人口，为什么让中国来独自承担国际调节的痛苦？美国那样富有，不到3亿的人口消耗人类近50%的资源，金融危机到来之后，还要强烈要求人民币升值，让中国无数赤贫的劳工承担失业的痛苦。奥巴马竞选期间说要不惜采取一切手段迫使人民币升值，要再让人民币升值50%，天下哪有这样的道理？

为什么我说人民币汇率政策的上策是一次性贬值到8.27？首先就是要修改过去的错误。过去升值是迫于美国的压力，完全错了，现在面临如此经济困境，就要修正错误。其次是周边国家的汇率都大幅度贬值，韩国货币贬值超过40%。过去一年来，全世界只有中国人民币在持续升值。为什么全球调节的负担要让一个拥有那么多贫穷人口的国家来承担？毫无道理！

政府应勇于承认人民币升值是错误的政策

2005年7月21日的汇率机制改革，是中国货币政策所犯的最大错误，当然有美国和国际货币基金组织的压力，但我国学术界和决策界认识上的错误要负主要责任。问题其实很简单：为什么要让人民币升值？当时的主要考虑是要遏制通货膨胀，同时还要鼓励和强迫产业升级换代。理论和历史都早已证明：一旦本币形成长期升值预期，投机热钱就要滚滚而入，流动性过剩和通货膨胀压力只会越来越大。我们却迎难而上，一方面让人民币形成长期升值预期，一方面放松对国际投机热钱的监管。

为什么2007年下半年、2008年上半年“热钱”突然成为中国经济的一个热门话题、举国关注？因为事实是那么明显，汇率升值完全没有解决所谓流动性过剩问题，反而是加剧了流动性过剩和通货膨胀问题。还有一个升值的理由是鼓励产业升级。理论和历史从来不支持这样的怪论。世界上有哪一个国家曾经依靠“玩弄”汇率来完成产业升级的？汇率哪有那样的魔力？汇率是货币金融层面的一个政策，产业升级是实体经济层面的问题。依照最基本的经济政策原理，汇率政策只能帮助解决货币环境稳定问题，无法帮助解决实体经济层面的产业升级问题。实体经济层面的产业升级需要相应的政策来解决。譬如鼓励产业创新、保护知识产权、取消出口退税、制定明确的产业政策，等等。借用西方人的一句话，经济政策应该“上帝的归上帝，恺撒的归恺撒”。我们现在的政策很奇怪，一方面让汇率升值，一方面又提高出口退税率，这才是典型的拿中国纳税人的钱去补贴外国消费者！这种很奇怪的政策必须纠正。

历史上没有哪个国家曾经依靠汇率升值、依靠“玩弄汇率”来进行产业升级。日本、德国战后经济奇迹，产业一路升级换代，是在固定汇率条件下实现的。“亚洲四小龙”经济腾飞、产业升级是固定汇率条件下完成的。没有哪个理论可以证明：汇率升值能够刺激产业升级换代。

我强烈建议中国政府把人民币对美元汇率一次性贬值到8.27，就是要修正我们以前所犯的错误，中国政府应勇于承认人民币升值是一个错误的政策，并且要告诉大家：当时为什么会做出这样的决策？是美国的压力还是自身认识不足？人非圣贤，孰能无过？货币政策犯错没有什么大不了，但犯了错误，就要勇于承认。承认错误，有助于人们更加清晰地认识经济体系内在的运行规律，有助于我们未来更好地制定和执行货币政策。不承认错误却反而会误导人们。我们知道，次贷危机后，格林斯潘不承认自己任期内货币政策有错，不承认监管有错。次贷危机演变成全球金融危机之后，他终于承认自己犯了错误，至少在金融监管方面犯了大错。当然，格林斯潘有两大错误：一个是2002～2003年货币政策过度宽松，一个是长期忽视或完全不监管金融创新、不监管对冲基金、不监管信用违约掉期（CDS），结果惹了大祸。

中国目前的经济金融形势可说是雪上加霜。但我们必须承认，这个

"雪"是我们自己下的，"霜"才是国际需求的下降。"雪"有两个层面，一是汇率升值预期让热钱滚滚而入，制造了中国资产市场史无前例的大泡沫，泡沫破灭的后果是非常惨烈的。2005 年汇改之后到 2007 年 10 月，中国股市和房地产市场的价格涨幅都是人类历史的记录。哪一个基本面因素可以解释？主要的原因就是国际投机热钱的肆意炒作、疯狂投机。2005 年至今我们的外汇储备净增加差不多 1.2 万亿美元，有多少是真实贸易顺差积累的？有多少是投机热钱？目前最保守的估计是一半对一半。资产价格泡沫破灭之后，我们股市的跌幅也是全世界的记录。如此折腾来折腾去，对整个实体经济的冲击是异常严重的。

所以我一再强调：人民币升值预期的主要祸害是搞乱了我们的货币政策，制造了一轮最经典的"资产价格泡沫—泡沫破灭"。其次是对出口的冲击。早在 2005 年，我出版《不要玩弄汇率》，明确指出过：人民币汇率升值幅度如果在 5% 以内，对出口没有太大影响，但是汇率升值只要超过 5%，出口企业绝对要面临巨大压力，因为中国许多出口行业和企业的利润率是非常低的，有的只有 3%，有的甚至是 1%，降低成本的空间已经很有限。2006 年下半年，中国出口企业其实已经开始出现大面积的困难情况，2007 年困难更加严重，因为那时人民币升值幅度已经超过 10% 了！想不到的是：到 2008 年，人民币反而加速升值，几个月升值幅度就达到 7%，出口企业哀鸿遍野，再加上"新劳动法"和外部需求下降，很多企业完全没有活路了。

必须要深刻反思我们过去几年的汇改经验，从汇率理论和货币政策理论层面深刻反思，从现实经济的经验来深刻反思。下一步的汇率政策到底应该怎么办？中国究竟应该采取怎样的汇率制度？西方经济学教科书的那些汇率理论能够机械照搬吗？好些中国经济学者一谈到汇率，就是"只有汇率浮动才有中央银行货币政策独立性"这一套理论，他们详尽地考察过这套理论背后的逻辑了吗？货币政策独立性是什么意思？我们需要怎样的独立性？说汇率升值是人民币内在要求、不升值人民币就不值钱，天下哪有这样可笑的逻辑？那干脆直接将人民币升值到 1 人民币 =100 美元或更多好了，岂不是人人欢喜？汇率升值并不能平白无故地增加一个国家的财富或人民的收入。

据报道：有一个“著名”经济学者演讲，说人民币升值多么好，升值了人民币就值钱了。台下一位打工朋友问：教授大人，人民币是升值了，可我们失业了，到哪里去赚那更值钱的人民币呢？教授无言以对。一个严肃的经济学者必须将逻辑推到底，必须讲证据。证据在企业那里，在老百姓那里，而不是在西方经济学那些教科书里。西方经济学里面的汇率理论，多数都是错误的。美国政府和西方各国政府，从来也不用教科书那一套来指导决策。中国倒是有许多人很虔诚地相信西方教科书那一套。

世界历史上经济增长最快的时期无一例外都是固定汇率

最近《财经》杂志胡舒立女士写了篇短文章，说人民币升值能够促进产业升级，或者已经促进了中国的产业升级，不知道胡女士的证据在哪里。《财经》杂志许多朋友长期极力鼓吹人民币升值，以前说升值主要是要遏制通货膨胀，事实让他们难以自圆其说，转过来说升值可以帮助产业升级或者已经帮助了产业升级。我们需要证据说话。人民币升值除了让中国数以千万级的人失业或即将失业以外，都帮助哪些企业或行业实现了产业升级？还有人说人民币不仅要升值，最好马上浮动，而且说人民币汇率浮动才是人民币真正成为国际货币的前提条件。这些理论是非常错误、非常危险的。照搬美国教科书的老生常谈，完全不顾中国经济的实际情况，必将继续给我们造成灾难性后果。

总结国际金融货币史的经验，世界历史上经济增长最快的时期，无一例外都是固定汇率。从 1873 年到 1914 年的半个世纪时间，德国、美国、法国、俄罗斯、日本崛起成为世界经济大国，得过诺贝尔经济学奖的刘易斯曾经说过：今天的世界经济格局就是 1873 ~ 1914 年期间的高速增长形成的，那时是金本位制下的固定汇率。二战结束以后，从 1945 年到 1971 年，大家可以去查所有的统计数据，这个时期内，全世界主要国家（美国、日本、德国、法国等等）的真实经济增长速度（扣除通货膨胀之后），远远高于 1971 年之后的历史时期。不是高一点点，而是远远高出。这是为什么？1945 ~ 1971 期间，西方国家都是布雷顿森林体系下的固定汇率。1971 年以后，全世界搞浮动汇率，这就是最重要的原因。斯坦福大学著名经济学家（加拿大人）麦金龙在他的多部著作里，深刻指出了浮动汇率的危害，并且提出了一个非常重要的假说：1970 年代西方发达国家真实经济增长速度一致大幅度下降，主要原因就是浮动汇率体系大幅度提高了经济体系的运行成本。我认为麦金龙假说是非常重要、非常具有启发力的理论。

过去三十多年来，全世界经济增长速度最快的是中国，也是坚持明确的固定汇率、坚决管住投机热钱扰乱金融货币市场。我可以非常肯定地说，只要中国放弃固定汇率，搞浮动汇率，中国经济高速增长的时代就将完全终结。侈谈浮动汇率的许多人，既不了解历史，更不懂汇率理论许多微妙的逻辑关系。

顺便说一句：中国许多人非常热衷西方经济学者的理论，甚至崇拜他们，连一些三流学者的三流教科书也忙不迭地翻译过来。其实西方经济学许多理论是完全错误的。就货币理论尤其国际金融理论而言，西方著名经济学大师里面，我认为有三个人的学术很客观，只有三个人的学术中国可以好好学习和借鉴，那就是蒙代尔、麦金龙和斯蒂格利兹。

中国不应根据通胀率调节货币供应量

必须把汇率政策当做是货币政策的一个组成部分来看待。选择什么样的汇率政策，核心是我们需要一个什么样的货币政策的锚或货币政策的标准。当今世界，货币政策的锚无非两个，一个就是固定汇率体制，最典型的固定货币体制是货币局制度，像香港地区是跟美元挂钩的货币局制度，欧洲一些周边国家跟欧元挂钩。第二个是美联储主席伯南克所主张的灵活通胀率准则。灵活通胀率这个货币政策准则有没有效？全世界都有争议。我自己研究的结果是：从长期趋势来看，连美国和欧盟这样对外依赖程度很小、本身货币市场和资本市场很发达的国家，所谓灵活的通货膨胀率准则也不行。全世界都已经认识到：这次全球金融危机的本质原因就是美元发行过度和浮动汇率体系。各国都搞灵活的通货膨胀率货币政策准则，本质上就是要大家都搞浮动汇率。这个从长期来看不行。全球金融危机爆发之后，大家都在讨论这个问题。美国和欧盟都不行，中国就更不适合。中国经济需要一个什么样的货币政策？有人说中国也应该搞通胀率准则，根据通胀率来调节货币供应量。我认为中国不能将通货膨胀率作为货币政策的锚，至少在相当长的时期内不是最佳选择。相当长时期内的最佳选择是实施与美元的固定汇率。

有一个有趣的问题：好些朋友认为，人民币与美元挂钩或固定，就好像是被美元套住了，或者是失去了自主性，或者是帮了美国的大忙，反而我们自己吃了亏。这里面有一些很微妙的逻辑问题。任何政策都不能脱离现实，都必须是权衡各种可能的选择，看看哪一个最符合目前的最佳利益。我从来不否认而是长期主张：人民币应该成为一个重要的全球货币，应该形成一个庞大的人民币货币区，形成一个庞大的以人民币为结算货币的贸易区、金融区、货币区、资本市场，等等。到那时，即使美国和欧盟不愿意和我们坐下来商量共同稳定国际汇率，也不要紧了。到那时，人民币可能就有条件和美元、欧元都实行浮动汇率。然而，就目前而言，人民币汇率最好是跟美元固定。美元仍然是国际主要的储备货币，主要的贸易和金融结算货币，这是一个事实，短期内也无法改变。人民币相当长时期内和美元固定，实际上是所谓的“借力打力”。这是一个很微妙的货币战略问题。没有一个完美的货币政策准则。然而，就目前中国的经济金融形势来看，人民币与美元的固定汇率，是所有可能选项里面最好的选项。

只有搞浮动汇率才能赢得货币政策独立性，这是一个极其错误的结论

有一些中国经济学者说，只有搞浮动汇率才能赢得货币政策的独立性和主动性，这是一个极其错误的结论。教科书上确是这样说：浮动汇率可以维持货币政策的独立性。然而我们要问：货币政策的独立性是什么意思？其实是非常模糊的概念。货币政策的核心目的是维持货币环境的稳定，避免出现严重通胀和通缩。正确的问题是：哪种货币政策准则最有利于实现货币环境的稳定？是固定汇率还是浮动汇率？实际上浮动

汇率完全不是一个明确的货币政策准则。

教科书上的“货币政策独立性理论”源自弗里德曼1950年的著名文章《支持浮动汇率》，半个世纪的历史证明弗里德曼的逻辑完全错了。浮动汇率下货币政策具有独立性的理论，乃是基于如下的基本假设：即中央银行控制货币供应量，就能够控制汇率的波动，而且外汇市场的投机买卖行为可以自动稳定汇率水平，汇率的波动不会反过来左右中央银行的货币政策，汇率波动不会迫使中央银行改变货币供应量（即中央银行完全可以不管汇率波动，不干预外汇市场）。

然而，1971年以来的国际浮动汇率体系表明：浮动汇率体制下，上述逻辑关系完全颠倒过来，除了美国以外，其他国家都是汇率波动反过来影响中央银行的货币政策，影响中央银行的货币供应量。原因很简单，世界上没有哪一个国家曾经允许汇率完全由市场决定，政府完全不管汇率，外汇市场从来没有弗里德曼所想象的自动均衡机制。日本可以说是最典型的例子。浮动汇率时代，并不是日本央行的货币政策决定日元和美元的汇率，反而是日元和美元的汇率动荡反过来决定日本的货币供应量。这么多年来，日本的货币政策主要受制于日元和美元的货币波动。因为日本出口商、进口商非常害怕汇率变动，日本国内的经济状况非常害怕汇率变动，日本中央银行不可能放任汇率动荡不管，不可能允许汇率像大白菜价格一样放任不管。新世纪以来，日本中央银行外汇储备的增加量，四分之三是干预外汇市场买回来的美元。浮动汇率条件下，日本中央银行其实没有什么货币政策的独立性。历史经验推翻了所谓搞浮动汇率可以拥有货币政策独立性的理论。

最根本的问题是：浮动汇率是一个全球货币供应量自动增加的内在机制，浮动汇率很大程度上决定了全球经济体系的货币供应量。1971年布雷顿森林体系崩溃以来，有几个重要现象没有得到真正有说服力的解释：第一，为什么国际储备货币增加量或增长速度远远超越真实GDP的增长速度？第二，为什么衍生金融交易特别是外汇市场的衍生金融交易发展如此迅猛？交易量早就是庞大的天文数字？它们与人类真实财富的创造究竟有什么关系、有什么帮助？第三，为什么金融危机如此频繁的发生？这是无可争议的事实。最近我看了英国《金融时报》有名的专栏评论员马丁·沃尔夫的新著“Fixing Global Finance”。他关注的主要事实也是过去三十多年来，全球金融危机为何如此高频率的爆发，他也希望找到其中的根本原因。因为找不到根本原因，我们就无法谈论改革。

其中最重要的关键点就是：浮动汇率体系是一个国际货币供应量无限增加的内在机制。这个重要论点是我最先提出来的。

汇率波动是这次全球金融危机的一个重要原因

站在全球角度来审查全球的货币制度安排，最好的制度就是主要大国货币之间的汇率固定。11 月底我去美国参加重建布雷顿森林体系国际会议，讨论的一个核心问题就是有没有可能像 1944 年那样，世界主要经济大国坐下来谈一个协议，把全球的汇率稳定下来。连美国也深深感觉到，现在这样的汇率波动给美国经济也造成非常大的伤害，虽然浮动汇率对美国的伤害相比对中国和其他国家的伤害要小很多，但也不容忽视。美国学术界有许多人认为：全球汇率动荡是全球金融危机的一个重要原因。所以美国现在学术界和政界有一些人有很强烈的想法：世界主要大国之间的汇率最好稳定。

美国和欧洲的经济开放度相比中国而言是很低的，美国对外贸易占它 GDP 比例很少超过 20%，欧洲连 12% 都没有，中国的对外贸易总额超过 GDP 的 60%，最高达到 70%。美元和欧元的汇率波动对美欧经济也有影响，但是没有中国感受这么厉害。

现在美国和欧洲有这么一股强烈的呼声，就是能不能像 1936 年和 1944 年那样再把全球汇率稳定下来。看起来目前做不到，为什么呢？是因为主要大国的政治家现在没有意愿。欧元区自己要扩大，美国现在没有时间坐下来谈，也不愿意认真谈。既然美欧没有意愿来稳定全球汇率体系，面向长远，中国不可能坐等，必须自己另起炉灶，自己寻找参与国际货币体系重建或改革的路子。

中国必须加速建立一个庞大的人民币货币区

从长远看，中国汇率政策和货币政策到底应该怎么办？人民币汇率跟美元固定，相当长时期内是最佳办法，但不是一个永久性的解决方案。

中国应该站在一个更高的角度，站在一个全球货币体系和全球货币区相互竞争的角度来讨论中国的汇率政策和货币政策。中国应该加速推进大中华货币区和东南亚货币区，应该努力建立一个庞大的人民币货币区。第一步必须要先形成一个大中华货币区，第二步是建立一个东南亚货币区。具体而言，就是大中华地区和东南亚这些国家的货币和人民币固定，人民币再跟美元固定。条件成熟的时候，澳大利亚以及东亚国家（譬如韩国），中亚一些国家甚至都可以参加进来。随着这些货币区的货币供应量、流动量不断扩大，那么人民币就会成为世界第三大货币区，到那时，对于国际货币体系改革，中国就具有非常大的发言权。

大中华、东南亚地区最有条件成立一个货币区，无论是贸易整合程度，还是经济整合程度，以及台湾、香港经济对中国大陆的依赖程度，都超过了欧美地区。如果能够迅速形成一个庞大的以人民币为基础的货币区，如果人民币货币区成为了世界第三大货币区，即使美国和欧盟不愿意坐下来谈国际货币协议，中国也有条件可以不再和美元挂钩，外汇储备不再过多依赖美元，那时如果没有别的更好的选择，也可以有条件跟他们实行完全的浮动汇率，因为人民币货币区内部的贸易已经不依赖美元或欧元，区域内的国家都可以减少对美元或欧元的依赖，国内货币政策受汇率动荡的影响也较低。长远来看，中国的汇率政策和货币政策一定要站在这个高度去考量。

货币潘多拉

伯南克的量化宽松货币政策是真正的“刑事犯罪”。如果我当选总统，绝不会允许伯南克连任联储主席。

——2012 年美国共和党总统候选人罗姆尼

面对美联储汹涌澎湃的货币洪水，我们别无选择，只能投资 ABCD（Anything Bernanke Can't Destroy，即任何伯南克不能毁灭的资产），包括黄金、大豆、山间小屋、甚至瓶装水和太阳能电池。伯南克的量化宽松必将毁灭金融体系，导致恶性通胀。

——美国前白宫预算局局长斯托克曼

伯南克领导的美联储打破了中央银行有史以来的一切禁忌和规则。

——美国卡内基－梅隆大学教授，三卷本《美联储史》作者阿兰·梅泽

量化宽松货币政策是全球经济所面临的主要威胁

量化宽松和伯南克的货币政策准则

2012 年 9 月 13 日，美联储正式宣布实施第三轮量化宽松货币政策（简称 QE3）。根据联储公报，QE3 包括如下举措：第一，每月新增购买 400 亿美元联邦机构发行的抵押债券，主要是联邦房贷机构发行的债券。第二，继续实施利率扭曲操作，以降低长期利率。加上利率扭曲操作的长期债券购买量，到年底，联储每月购买的债券量为 850 亿美元，与第二轮量化宽松购债量持平。第三，继续将所持联邦机构发行债券的到期本金收入，重新用于购买联邦机构发行的债券。第四，只要就业市场没有充分好转，联储就将持续实施上述政策措施。第五，将零利率（0 ~ 0.25%）政策延长到 2015 年年中。

与前两轮量化宽松相比，QE3 具有两个特点：其一，购债期限和购债总量没有限定。其二，目标直指就业市场，却没有具体说明失业率降到哪个水平，联储才停止量化宽松。

QE3 的理论基础是伯南克所倡导的“灵活的通货膨胀基准目标”。对此货币政策准则，伯南克曾经给予详尽解释。他说：

“什么是灵活的通货膨胀基准目标？虽然具体操作各有差异，但一般而言，通货膨胀基准目标具有三大特征。其一，顾名思义，通货膨胀基准目标要求：货币政策必须致力于实现既定的长期通货膨胀目标，长期价格稳定是货币政策压倒一切的或首要的目标。重要的是，通货膨胀基准目标要求：通货膨胀率既不能太低又不能太高。避免通缩（或许更重要）与避免通胀同等重要。其二，在致力于实现长期通胀目标的约束下，短期内中央银行有一定程度的灵活性，以追求其他目标，包括产出稳定。这就是为什么叫灵活的通货膨胀基准目标。其三，通货膨胀基准目标要求：货币政策决策者必须保证货币政策充分开放和透明，比如定期发表通胀形势报告，公开讨论政策方案和计划。”

依照伯南克所倡导的货币政策准则，实施 QE3 有充足理由：

其一，根据联储统计数据和分析判断，美国国内的实际通胀率处于较低水平，长期通胀预期稳定，甚至继续存在着通缩危险。根据灵活通货膨胀基准目标要求，联储应该继续实施宽松货币政策。

其二，控制通胀并非联储唯一政策目标。只要长期通胀预期稳定，现实通胀处于控制范围，联储则要优先考虑产出稳定和就业增长。联储公报说：联储法律要求，货币政策须致力实现就业最大化和价格稳定。我们担心，假若不继续实施进一步的货币宽松政策，经济增长步伐就不足以持续改善劳动力市场就业状况。与此同时，国际金融市场动荡不安加大了经济下行风险。况且，我们预计中期通胀水平将维持 2% 的目标水平或以下。

不确定性、负利率和“流动性陷阱”时代的货币政策传导机制

量化宽松货币政策是否如伯南克所期望的那样发挥作用，关键取决于利率传导机制之有效性。利率传导机制之有效性分两个渠道。其一，央行货币政策操作是否能够降低市场利率水平；其二，利率水平是否能够有效刺激投资和消费。如果第一个渠道失效，第二个渠道自然难以发挥作用。本文的基本论点是：美欧等发达经济体早已深陷负利率和流动性陷阱，量化宽松货币政策传导机制基本失效，难以达到预期效果。以前人们普遍相信中央银行货币政策的基本约束条件是名义利率不能为负值，如今名义利率竟然降到零以下，深刻说明不确定性阴霾依然笼罩着发达经济体，传统货币政策和非传统的量化宽松货币政策均难以奏效。

自 2011 年以来，全球货币金融市场开始出现前所未有的奇特现象：

多国名义利率降低到零以下，成为“负利率”。欧洲出现名义负利率的国家包括瑞士、丹麦、德国、比利时、芬兰、荷兰和法国。2012年2季度，ESM以－0.0217%的名义利率发行3个月期限债券，总额14.3亿欧元；丹麦政府以－0.59%的利率举债7000万美元；德国以－0.06%的利率发行两年期债券，总额41.7亿欧元。瑞士2年期国债利率长期为负。比利时、芬兰、荷兰和法国均时常出现负利率。丹麦中央银行甚至开始对商业银行的央行存款收费。

据报道，欧央行亦正在考虑对商业银行的央行存款实施收费，目前隔夜拆借利率已经为零。美联储也有可能实施负利率政策，对商业银行的央行存款收费，联储目前还支付0.25%的利率。如果QE3效果不理想，商业银行向实体经济的信贷增量不如预期，联储就可能对商业存款实施收费，以此强迫商业银行向实体经济和家庭个人发放贷款。

负利率现象非同寻常，耐人寻味。如果你花100元购买面值100元的两年期债券，两年后债务人只还你96元，你为什么要如此“傻”干呢？

根据简单的资产定价公式：任何资产的总收益 $Y = q - c + l$。其中 q 是资产持有期限内，资产本身所创造的净收益。c 是持有期限内，资产可能遭受的损失，或者必须为维持资产价值所支付的维护成本。l 是资产的流动性收益或流动性溢价。以现金、股票和房产三类资产为例。持有现金的净收益为零，维护和保管成本几乎为零，流动性溢价或收益很高。持有股票的净收益（至少预期净收益）很高，维护和保管成本几乎为零，流动性溢价较低。房产净收益可能较高，维护成本很高，流动性收益则极低。所谓资产组合选择或者理财策略选择，无非就是在上述三个资产收益之间进行权衡，以寻找可能的最大化总收益。原则上，如果你持有资产给你带来的总收益（Y）小于0，你是不会选择拥有这项资产的。

多国出现名义负利率，意味着 q 为负。债券持有成本或保管成本（c）极低，可以忽略不计。那么，人们愿意购买负利率债券，意味着资产的流动性收益或溢价（l）极高，说明市场人士的风险偏好极度保守，极度厌恶和担忧风险，表明全球货币金融市场和整体经济的不确定性大幅度上升。

易言之，低利率和负利率充分说明全球经济整体陷入流动性陷阱，说明全球经济迷失到不确定性丛林之中，找不到出路。流动性陷阱是指无论利率水平多么低，人们对未来任何投资皆没有信心，只好拥有流动性最高的资产（现金和高信用级别资产，譬如国债）。

利率越低，投资反而越少；利率越低，流动性资产越受欢迎；利率越低，经济活动越萎靡。凯恩斯《通论》曾经详细讨论流动性陷阱的形成机制。不过他认为当经济整体堕入流动性陷阱之时，名义利率虽然很低，却不会降低到零。他还相信名义利率不可能为负。凯恩斯“流动性陷阱”理论的背景是1930年代大萧条。假若凯恩斯灵魂不灭，知道今天竟然真的出现名义利率为负，他当年的判断被推翻，他可能会迫不及待地去修改《通论》相关章节。

人类经济体系为什么会陷入“流动性陷阱或信用陷阱”而难以自拔？与凯恩斯同时代的另一位经济学天才欧文·费雪（1860～1940）揭示出经济体系的另外一个调节机制，那就是著名的“债务—通缩调节机制”。

凯恩斯和费雪的理论异曲同工。如果经济体系陷入通货收缩、通胀率为负、真实利率为正、投资和消费萎靡不振、真实经济投资收益前景黯淡，那么，几乎所有人都会“理性地”选择到银行存钱，甚至将钱藏到家庭保险箱或床底，因为存款或手持现金之真实收益高于一切投资之真实收益。与真实利率一样，投资的真实收益等于名义收益减去通胀率。当通胀率为负（通货收缩）时，即使名义收益率为零，真实收益率亦为正。每个人都这样做，整个经济体系就堕入“流动性陷进”：经济体系里面流动性非常充裕，可是大家就是不愿意消费和投资，宁愿存钱到银行或者把钱攥在手里。流动性陷阱绝不是人们发神经的“非理性行为”，恰恰是通货收缩周期里，人们最理性的行为选择。

中央银行为了阻止通缩恶化，可以不停地降低名义利率，直至名义利率降无可降（降到零或名义负利率）。如果此时通缩依然严重，真实利率依然居高不下，所有人还是继续选择存钱而不是投资和消费，实体经济依然萎靡不振，那么中央银行还能有什么秘密武器呢？

教科书里经典的IS—LM模型，只考虑货币市场以及商品和服务市场，没有考虑资产市场，所以一旦经济体系陷入零利率或低利率流动性陷阱，该理论就宣称货币政策弹尽粮绝，此时就该由财政政策担负刺激经济之重任。1970年代之后，随着全球（尤其是美国华尔街）债券和资产市场日益发达，许多经济学家尤其是以联储主席伯南克为代表的一派经济学者认为：当经济体系陷入零利率或低利率流动性陷阱之时，尽管中央银行无法持续降低名义利率，却可以继续购买政府债券和其他长期债券，继续为经济体系注入流动性或基础货币，以防止经济体系陷入长期通缩。这就是量化宽松货币政策最重要的理论依据。

隐藏在细节中的魔鬼：伯南克的货币政策传导机制为何失效

西谚有云：魔鬼隐藏在细节之中。同样，许多真理亦往往隐藏在细节之中。

货币理论的相关细节有趣而重要。最近几十年来，货币理论专家八仙过海，各显神通，竞相发表研究成果，期望彻底厘清货币影响经济活动的内在机制和多种渠道，尤其是货币政策的多样传导机制，从而为货币政策指出一条明路。

针对如何跳出“流动性陷阱”，就有如下重要问题需要回答：①经济体系为什么会“突发神经”、陷入流动性陷阱？尽管有凯恩斯、费雪等许多学者的深入阐释，流动性陷阱的个人行为机理，至今还没有完全弄明白。②名义利率降无可降之时，原则上中央银行可以购买债券、继续释放货币洪水，那么是购买短期债券有效，还是购买长期债券有效？经济学者经过多年观察和理论分析，终于发现：经济体系陷入流动性陷阱之时，短期债券与现金货币近乎完全等价，中央银行以现金货币去交换公众手里的短期债券，等于什么也没有改变，白忙乎一场，所以购买短期债券无效。③既然购买短期债券无效，那么购买长期债券是否有效呢？经验证据和理论分析至今依然莫衷一是。理性预期学派认为中央银行购买长期债券也是“竹篮打水一场空”，毫无效果。然而，有些经济学者却认为：2002年之后日本货币政策之经验，以及美国货币政策历史上的几次经验都表明，当短期利率为零或接近零之时，中央银行购买长期债券能够将经济拉出“流动性陷阱”。④即使中央银行购买长期政府债券依然无法将经济拖出流动性陷阱，他们手中依然握有秘密武器，那就是大量购买投资级别以下的垃圾债券，乃至直接购买实物资产譬如房地产。2008年全球金融危机爆发之后，美国哈佛大学教授、前国际货币基金组织（IMF）首席经济学家罗果夫（Kenneth Rogoff）就曾经向伯南克献计：美联储可以直接入市购买房地产！

罗果夫、伯南克等货币理论家对于摆脱流动性陷阱的央行货币政策工具，为什么会如此信心十足呢？首先，原则上，他们根本不承认经济体系能够真的堕入“流动性陷阱”。其次，他们认为，货币政策有许多工具，货币影响经济体系有多条道路。此路不通，另有通衢，条条道路通罗马。中央银行可以购买长期债券、外汇、真实资产（房地产、股票等等）、以及以真实资产为基础的各种商业票据和金融票据等等，不断向市场注入货币，直到所有人突然明白：他们手中货币实在多得不能再多了，货币真的“不值钱”了，钱真的“毛”了（依照经济学术语，是公众的真实货币头寸——Real Monetary Balance——太多了），必然开始大把花钱购买商品（消费）或资产（投资），经济体系也就顺理成章地可以跳出流动性陷阱，迈向经济复苏的康庄大道了。

然而，从刺激实体经济复苏角度看，2008年以来的量化宽松货币政策并没有达到预期效果。问题出在哪里呢？理论上，我认为伯南克等经济学者的量化宽松政策哲学有四方面的错误或不足。

（1）他们没有明确区分信用和货币，甚至简单将货币等于信用。他们似乎以为，大规模扩张银行体系或经济体系之货币量或流动性，必然就意味着银行体系或经济体系之信用增加。他们似乎也没有明确认识到：真正左右经济活动的并不是货币或流动性，而是信用或借贷。增发货币或流动性，并不等于信用或借贷增加。

（2）他们假设中央银行扩张的货币或流动性，能够顺利甚至均匀流向经济体系的每一个决策单位（个人、家庭、公司等等）。因为逻辑上，只有中央银行扩张的货币流入到经济体系的每个决策单位，让他们觉得手中货币实在多得不能再多了，货币真的“不值钱”了，他们才会开始大把花钱购买商品（消费）或资产（投资）。假若中央银行扩张的货币并不能均匀流入到经济体系的每一个决策单位，伯南克的货币政策思路就走不下去，行不通。

（3）根据经济学里众所公认的“永久收入假说”，个人消费最终取决于永久收入或长期收入，本质上与货币无关（这是“货币长期中性”学说的另一个版本）。如果扩张货币或流动性不能改变人们的永久收入预期，甚至恶化人们的永久收入预期，那么货币政策对于刺激经济复苏必将适得其反。早在1960年代，诺贝尔经济学奖得主、货币理论大师托宾和蒙代尔就曾经指出人们经济行为的一个重要性质：当人们的通胀预期恶化之时，人们就会预期自己的真实财富下降，可能反而有增加储蓄的趋势！易言之，通胀预期恶化不仅不会刺激人们去消费和投资，反而会打击消费和投资！此乃著名的“蒙代尔—托宾效应”（Mundell - Tobin Effect）。的确，多国不同历史时期的经验表明：通胀预期恶化对消费和投资的打击非常严重，经济增长往往一蹶不振。

（4）真实经济复苏的关键是信贷的持续增长。从刺激真实经济信用需求和供给的角度看，假若通胀预期恶化，尽管原则上信用需求可能增加，因为债务人未来的还款负担可能因通胀恶化而降低，然而，信用供给却可能急剧下降或持续萎靡，因为债权人担心未来债权因通胀而缩水，经济持续萎靡让赖债风险上升。从信用供需角度看，我们不能肯定量化宽松货币政策能够刺激真实经济的信贷供给，能够刺激真实经济复苏。

两轮量化宽松之后，美国实体经济复苏依然疲弱，证实了上述基本论点：决定经济复苏的根本力量，不是货币供应量或流动性，而是私人经济部门的真实信贷。某种程度上量化宽松可以左右信贷供给，然而，当经济主体（企业和个人）深陷“去杠杆化”过程之时，经济体系信贷流量的决定性力量是信贷需求。量化宽松对信贷需求的刺激效果极其有限。

量化宽松之实际效果：全球货币金融大变局

要系统准确评估量化宽松货币政策之效果，几乎是一件不可能的事情。经济体系各个变量相互作用，错综复杂，不可能完全分离出量化宽松之效果。前面从理论上概述了量化宽松传导机制可能存在的有效渠道和传导机制失效的多种方式。此处则综述学界对量化宽松负面效果的主要批评。

第一，大量数据表明，前两轮量化宽松的主要效果是刺激油价、大宗商品价格和粮食价格飙升。三大价格飙涨大幅度降低普通老百姓的真实收入，削弱国内真实消费需求，严重拖累实体经济复苏步伐。2008 年 10 月 ~2010 年 3 月第一轮量化宽松时期，大宗商品价格上涨 36%，粮食价格上涨 20%，油价上涨高达 59%。2010 年 10 月 ~2011 年 6 月第二轮量化宽松期间，大宗商品价格上涨 10%，粮食价格上涨 15%，油价上涨超过 30%。

第二，量化宽松刺激股市大幅度上涨，虚拟经济和真实经济持续严重背离，恶化收入分配失衡和贫富差距。量化宽松实施以来，美国股市指数连创新高，早已回升到危机之前高位。9 月 13 日，华盛顿传来 QE3 消息，华尔街股市应声飙涨，标普指数创下 5 年来新高。股市脱离实体经济快速上涨，主要效果是加剧贫富分化。美国 10% 的富裕人群持有 75% 的股票，股票大幅上涨的财富效应主要由 10% 的富裕人群享受，其余 90% 的人享受不到多少财富效应。相反，对于美国多数家庭尤其是占人口 20% 的低收入家庭来说，与油价相关的开支占收入的 8% ~10%，食品开支占收入的 30% ~40%。油价和粮价大幅度上涨意味着普通百姓收入遭受损害。

第三，长期过度低利率和银行体系天文数字般的超额储备，给美国和全球经济体系埋下恶性通胀的巨大隐患。量化宽松所创造的天文数字般的银行体系超额储备，就像一颗定时炸弹。尽管目前贷款需求疲弱，银行体系没有大量发放贷款，然而，一旦经济开始加速复苏，商业银行将快速增加放贷，银行体系积累的大量超额储备就可能像洪水一般迅速涌入经济体系，从而导致货币供应量急剧飙升和恶性通货膨胀。

第四，扭曲经济体系内生调节机制尤其是价格调节机制。量化宽松从四个方面扭曲或破坏了经济体系内生的调节机制。

其一，低利率刺激货币资金流向某些特殊的资产市场（譬如房地产市场和投机性资产市场），导致某些行业的过度投资和错误投资。事实上，美国次贷危机之根源就是格林斯潘“9·11”之后实施长期低利率货币政策。历史经验一再表明：长期低利率或实际负利率，必然导致资产价格泡沫。

其二，低利率政策让那些行将就木的坏公司、坏资产、有毒公司、有毒资产得以苟延残喘，让经济体系失去刮骨疗毒、新陈代谢、自我修复的功能。2008 年金融危机爆发，美国银行体系累积那么多有毒资产，某些银行早已成为危害经济整体的“有毒银行”，一个健康经济体系的调节机制就应该让这些有毒资产和有毒公司快速死亡和淘汰。然而，美联储大规模购买有毒资产，挽救有毒公司，让他们苟延残喘，拖累和延迟了经济体系的自我复苏和修复机能。

其三，量化宽松的核心是大量购买国债或政府机构发行的债券，成为政府挥霍浪费或不负责任财政政策的保护伞或避难所。本来，假若债券市场能够正常运作，那么，如果美国政府持续维持高额赤字，美国国债收益率和融资成本就会大幅度飙升，从而有效约束美国政府大举借债。然而，美联储量化宽松刻意压低国债收益率，尤其是不惜一切代价压低长期国债收益率，让债券市场调价机制完全失去作用，帮助美国继续几乎无限度地扩张赤字和债务。

第四，量化宽松货币政策严重干扰世界各国货币政策，迫使各国为美国财政赤字和滥发货币埋单。因为量化宽松释放的大量流动性，相当部分流入其他国家以寻求高收益，其他国家的中央银行被迫大量购买美元储备，释放本国货币，被动协助维持美国国债市场和美元汇率。

上述四个负面效果结合起来，导致全球金融货币体系出现重大变局，严重加剧全球货币金融的不稳定性。从这个意义上说，量化宽松货币政策是全球经济所面临的主要威胁。

伯南克咒语：魔鬼还是天使

伯南克的美联储如期推出第三轮量化宽松货币政策。根据美联储2012年9月13日发布的正式公报，第三轮量化宽松包括如下举措：第一，每月新增购买400亿美元联邦机构发行的抵押债券，主要是联邦房贷机构发行的债券。第二，继续实施利率扭曲操作，以降低长期利率。加上利率扭曲操作的长期债券购买量，到年底，联储每月购买的债券量为850亿美元，与第二轮量化宽松购债量持平。第三，继续将所持联邦机构发行债券的到期本金收入，重新用于购买联邦机构发行的债券。第四，只要就业市场没有充分好转，美联储就将持续实施上述政策措施。第五，将零利率（0～0.25%）政策延长到2015年中。

与前两轮相比，第三轮量化宽松具有两个特点：其一，购债期限和购债总量没有限定。其二，目标直指就业市场，却没有具体说明失业率降到哪个水平，联储才停止量化宽松。

与前两轮相比，第三轮量化宽松遭到更多学者和更加严厉的批评。联储决策会议前夕，许多主流财经媒体，包括《华尔街日报》、《金融时报》、《国际先驱论坛报》皆发表措辞犀利的批评文章，以大量翔实数据，批评美联储前两轮量化宽松没有产生预期的实体经济刺激效果。《金融时报》评论文章直指量化宽松的实际效果必将适得其反，如果美联储不搞量化宽松，反而能够更好地促进实体经济复苏。因为放弃量化宽松将大幅度降低石油和粮食价格，实际效果就等于大幅度减税，从而能够刺激国内消费、加速经济复苏。

纵观世界货币政策历史，伯南克领导的美联储是有史以来最激进的中央银行，它打破之前货币政策的所有禁忌，颠覆了传统的货币政策准则，迫使人们从新的角度思考货币的本质和货币政策传导机制。2008年全球金融危机以来，量化宽松成为全球货币政策主旋律。2008 年以来，美联储实施两轮量化宽松，联邦基准利率长期维持 0 ~0.25% 水平。2007 年 1 月 ~2012 年初，美联储资产负债从 9000 多亿美元扩张到 2.9 万亿美元，增长幅度达到 332%。

笔者曾经详尽分析量化宽松的五大后果，指出量化宽松货币政策业已导致全球金融货币大变局，加剧了全球经济金融不稳定性。

第一个后果：虚拟经济加速背离实体经济。

第二个后果：虚拟经济成为自我循环、自我膨胀经济体系。

第三个后果：大宗商品成为金融投机产品，成为避险产品，价格持续上涨。

第四个后果：输入性通胀成为新兴市场国家的主要威胁。

第五个后果：美国、欧元区、英国等储备货币国家以量化宽松和全球通胀转嫁金融危机负担。

事实上，自从伯南克实施量化宽松以来，许多重量级学者和政治人士皆对之提出严厉批评。最有名者包括美国共和党总统候选人罗姆尼；美国前任白宫预算局长斯托克曼；著名货币理论大师、泰勒利率准发明人约翰·泰勒；三卷本《美联储史》作者、美国顶级货币理论大师阿兰·梅泽；斯坦福大学教授、著名国际经济学大师麦金龙。

罗姆尼对伯南克的尖锐批评举世皆知，他甚至指责伯南克搞量化宽松是真正的“刑事犯罪”，公然宣称只要当选总统，绝不允许伯南克连任联储主席。2012 年 8 月份，罗姆尼正式接受共和党总统候选人提名之后，还专门到美国民间机构“金本位制委员会”发表演讲，倡导改变美国现行的法定货币制度，以约束货币泛滥和量化宽松。斯托克曼则长期呼吁人们投资 ABCD（anything Bernanke can't destroy，即任何伯南克不能毁灭的资产），包括黄金、大豆、山间小屋、甚至瓶装水和太阳能电池。斯托克曼的理由就是伯南克的量化宽松必将毁灭美国和全球金融体系，导致恶性通胀。

综合上述权威人士的剖析和批判，量化宽松至少有“五宗罪”。

第一宗罪：大量实证数据表明，前两轮量化宽松的主要效果是刺激油价、大宗商品价格和粮食价格飙升。三大价格飙涨大幅度降低普通老百姓的真实收入，削弱国内真实消费需求，严重拖累实体经济复苏步伐。2008年10月~2010年3月第一轮量化宽松时期，大宗商品价格上涨36%，粮食价格上涨20%，油价上涨高达59%。2010年10月~2011年6月第二轮量化宽松期间，大宗商品价格上涨10%，粮食价格上涨15%，油价上涨超过30%。

第二宗罪：量化宽松刺激股市大幅度上涨，虚拟经济和真实经济持续严重背离，恶化收入分配失衡和贫富差距。量化宽松实施以来，美国股市指数连创新高，早就回升到危机之前的水平。9月13日，当伯南克第三轮量化宽松的消息从华盛顿传来，华尔街股市应声飙涨，标准普尔指数当天收报1459.99，涨幅达到1.6%，更是创下5年以来新高。股市脱离实体经济快速上涨，主要效果是加剧贫富分化。以美国为例，美国10%的富裕人群持有75%的股票，股票大幅度上涨的财富效应主要由10%的富裕人群享受，其余90%的人压根儿不可能享受财富效应。相反，对于美国多数家庭尤其是占人口20%的低收入家庭来说，与油价相关的开支占收入的8%~10%，食品开支占收入的30%~40%。油价和粮价大幅度上涨意味着普通百姓收入遭受严重损害。

量化宽松刺激投机市场和虚拟经济暴涨，实体经济和就业市场却依然萎靡，虚拟经济和实体经济持续严重背离，当然促使越来越多的人怀疑量化宽松的效果，质疑和批评之声日益高涨。

第三宗罪：长期过度低利率和银行体系天文数字般的超额储备，给美国和全球经济体系埋下恶性通胀的巨大隐患。这是阿兰·梅泽批评伯南克货币政策的重心所在。梅泽说："伯南克创造的低利率和超额储备史无前例。从汉密尔顿孩童时代算起，美国历史上从来没有出现过如此长时期的低利率。伯南克创造银行体系的超额储备，就像玩弄卡祖笛小玩儿般轻而易举。"

大家猜猜伯南克量化宽松创造了多么巨大的银行体系超额储备吧！2008年8月，美国银行体系可用于贷款的储备资金（lendable reserve）只有区区20亿美元，目前已经超过1.5万亿美元。增长幅度超过80000%！梅泽认为，如此天文数字般的超额储备，就好像是引线极短的定时炸弹。尽管目前贷款需求疲弱，银行体系没有大量发放贷款，然而，一旦经济开始加速复苏，商业银行将快速增加放贷，银行体系积累的大量超额储备就可能像洪水一般迅速涌入经济体系，从而导致货币供应量急剧飙升和恶性通货膨胀。

第四宗罪：扭曲经济体系内生调节机制尤其是价格调节机制。深入分析量化宽松的效果，我们就会明白，史无前例的低利率、银行体系超额储备、潜在的货币供应洪水和可能的恶性通货膨胀，还不是量化宽松货币政策的主要危害。从整体经济角度观察，量化宽松最持久的危害则是扭曲经济体系内生的调节机制。

麦金龙认为量化宽松从几个方面扭曲或破坏了经济体系内生的调节机制。

其一，低利率刺激货币资金流向某个特殊的资产市场，譬如房地产市场和投机性资产市场，导致某些行业的过度投资和错误投资。事实上，美国次贷危机产生的根源就是格林斯潘在“9·11”之后实施长期低利率货币政策。当时伯南克是美联储理事，对此并没有任何异议，成为许多人批评他的另一个重要理由。历史经验一再表明：长期低利率或实际负利率，必然导致资产价格泡沫。奥国学派对中央银行货币政策的质疑和批评，主要也是担心货币政策扭曲市场价格机制，导致过度投资和错误投资。

其二，低利率政策让那些行将就木的坏公司、坏资产、有毒公司、有毒资产得以苟延残喘，让经济体系失去刮骨疗毒、新陈代谢、自我修复的功能。譬如，2008 年金融危机爆发，美国银行体系那么多有毒资产，一些银行早已成为危害经济整体的“有毒银行”，一个健康经济体系的调节机制就应该让这些有毒资产和有毒公司快速死亡和淘汰。然而，美联储大规模购买有毒资产，挽救有毒公司，让他们苟延残喘，严重拖累了经济整体的自我复苏和修复机能。

其三，量化宽松的核心是大量购买国债或机构发行债券，它成为政府挥霍浪费或不负责任财政政策的保护伞或避难所。本来，假若债券市场能够正常运作，那么，如果美国政府持续维持高额赤字，美国国债收益率和融资成本就会大幅度飙升，从而有效约束美国政府大举借债。然而，美联储量化宽松刻意压低国债收益率，尤其是不惜一切代价压低长期国债收益率，让债券市场调价机制完全失去作用，帮助美国继续无限度扩张赤字和债务。

第五宗罪：量化宽松货币政策严重干扰世界各国货币政策，迫使各国为美国财政赤字和滥发货币埋单。因为量化宽松释放的大量流动性，相当部分流入其他国家以寻求高收益。其他国家的中央银行被迫大量购买美元储备，释放本国货币。其他国家大量购买美元储备，对于维持美国国债市场和美元汇率，可谓居功至伟。

既然许多顶级学者都对量化宽松提出如此严厉批评，那么，伯南克为什么还要执意为之呢？他当然有自己的理由，亦有学者为量化宽松找到许多强有力理由。

首先想到的解释是政治压力。有趣得很，伯南克在宣布第三轮量化宽松的记者会上特别强调：联储决策与11月总统大选没有关系。他说："我们尽最大努力以避免货币政策蒙上任何政治色彩。我们的决策完全基于对整体经济运行状况的分析和展望"。此语一出，自然有媒体讥讽"此地无银三百两"。上个月，《纽约时报》明星级专栏作者、诺奖得主克鲁格曼曾经发表博客文章《失去勇气的美联储》，措辞尖刻，指责伯南克没能尽早实施第三轮量化宽松："伯南克之所以胆小怕事，裹足不前，就是害怕人们指责他帮助奥巴马。"有此顾虑，伯南克特意希望撇清货币政策和政治选举之关系，情有可原。

政治因素从来扑朔迷离。然而，如果说量化宽松与奥巴马竞选毫无关系，我亦深表怀疑。美联储素以"独立中央银行"自豪，伯南克多次强调中央银行独立性极端重要。不过，披阅联储百年史，独立性是夸大其词。联储主席迫于党派政治压力，改变和滥用货币政策之案例比比皆是，史不尽书。最臭名昭著者当属者阿瑟·伯恩斯，此公是尼克松总统时期的联储掌门。1970年大肆扩张货币刺激经济，以助尼克松竞选连任，梅泽《美联储史》记载甚详。尼克松曾经多次直接电话和当面向伯恩斯施压，伯恩斯别无选择。须知伯恩斯乃是大名鼎鼎的哥伦比亚大学经济学教授，还是货币主义领袖弗里德曼的老师。当然也有联储主席对总统要求弃之不顾的。譬如，1992年老布什寻求连任，多次向格林斯潘暗示和公开施压，要他放松货币刺激经济，格老底气十足不理不睬。最终老布什惨败于克林顿，对格老颇为恼火。有兴趣读者可以参阅格老自传《峥嵘岁月》。前车之鉴，不可不慎。伯南克自然要极力撇清政治因素。内情究竟如何，多年之后才能分晓。

撇开政治因素，单从货币政策本身而言，伯南克亦有极其充足理由三度实施量化宽松。伯氏绝非等闲之辈。几年前笔者出版《伯南克的货币理论和政策哲学》，序言盛赞伯氏“天资聪颖，少年得志，著作等身，享誉国际，是新凯恩斯经济学之领军人物。”此书深入讨论伯南克的货币政策哲学，即“灵活的通货膨胀基准目标”。伯氏如是说：

“什么是灵活的通货膨胀基准目标？虽然具体操作各有差异，但一般而言，通货膨胀基准目标具有三大特征。其一，顾名思义，通货膨胀基准目标要求：货币政策必须致力于实现既定的长期通货膨胀目标，长期价格稳定是货币政策压倒一切的或首要的目标。重要的是，通货膨胀基准目标要求：通货膨胀率既不能太低又不能太高。避免通缩（或许更重要）与避免通胀同等重要。其二，在致力于实现长期通胀目标的约束下，短期内中央银行有一定程度的灵活性，以追求其他目标，包括产出稳定。这就是为什么叫灵活的通货膨胀基准目标。其三，通货膨胀基准目标要求：货币政策决策者必须保证货币政策充分开放和透明，比如定期发表通胀形势报告，公开讨论政策方案和计划。”

仔细思考伯南克的货币政策准则，我们不难理解伯南克为什么决意三度实施量化宽松。

其一，据联储统计数据和分析判断，美国国内现实通胀率处于较低水平，长期通胀预期稳定，甚至继续存在通缩危险，根据灵活通货膨胀基准目标要求，美联储应该继续实施宽松货币政策。

其二，控制通胀并非联储唯一政策目标。只要长期通胀预期稳定，现实通胀处于控制范围，联储则要优先考虑产出稳定和就业增长。正如联储2012年9月13日公报所说：“联储法律要求，货币政策须致力实现就业最大化和价格稳定。我们担心，假若不继续实施进一步的货币宽松政策，经济增长就不足以持续改善劳动力市场就业状况。与此同时，国际金融市场动荡不安加大经济下行风险。况且，我们预计中期通胀水平将维持2%的目标水平或以下。”

由此牵涉出货币理论几个最基本问题。其一，为什么联储多年量化宽松没有导致严重通胀？难道货币数量论完全失效了？还是我们对货币本质和货币政策传导机制认识不足？其二，量化宽松如何能够刺激实体经济和就业增长？联储长达四年的量化宽松为什么没能实现恢复经济和降低失业率的预期目标？

从理论上说，量化宽松政策“魔鬼派”和“天使派”的主要分歧即围绕上述两个基本问题展开。

伯南克：除了印钞票，他还能做什么

人们习惯将美联储比喻为引领世界经济大船的导航船。今天，这艘导航船终于驶入了人类从未涉足的水域。海域茫茫，深不可测，充满了人类智慧难以理解和推测的风险与不确定性。世界经济大船能否顺利通过如此诡异的大海？还是将要沉入海底、继续蒙受巨大而惊人的损失？所有人心中都是一团迷雾。

史无前例的“零利率”政策

2008年12月18日，美联储宣布将联邦基金利率调低到0～0.25%的水平区间，此乃著名的中央银行“零利率”政策。自美联储1913年开张营业以来，这还是破天荒第一遭。此前，只有日本中央银行1990年代曾经长期实施过“零利率”货币政策，以刺激股市房市泡沫崩溃之后持续萎靡不振的经济，然而没有奏效。美联储首次实施“零利率”政策，震动了全世界。它至少说明如下几个重大问题。

（1）美国经济和全球经济体系流动性紧张局面依然极端严重并且依然在加速蔓延。美联储大幅度降低联邦基金利率的根本目的，是希望降低商业银行的贷款成本，从而鼓励商业银行向其他金融机构拆借资金，尤其是向实体经济部门的企业或公司发放贷款。联邦基金利率是商业银行同业之间相互拆借资金的基准利率。正常情况下，美联储通过降低基准利率，向同业拆借市场注入更多资金，就可以降低商业银行的资金成本，从而刺激商业银行向公司和个人贷款。美国金融危机爆发以来，美联储已经将基准利率从5.25%一路降低到1%。然而，美国经济体系流动性紧张局面丝毫未有缓解的迹象，迫使美联储孤注一掷，干脆实施“零利率”政策。由此可知，美国金融危机和全球金融危机依然没有任何缓和的迹象，形势还正在向更坏的方向发展。见底回升（流动性紧张局面何时开始缓解）尚需很长时间。估计至少还要一年时间才能真正见底。复苏时间自然要等待更长时间。

（2）美国金融体系风声鹤唳，信用萎缩和信用崩盘的程度超乎人们的想象。目前所有金融机构力求自保，拼命保住现金、尽力抛售资产回收现金、尽可能收回过去发放的贷款，对新发放贷款则是慎之又慎。尽管美联储一路降低基准利率，然而，美国商业银行存放在美联储的超额储备资金却一路急升，从2008年6月的5000多亿美元增加到12月的8000多亿美元。也就是说，美国商业银行体系不是没有资金，而是信心的完全丧失，迫使几乎所有金融机构“惜贷”。商业银行宁可将资金存放到中央银行保险，也不愿意拆借给其他金融机构、更不愿意贷款给公司和个人，因为借款人说不定明天就关门大吉了。

（3）美国金融危机早就向实体经济部门蔓延，早已经对实体经济部门造成了沉重打击。目前更大的危险是：实体经济部门大量公司面临经营困难、甚至大面积亏损、破产倒闭，相应地，实体经济部门的许多公司包括许多世界上最优秀的公司（譬如通用电气）都面临融资困难的巨大压力。尽管美联储一再降低基准利率，然而，衡量美国金融市场信用宽松程度最重要的“利差”指标却一路攀升。所谓“利差”就是公司债券收益率和美国国债收益率（后者最接近美联储基准利率）之间的差额。目前，“利差”维持在历史最高水平。

（4）商业银行、投资银行、其他公司和个人，全部致力于“资金避险”。因此，短期美国国债（三个月期的美国国库券）收益率早就是“零收益率”水平，假若扣除手续费和交易佣金，短期国债收益率已经是负数。长期国债（譬如十年期国债）收益率一直在2%水平以下。上述两个指标充分说明美国金融体系的资金融通功能已经遭受空前打击，信用市场严重萎缩，企业融资陷入全面困难。

美联储下一步还可能做什么

事实上，自2007年8月6日次贷危机爆发以来，尤其是2008年9月

15 日鲍尔森放任雷曼兄弟公司破产、瞬间触发全球金融海啸以来，美国政府和全球各国政府采取几乎所有的挽救措施，然而至今收效甚微。一年多来，各国采取的措施如下。

（1）国家领导人频繁喊话或表态或承诺，希望挽回市场信心。

（2）中央银行连续频繁降息。美联储、欧洲中央银行、英国中央银行、日本中央银行、中国人民银行等全球所有中央银行都多次大幅度降息。

（3）中央银行增加再贷款（以国债抵押）或降低存款准备金率。

（4）中央银行降低再贷款的抵押资产标准。正常情况下，中央银行给商业银行贷款，抵押物必须是国债或最高信用级别的其他债券。金融危机爆发以来，情急之下，许多中央银行尤其是美联储大幅度降低抵押物标准，连按揭抵押贷款债券资产也接受，目的都是为了给商业银行注入资金。

（5）财政部或中央银行直接贷款或担保贷款挽救个别金融机构（譬如美国财政部联手美联储为十多家最大的金融机构增加资本金）。

（6）财政部接管金融机构（譬如“两房”和 AIG）。

（7）财政部担保贷款或担保银行损失（譬如美国财政部联手美联储和联邦存款保险公司共同为花旗银行高达 3060 亿美元的不良资产承担损失）。

（8）财政部直接出资购买不良资产。譬如鲍尔森 7000 亿美元救市计划，原本是准备拿去购买住房抵押贷款形成的不良资产的，后来情急之下，挪作他用。拿去拯救信用卡贷款、汽车贷款、学生贷款和给大型金融机构增加资本金了。

（9）政府财政部注资购买金融企业股份（譬如美国财政部给 10 数家大型金融机构注资）。

（10）政府担保所有银行债务或存款（以欧洲最典型）或提高存款保险上限。

（11）中央银行提供无担保信用贷款。

（12）中央银行直接购买商业票据给企业贷款（极端措施）。即中央银行不仅是中央银行，而且直接承担商业银行的功能，直接向公司发放贷款。

纵观上述措施，全球政府可以说使出了“浑身解数”和“十八般武器”。不幸的是，所有举措目前收效不大，市场仍在观望。

下一步，美联储可能采取的措施如下。

（1）直接大幅度向商业银行增加储备金，以此鼓励商业银行向公司和个人发放贷款。基准利率已经降低到“零利率”水平，无可再降。怎么办？美联储可以采取所谓“数量扩张”手段，即干脆直接给商业银行增加储备资金。商业银行只要需要钱，需要多少美联储就给多少，无需支付利息（“零利息”）。

（2）继续大量购买商业票据，直接向公司（企业）注入资金。美联储已经购买了大量商业票据，在目前美国商业票据市场极度萎缩、企业融资极端困难的情况下，美联储将继续大规模购买商业票据（企业发放的融资票据），以维持美国企业融资市场的正常运转。

（3）大量购买住房贷款抵押资产，直接向住房贷款市场注入资金。一个月前，美联储已经宣布，将购买6000亿美元由“两房”（即房地美和房贷美）发行的住房抵押贷款债券，以支持住房贷款市场。目前美国房价仍然持续下降，新房开工率持续走低，抵押贷款违约率持续攀升。美联储将加大购买住房抵押贷款资产或相关债券，不仅从“两房”购买，而且还可能从另外18家地区性住房抵押贷款公司购买。

（4）大量购买商业银行的不良资产。目前困扰美国金融体系的最大问题之一，就是商业银行账面上的不良资产堆积如山，而且价格持续下降，商业银行随着资产价格下滑，就要不断提取资产损失，导致一个接一个机构资不抵债乃至寻求破产保护或干脆破产。为了避免此种情形继续恶化，美联储可能直接出手购买商业银行账面上的不良资产，一方面支持资产价格，另一方面缓解商业银行资不抵债的压力。

（5）大量购买其他金融机构（美国所谓的“灰色银行体系”，包括各种互助资金、对冲基金、私募基金、保险公司等等）的不良资产。理由与第（4）类似。

（6）大量购买公司债券资产。随着金融危机不断深化，实体经济惨遭重创（譬如三大汽车公司岌岌可危）。美国多数公司都通过大量发行公司债券融资，随着收入和利润大幅度下降，公司债券违约率正在迅猛上升。公司债券的融资功能基本丧失（没有人胆敢再大量购买公司债，哪怕是最优秀的公司发行的债券）。为了缓解公司债违约的压力，尽量维持公司债券市场运转，美联储可能大举入市购买公司债。

（7）直接入市购买股票托市。

（8）直接购买实物资产（譬如直接到房地产市场大量购买住房）。2008 年年初，哈佛大学著名经济学教授、曾经担任过国际货币基金组织首席经济学家的罗果夫就建议美国财政部和美联储直接去市场买房子，以避免住房市场价格持续下降。

对世界和中国的影响

（1）美联储“零利率”政策，本质上说明货币政策对于刺激经济的效果已经丧失。日本 1990 年代的经验充分说明这一点。因此，美联储“零利率”货币政策标志着货币政策刺激经济已经黔驴技穷。美国下一步刺激经济的重心将转向财政手段。总统奥巴马已经如此宣布了。

（2）美联储“零利率”政策及其随后将要采取的各种“数量刺激措施”，本质上就是全速开动印钞机，无限量印制钞票（实际上当然连印钞机也不用，只要记账就行了）。全球基础货币供应量（因为美元是世界主要储备货币）必将急速上涨。挽救此次金融危机的极端措施，将必然导致未来更加严重的金融市场泡沫和通货膨胀危险。

（3）长期而言，美元对重要货币的汇率将持续贬值，尽管短期可能会有技术性反弹。

（4）长期而言，美国国债价格将急剧下降，国债收益率将持续攀升。只要经济企稳回升，长期国债收益率就可能急升，因为那时通货膨胀预期将死灰复燃而且一发不可收拾。

（5）随着美元泛滥，人民币汇率存在升值的巨大压力。日元最近升值让日本出口企业苦不堪言（譬如著名的本田汽车公司 CEO 疾呼政府要稳定日元汇率或将日元汇率大幅度贬值，否则本田将没有生路）。中国出口企业的日子将更加难过。

（6）未来全球通货膨胀将极端严重。除非美国能够将金融体系彻底改革，除非美国能够带头努力稳定全球汇率体系，除非美国开始约束美元的无限制发行。

(7) 美联储的“零利率”政策是美国努力转嫁金融危机风险和损失的最极端措施。我们必须清晰地认识到这一点。本来，美国那些肆意妄为的金融机构就应该破产，华尔街多年疯狂积累的财富就应该被蒸发掉(因为那本来就是虚拟财富或者是使用金融手段去分享世界人民尤其中国人民创造的真实财富)。然而，美联储的“零利率”政策本质上仍然是用未来更大的泡沫来挽救今天的泡沫的破灭，全世界人民将继续为美联储肆无忌惮的货币政策埋单。

中国怎么办

(1) 应该选择目前高位出售美国国债，转而购买其他实物资产(譬如石油、矿产、森林、土地、科技专利乃至高端人才)。至少不能再追加购买美国国债了。未来国债的收益和购买力将随着美元泛滥和全球通胀而急剧贬值。中国外汇储备资产的投资必须采取分散策略。否则未来损失不可估量。我们不能再犹豫不决或听任美国人忽悠了。

(2) 必须高度警惕美国、欧洲的贸易保护主义。汇率动荡尤其是美元急速贬值必将诱发全球规模的贸易保护主义。美国和欧洲已经对中国下手了(譬如美国贸易代表已经向世界贸易组织全面控告中国的贸易政策)，中国必须要有妥善应对策略。

(3) 中国必须加快建立“大中华货币区”和“东南亚货币区”，努力摆脱国际贸易和国际金融结算对美元的依赖。争取用 20 ~ 30 年时间，形成亚洲和全球的“人民币货币区”。到那时，美元、欧元、人民币三足鼎立，我们就会具有非常重要的话语权。

(4) 中国必须加大力度迅速发展人民币债券市场。极大力度提升上海和香港金融中心地位，迅速摆脱老是将大量外汇储备投资美元的被动做法。

(5) 真正确立内需为主的经济增长长远战略，尤其是要制定一整套长期政策和具体措施，彻底解决农村人口收入增长和中西部开放的重大战略问题。此乃关系到中华民族生死存亡的最大战略课题。

伯南克黔驴技穷矣

——论我们必须彻底改变宏观经济思维模式

2010年8月10日美联储的例行货币政策会议传递出三大重要信号。

其一，伯南克和他的同事们对美国经济复苏前景深感悲观。联储官方声明的措辞是："最近数月来，产出和就业的复苏步伐已经放缓。预期未来经济复苏速度很有可能更低。"

其二，美国经济复苏放缓和前景堪忧之根源，乃是真实经济未见根本好转。声明说："尽管家庭支出在逐步增长，然而，失业率居高不下、收入增长异常缓慢，家庭财富持续缩水，信用市场持续紧缩，皆显著制约着家庭支出的增长。企业的设备和软件投资确有上升，然而，非住宅结构类（investment in nonresidential structures）投资依然萎靡，雇主不愿意增加雇佣新员工。新房开工数始终维持在萧条水平。银行信贷继续萎缩。"

其三，世界最强大中央银行之货币政策看来已经弹尽粮绝，伯南克"黔驴技穷"矣，只好重施故技，宣布继续维持联邦基金利率"零水平"，增加购买长期国债（美联储将把到期的机构债券和机构支持证券之本金收入，用于增加购买国债），并对到期国债实施展期。重启量化宽松货币政策之目的，是维持长期国债低利率，期望借此刺激信用市场和真实经济复苏。

对于美联储新的货币政策走向，我的判断很简单：伯南克将再度失望。重启量化宽松货币政策无法刺激美国真实经济复苏，却会对全球货币金融体系产生深远的负面影响。短期内真实经济看似是通缩，长期内全球性通胀已成定局。量化宽松货币政策所释放的货币和信用必将大幅度加剧全球货币金融体系之风险和动荡。

问题是，量化宽松货币政策所释放的货币和信用跑不到真实经济里面去，都跑到哪里去了呢？答案是：一部分（可能是大部分）在全球金融货币市场（尤其是债市和衍生金融市场）自我循环，一部分跑到大宗商品市场，一部分以热钱形式跑到了发展中国家的资产市场（楼市和股市）。所以我们看到全球经济出现相当怪异的现象，真实经济总体萎靡不振，绝大多数股市和大宗商品价格却基本回到危机之前水平；以传统 CPI 衡量的全球通胀处于很低水平，好些发展中国家资产市场却剧烈飙升（譬如中国楼市），通胀预期急剧恶化（譬如印度）。

我的判断不是今天做出的。多年前，我已经清楚认识到今天大行其道的主流宏观经济分析模型（即所谓的总供给和总需求模型或 IS—LM 模型），其逻辑基础有重大缺陷，无法帮助我们理解全球经济。几年前，我开始构思一个新的宏观经济模型，并尝试用新的逻辑架构来分析全球经济。文章写好后，请好些朋友批评，再经过反复斟酌，发表在中国人民大学国际货币研究所《国际货币评论》2010 年第 2 期，题为《信用体系、真实经济和虚拟经济一般均衡模型》。我的模型对伯南克首创的量化宽松货币政策，有如下明确结论：

"以伯南克式的定量宽松货币政策来挽救金融危机，从最根本意义上是错误的策略。"

"信用体系—真实经济—虚拟经济一般均衡模型之最基本假设是：真实经济和虚拟经济之需求和供给行为有本质区别。真实经济之需求和供给是生产性需求和供给（或称之为真实需求和供给）；虚拟经济之需求和供给则是投机性需求和供给（或称之为虚拟需求和供给）。真实需求主要来自占人口大多数之普通百姓（亦即很难获得信用之普罗大众）；投机性需求则主要来自占人口极少数之富裕阶层和各种类型的金融机构或投资机构（亦即最容易获得信用之个人和机构）。"

"受金融危机打击最剧烈之人群，恰好就是收入相对微薄之普罗大众，他们之真实需求急剧下降（譬如失业和减薪导致收入急剧下降），导致真实经济急剧衰退和萧条。伯南克式的定量宽松货币政策所释放的货币和刺激的信用，极少可以到达低收入的普罗大众手中，却可以轻而易举地流入富裕阶层和大金融机构、投机机构或投资机构手中。易言之，定量宽松货币政策所释放的货币和信用，可以非常方便地刺激投机性需求，刺激虚拟经济（各种金融资产之价格）快速上涨，与此同时，真实经济却持续萎缩。模型证明：定量宽松货币政策所释放的货币和信用，首先刺激虚拟经济扩张。然而，假若真实经济持续衰退和萧条，虚拟经济亦将回落（资产价格泡沫必将破灭）。”

“因此，挽救金融危机之正确策略不是通过定量宽松货币政策，来释放货币和信用，以刺激投机性需求和投机性供给，而是通过资助低收入的普罗大众来刺激真实需求。易言之，挽救金融危机之正确策略既不是凯恩斯式的财政赤字开支（除非财政开支通过转移支付成为普罗大众之真实收入），更不是伯南克—弗里德曼式的货币扩张（弗里德曼将大萧条归罪于当年美联储没有实施定量宽松货币政策，是错误的结论），而是提升普罗大众之真实收入，包括财政转移支付、税收减免、大力扶持消费信用，大量发放消费券，甚至开动直升机将钞票撒到低收入的老百姓手中（借用伯南克的著名比喻。然而，伯南克的直升机将钞票撒错了地方，他撒给了富裕阶层和各种金融机构，刺激的是投机性需求和投机性供给，真实需求却持续萎靡）。”

我希望该模型能够激发更多人去彻底反思主流宏观经济模型的逻辑基础。主流宏观经济学强调货币总量、货币创造机制、货币政策和财政政策之效果（所谓乘数效应）、总供给和总需求之均衡。相反，我强调信用总量、信用创造机制、真实经济增长机制、信用体系—真实经济—虚拟经济之一般均衡、虚拟经济与真实经济的双向反馈和相互作用。

思维模式转变的一个重要成果，是对全球失衡的重新定义。美国政府将美国的国际收支赤字（包括贸易收支和经常账户收支）定义为全球失衡，并据此开出压迫人民币升值和鼓励汇率浮动之药方。然而，依照我的“信用体系—虚拟经济—真实经济一般均衡模型”，当今全球经济体系或人类经济体系最根本的失衡表现为两个方面。其一，从全球经济整体来看，是虚拟经济和真实经济的严重背离。其二，从全球经济结构来看，则是虚拟经济创造中心和真实财富创造中心的严重背离。

全球失衡集中体现为全球制造业中心（真实财富创造中心）和货币金融中心快速分离。制造业中心已经决定性地转移到发展中国家，尤其是转移到亚洲（重心又是中国），货币金融中心却依然由发达国家掌控。

易言之，东方拥有真实财富创造中心，西方掌控货币金融中心；东方制造真实产品，西方创造货币购买力；东方为全世界制造产品，西方为全世界产品定价；西方大量发行债券和创造各种金融产品，东方则用自己的储蓄去购买这些金融产品；东方储蓄，西方消费；东方节俭，西方挥霍；西方向东方借钱，东方给西方融资。

虚拟经济和真实经济之背离，真实财富创造中心和金融产品创造中心之背离，是今日全球经济的基本模式，是过去四十年人类经济出现的奇特历史现象，史无前例。它是全球金融危机和一切重大宏观经济难题的总根源。

一个最基本的后果是，西方经济体系里的虚拟经济或金融经济规模急速膨胀，愈来愈大，金融经济或虚拟经济形成一个自我膨胀、自我循环的体系。美联储等西方中央银行创造的货币，大部分进入虚拟经济体系自我循环，债券市场越来越大，衍生金融产品规模越来越大，货币或外汇交易量越来越高，股票市值越来越高，楼市和其他资产泡沫愈演愈烈，人们的虚拟财富（以持有的股票市场、房地产市值和其他金融产品市值衡量）越来越多，高杠杆经营模式，高负债消费模式顺理成章。

与此同时，真实经济和就业率始终维持低水平。整个经济的投机赌博气氛非常浓厚。然而，虚拟经济或金融经济是极度不稳定的体系，其运行主要取决于人们对未来的预期和中央银行的货币政策操作，一有风吹草动，可以瞬间崩溃。

虚拟经济一旦崩溃，虚拟财富就快速缩水，人们的预期从极度乐观转为极度悲观。金融机构、实体公司和家庭个人全部被迫“去杠杆化”，消费萎靡，投资不振。虚拟经济呜呼哀哉，真实经济雪上加霜，衰退和萧条几乎就是自然规律。大幅度扩张货币的量化宽松货币政策之所以无效，是因为无论货币怎么泛滥，它都无法帮助金融机构、实体公司和家庭个人修复资产负债表，无法帮助他们完成“去杠杆化”过程。更重要的是，货币泛滥解决不了西方早已根深蒂固的经济社会结构僵化难题，譬如人口日趋老化、最低工资和福利制度完全刚性、政府赤字居高不下、整个社会债台高筑。后者才是制约真实经济增长最大的麻烦。20 世纪初，法国政治家、银行家和经济学家李斯特说过一句意味深长的话：“民主扼杀了金本位制！”我想说的是：“民主和福利制度扼杀了经济高速增长！”应该是人类的宿命，谁也没有办法。

最近多次到欧洲、美国开会，话题总是少不了全球失衡。因为牵涉到中美之间的贸易不平衡、人民币汇率和中国经济增长模式转换等诸多重大政策问题，我就不厌其烦地向西方学者们宣传我对“全球失衡”的新定义。在2010年7月10日国际货币圆桌会议上，我长篇大论之后，蒙代尔和Jacob Frankel对我说，你对全球失衡的新定义确实有点儿意思，怎么不写成文章给我们看？下次会议我们可以专门辩论你的新模型。我笑笑回答：文章早写好了，可惜您们看不懂中文！

回到美联储和伯南克的货币政策。支持者和反对者皆大有人在。支持者譬如炙手可热的克鲁格曼，大声疾呼美联储应该继续放胆刺激，他批评一些美联储官员（尤其是区域联储官员）胆小怕事，畏葸不前。克氏近年来的许多言论早与经济学无关。他曾经宣称最近30年的西方宏观经济学“说得好听一点儿，是百无一用；说得难听一点儿，是贻害无穷”。不过他自己的宏观分析逻辑也是毫无新意。克氏10年前就建议日本佬大肆放松货币刺激经济，“零利率货币政策”其实就是日本人的创举，效果如何，举世皆知。今日克氏以诺奖得主之尊，也只能重弹老调，看来西方经济学确实江河日下了。

反对者譬如堪萨斯联储主席Thomas Hoenig，始终呼吁美联储要以史为鉴，长期维持低利率必然导致未来严重通胀、资产价格泡沫和金融危机。我读过Thomas Hoenig的相关文章和政策讲话，同意他的结论。不过他缺乏一个逻辑严谨的新理论架构，或许是他总是处于少数派的主要原因。当然，美国主流的宏观经济思维依然是凯恩斯的IS—LM模型（演变成总需求—总供给模型）加弗里德曼的货币主义学说，几十年一贯制，早已形成一种美国式的“对知识的傲慢和偏见”（托夫勒语）。既然他们无法真正理解全球经济失衡的“新现实”，他们也就不可能接受真正的“新政策”。不要忘记，伯南克是所谓新凯恩斯主义经济学的代表人物。

老一辈的经济学者比较谦虚，譬如鼎鼎大名的Martin Feldstein（曾任里根总统经济顾问委员会主席，美国国民经济研究局主席，是奥巴马经济首脑萨默斯的恩师），最近坦言自己实在看不懂美联储的货币政策到底要干什么，他对自己得意门生萨默斯鼓吹的财政赤字刺激政策也是颇有微词，坚信税制改革才是美国经济复苏和降低债务负担的最佳出路。

谦虚的明白人当然不止是 Martin Feldstein。7 月 19～23 日，百岁老人科斯教授主持召开“生产的制度结构讨论班”（Workshop on Structure of Production at Law School of The University of Chicago），邀请 1993 年诺奖得主 Robert Fogel 做专题演讲。他直言不讳地批评伯南克的货币政策和萨默斯的财政赤字政策是“投机取巧，有害无益”。他说：“我们的注意力应该转向真实经济部门。什么才是真实经济增长的根本动力呢？那就是企业家的创新精神、人力资本投资和技术进步。复苏美国经济的最佳政策就是简化税制，降低税收，尤其是要大幅度降低企业的资本利得税。货币扩张和财政赤字只会适得其反。”

真实经济和虚拟经济的严重背离，真实财富创造中心和货币金融（虚拟经济）创造中心的快速分离，是全球经济体系的“新现实”。不彻底改变宏观经济思维，我们就不能洞察经济运行的本质，就无法提出适当的经济政策。伯南克的美联储和全球其他中央银行，都应该认真检讨他们的货币理论和政策哲学了。

美联储如何向全球输出通货膨胀

——论美联储量化宽松货币政策：根源、后果和中国对策

量化宽松又重来

今天，如果你参加全球任何一个金融会议，如果你翻阅任何一份全球金融机构的研究报告，如果你阅读财经媒体的重大新闻，你立刻就会发现：美联储“量化宽松货币政策升级版”始终是全球金融最热门的话题和关注焦点，QE2（“英文量化宽松货币政策”Quantitative Easing 2 的缩写）已经成为全球经济学和金融市场的流行术语。

2010 年，“汇率战”或“货币战”之声音曾经甚嚣尘上，至今尘埃未定。然而，与美联储再度实施量化宽松货币政策相比，汇率战和货币战就是小巫见大巫。理由很简单：全球金融货币乱局乃至全球经济的最大麻烦，绝不是哪国货币汇率低估或高估，而是全球储备货币毫无限度超量发行。1970 年代以来全球基础货币或国际储备货币从 380 亿美元激增到今天超过 9 万亿美元，增速超过 200 倍，而真实经济增长还不到 5 倍。全球货币或流动性泛滥是今日世界金融和经济最致命的痼疾。美联储量化宽松货币政策则是全球货币或流动性泛滥之根源，亦是全球汇率动荡或汇率争端之根源。

2010 年 9 月 10 日，美联储的货币政策例会（公开市场委员会会议）做出决议：随时准备再度实施量化宽松货币政策。10 月 15 日，美联储主席伯南克宣布：鉴于美国经济持续疲弱，美联储需要采取更多行动来刺激经济，譬如大规模购买美国财政部发行的债券。两周后的 10 月 29 日，伯南克再次明确宣告：我们有必要进一步采取行动来刺激疲弱的美国经济。

当时，全球金融市场对伯南克声明的一致解读是：量化宽松货币政策升级的号角已经吹响！所有悬念都已烟消云散，唯一的疑问只是货币再次疯狂扩张的规模究竟会有多大？世界著名投资银行高盛集团的预测是2万亿美元，美洲银行的预测是1万亿美元左右，汇丰集团的预测是1.5万亿美元。2010年11月4日，美联储正式启动量化宽松货币政策升级版第一阶段，期限自2010年11月到2011年6月，总额6000亿美元，货币扩张规模平均每月750亿美元。尽管货币扩张规模远远小于之前的市场预期，然而根据美联储主席伯南克的多次讲话精神和美国现实经济状况来分析判断，新一轮量化宽松第一阶段于2011年6月到期后，继续延期或扩大规模之可能性很高。

美联储重启量化宽松货币政策的主要手段，就是大规模购买美国财政部所发行的债券，期望以此实现两大目的。其一，进一步降低长期利率，从而刺激私人部门的信用（借贷）和消费增长。美国是信用高度发达的经济体系。只有信用增长，才能刺激消费和投资增长。其二，长期利率降低，储蓄者之利息收入随之下降，储蓄者被迫放弃或减少储蓄，不得不将资金投入到商品市场或股票市场或其他资产市场，从而提升经济体系之通胀水平，有助于将美国经济拖出通货收缩泥潭或实现“再通胀”(Reflate)。

量化宽松货币政策又被称为“非常规货币政策”（non - conventional monetary policy)。众所周知，常规货币政策主要有三个政策工具：中央银行调整对商业票据的贴现率或对商业银行的贴现政策、改变商业银行的法定存款准备金率和调节基准利率（通常指1年期存贷款基准利率）。自二战之后，贴现率和票据贴现政策早已不是美联储的重要政策工具了。经济萎靡不振之时，中央银行即使使用票据贴现政策来刺激经济，亦是杯水车薪，缓不济急。下调存款准备金率也派不上多大用场。金融危机和经济衰退时期，银行金融体系皆如惊弓之鸟，忙于修复资产负债表，对发放新贷款、扩张信贷非常慎重。中央银行纵然将存款准备金率下调为零，深陷“去杠杆化”泥潭难以自拔的商业银行，亦不愿或没有能力扩张信贷。事实上，2007年次贷危机以来，美联储竭尽全力鼓励银行向央行借钱，主动降低商业银行向中央银行借钱所需的抵押物标准，大规模购买商业银行的“垃圾资产”或“有毒资产”，帮助商业银行清理或修复资产负债表，导致美国商业银行体系的实际存款准备金率早就为“负”了。目前美国商业银行体系的超额准备金超过1万亿美元。商业银行流动性宽松程度，史无前例，然而，流动性宽松并不一定意味着真实经济体系信贷的相应扩张。

难以自拔的“流动性陷阱”

经济体系正常运转情况下，中央银行调节存贷款基准利率，是最常用、最有力的货币政策工具。然而，利率调节政策工具绝非万能。原因很简单：中央银行无法将名义利率降低到“0”以下，或者说，中央银行无法让名义利率为负。这是中央银行货币政策面临的最基本约束。

名义利率为负，意味着你存钱到银行，不是银行支付利息给你，而是你要反过来给银行支付利息。必须指出，银行为你提供其他金融服务，你需要给银行付费，是另一回事儿。名义利率为负，也不同于真实利率为负的情形。真实利率等于名义利率减去预期通货膨胀率。当通货膨胀率大于名义利率之时，真实利率为负。真实利率为负等于存款户的财富被转移给银行或债务人。然而，真实利率为负的情况下，银行依然给存款户支付利息，只不过银行支付给存款户的利息收入少于通货膨胀导致的货币贬值或被通胀“蚕食”掉的财富。

区分真实利率和名义利率，是理解货币理论和货币政策的关键。由于我们无法直接观察和量度真实利率，无法直接观察和量度预期通胀率，那么，货币和资本市场上名义利率的上升或下降，究竟是因为预期通胀率的变化、还是因为真实利率发生变化，我们往往不清楚。对经济形势判断失误，必然导致货币政策的决策错误。美联储近100年历史里，类似的错误不胜枚举。

货币政策工具无法将名义利率降低到“0”以下。原则上，政府可以通过立法，规定所有存款者不仅不能从银行获得利息，而且还要反过来给银行付钱．或者规定公民不准存钱，只能买股票、买实物资产、买商品和服务，等等。当然，没有哪个政府会如此愚蠢，胆敢如此立法来摧毁整个银行金融体系之基石。

麻烦的是，人类经济体系却有一个近乎发神经的奇特性质。它可以陷入某种“流动性陷阱或信用陷阱”而难以自拔。1930年代欧美长期挥之不去的“经济大萧条”，刺激了经济学天才凯恩斯（1883～1944年）的灵感。凯恩斯《通论》首先揭示出经济体系可能“流动性陷阱”之内在机制，成为后世经济学辩论的焦点。与此同时，另一位经济学天才费雪（1860～1940年）揭示出经济体系的“债务—通缩机制”。

两位天才的理论异曲同工。如果整个经济体系陷入通货收缩、通胀率为负、真实利率为正、投资和消费萎靡不振、真实经济投资收益前景黯淡，那么，几乎所有人都会“理性地”选择到银行存钱，甚至将钱藏到家庭保险箱或床底，因为存款或手持现金之真实收益高于一切真实经济投资之真实收益。与真实利率一样，投资的真实收益等于名义收益减去通胀率。当通胀率为负（通货收缩）时，即使名义收益率为0，真实收益率亦为正。每个人都这样做，整个经济体系就堕入“流动性陷阱”：经济体系里面流动性非常充裕，可是大家就是不愿意消费和投资，宁愿存钱到银行或者把钱攥在手里。流动性陷阱绝不是人们发了神经或“非理性行为”，恰恰是通货收缩周期里，人们最理性的行为选择。

中央银行为了阻止通缩恶化，可以不停地降低名义利率，直至名义利率降无可降（降到0水平为止）。如果此时通缩依然严重，真实利率依然居高不下，所有人还是继续选择存钱而不是投资和消费，那么中央银行还有什么秘密武器呢？

西方经济学教科书里经典的凯恩斯IS—LM模型，只考虑货币市场以及商品和服务市场，没有考虑资产市场，所以一旦经济体系陷入零利率或低利率流动性陷阱，该理论就宣称货币政策弹尽粮绝，此时就该财政政策担负刺激经济之重任了。1970年代之后，随着全球（尤其是美国华尔街）债券和资产市场越来越发达，许多经济学家（尤其是美联储主席伯南克为代表的一派经济学者）认为：当经济体系陷入零利率或低利率流动性陷阱之时，尽管中央银行无法降低名义利率了，却可以继续购买政府债券和其他长期债券，继续为经济体系注入流动性或基础货币，以防止经济体系陷入长期通缩。

金融海啸肆虐全球，量化宽松应运而生

德国伟大诗人和哲学家歌德说过：理论是灰色的，唯有生命之树常青。

任何貌似高深的理论，假若经不起真实世界的考验，终究要败下阵来。

量化宽松货币政策的理论基础看似坚如磐石，实际效果究竟如何呢？

追溯历史，量化宽松货币政策的发明者其实不是美联储，而是日本中央银行。1990 年日本股市和房地产的惊天大泡沫破灭之后，经济陷入长期衰退。1996 年，日本中央银行首次宣布实施“零利率”货币政策，自那时至今，日本中央银行大体一直维持低利率或零利率货币政策。

2007 年 3 月美国爆发次贷危机，为应对金融体系流动性紧缩之危机，美联储的货币政策逐步迈向量化宽松之路。在我们检讨量化宽松货币政策效果之前，且让我们首先看看，2007 年美国次贷危机爆发以来，美联储量化宽松货币政策所采取的十大步骤。

（1）2007 年 12 月 12 日，次贷危机愈演愈烈，美国经济通缩局势不断恶化，银行体系和经济体系“去杠杆化”导致的信贷萎缩日益加剧。为了缓解通货收缩和信贷萎缩，美联储宣布实施针对商业银行的短期贷款新政策，大量向商业银行体系提供短期贷款，以鼓励商业银行相互借贷，并确保商业银行体系以低成本向个人和企业提供信贷资金。

（2）2008 年 9 月 15 日，华尔街第五大投资银行雷曼兄弟宣布破产，几天之内，美林证券和 AIG 等许多美国金融巨头相继陷入破产边缘，被迫接受政府紧急资金救助或被收购，金融海啸瞬间席卷全球。美国货币市场、债券市场和其他金融市场均遭受重创，银行同业拆借市场几乎陷入停顿。商业银行和其他金融机构对真实经济（个人、家庭和公司）的信用活动迅速进入冰冻期。为应对数十年以来最可怕的金融海啸（美联储前主席格林斯潘认为是“百年一见”的金融危机）美联储主席伯南克连续宣布实施多项紧急信贷金融政策，向商业银行、投资银行和其他金融机构无限度提供信贷支持，协助商业银行恢复彼此之间的同业拆借，

以稳定货币市场正常运转，同时鼓励商业银行和其他金融机构继续向真实经济提供信贷资金。

（3）2008年12月16日，全球金融海啸持续肆虐，连享誉全球的金融百年老店、美国金融业“皇冠上的明珠”花旗银行亦陷入流动性和支付危机。全世界都在谈论美国金融体系将要崩溃，美联储面临空前考验，必须采取断然措施挽狂澜于既倒。美联储主席伯南克对1930年代“大萧条”痛苦的历史经验素有研究，他下定决心要避免重蹈历史覆辙，于是正式宣布美联储实施“零利率货币政策”，将联邦基金利率降低到史无前例的0～0.25%水平，期望美联储的零基准利率可以大幅度降低经济体系的整体利率水平（大幅度降低真实利率水平），从而刺激信贷、消费和投资。伯南克“零利率货币政策”目的有二，一是防止美国商业银行大面积破产垮台，二是避免美国经济陷入长期萧条和衰退。

（4）2009年1月28日，各种数据清楚表明，美国银行体系已经大幅度削减了对真实经济的信用供给，美国经济“去杠杆化”过程将非常漫长，美国事实上已经陷入“流动性陷阱”。美联储正式宣布实施“量化宽松货币政策”。主要手段包括：大规模购买财政债券，鼓励商业银行或银行控股公司以更多便利方式向美联储借钱，期望银行和金融机构反过来可以向真实经济体系提供信贷资金。

（5）2009年3月18日，“量化宽松货币政策”加速推进。美联储宣布购买总额高达1.7万亿美元的住房按揭贷款债券和财政债券，期望大规模购买住房按揭债券能够进一步降低按揭贷款利率和其他贷款利率，帮助经济摆脱流动性陷阱和衰退。

（6）2009年9月23日，美联储将购买住房按揭贷款债券的期限从原来计划的2009年年底，延长到2010年3月31日，期望继续维持住房按揭贷款市场之低利率，以活跃美国住房贷款市场和刺激地产经济复苏。

（7）2010年4月30日，第一季度的数据表明，美国经济复苏迹象似乎愈来愈明显，势头似乎愈来愈强劲，美联储宣布向银行体系发行类似大额定期存单的金融票据，以收回银行体系过剩的流动性。也就是说，美联储打算自2010年4月30日开始，准备逐步退出“量化宽松货币政策”。

（8）然而，仅仅过了3个多月，形势却急转直下。2010年8月10

日，美联储的例行货币政策会议（亦即公开市场委员会会议）发布决议，对美国经济复苏前景深感悲观。为应对美国疲弱和持续放缓的经济复苏，美联储宣布重启量化宽松货币政策，主要手段包括：继续维持联邦基金利率“零水平”（亦即0～0.25%水平）；增加购买长期国债（美联储将把到期的机构债券和所谓机构支持证券的本金收入，用于增加购买国债），并对美联储持有的到期的国债实施展期。重启量化宽松货币政策的目的，还是要继续维持长期国债的低利率，期望借此刺激信用市场和真实经济复苏。

（9）2010年9月21日，美联储货币政策会议再度明确宣布量化宽松货币政策的大门已经重新开启。由于基准利率即联邦基金利率已经降无可降，美联储只好采取大规模购买长期债券的非常规举措，力图进一步降低长期利率。2010年10月29日，伯南克高调重申：美国疲弱的经济复苏，要求联储采取更多政策行动，大规模购买财政债券和其他债券，以持续维持按揭贷款的低利率和经济体系整体的低利率水平，期望以此刺激真实经济的借贷、消费和投资活动尽快强劲复苏。

（10）2010年11月4日，美联储正式启动量化宽松货币政策升级版。到2011年6月底，美联储将购买总额高达6000亿美元的财政债券和机构债券，每月购买额度为750亿美元。消息传出，震惊全球。举世一致批评美联储再度采取量化宽松货币政策是极端不负责任之举措，无助于美国经济复苏，却必将加剧全球流动性过剩、热钱投机冲击、汇率波动和金融动荡，必将导致全球性通货膨胀、资产价格泡沫和更大规模的金融危机。

错误的理论导致错误的政策

至2011年12月，美联储量化宽松货币政策持续时间已经整整三年。量化宽松政策究竟有没有效果？意见也是众说纷纭。

支持者认为量化宽松政策产生了非常积极的效果。理由有二：其一，假若没有美联储果断及时采取量化宽松货币政策，美国银行金融体系即使不完全破产崩溃，也会出现大范围破产垮台的悲惨局面，1930年代那样长期的大萧条必将重演。其二，假若没有美联储持续采取量化宽松货币政策，美国经济衰退的时间肯定更长，程度肯定更深。所以实施量化宽松政策绝对必要和正确。

反对者则认为量化宽松货币政策不仅对于刺激经济复苏没有效果，而且对美国经济和全球经济的未来将产生极其严重的恶果。理由亦有二：其一，美联储实施量化宽松政策挽救那些濒临破产的金融机构，助长了大型金融机构“大而不倒（too big to fail）”的心理预期和道德风险，许多金融企业不仅不会吸取金融危机之教训，反而会继续从事风险过度的经营活动，甚至变本加厉为牟取短期暴利而不顾长期风险，埋下未来金融危机之隐患。其二，量化宽松政策释放的货币或流动性对于刺激真实经济复苏收效甚微，甚至没有效果。尽管美国商业银行体系流动性异常充足（2010 年以来，美国商业银行超额储备长期维持在 1 万亿美元以上），私人信贷却没有出现增长。相反，绝大多数货币或流动性都流向资产价格市场、货币市场和大宗商品市场，推动股市和大宗商品价格回到金融危机之前的水平，货币外汇市场交易量急剧放大（目前全球每天外汇交易量超过 4 万亿美元）。因此，量化宽松政策释放的流动性迅速恶化了全球通胀预期和资产价格泡沫，加剧了全球汇率动荡和投机热钱对各国金融货币体系的冲击。

要充分理解量化宽松货币政策的实际效果，我们必须深入检讨它的理论基础。我认为梅泽和伯南克等人的量化宽松政策哲学有四个方面的错误。

（1）他们没有明确区分信用和货币，甚至简单将货币等于信用。他们似乎以为，大规模扩张银行体系或经济体系之货币量或流动性，必然就意味着银行体系或经济体系之信用增加。他们似乎也没有明确认识到：真正左右经济活动的并不是货币或流动性，而是信用或借贷。增发货币或流动性，并不等于信用或借贷增加。

（2）他们假设中央银行扩张的货币或流动性，能够顺利甚至均匀流向经济体系的每一个决策单位（个人、家庭、公司等等）。因为逻辑上，只有中央银行扩张的货币流入到经济体系的每个决策单位，让他们觉得手中货币实在多得不能再多了，货币真的“不值钱”了，他们才会开始大把花钱购买商品（消费）或资产（投资）。假若中央银行扩张的货币并不能均匀流入到经济体系的每一个决策单位，梅泽和伯南克的货币政策思路就走不下去，行不通了。

（3）根据经济学著名的“永久收入假说”，个人消费最终取决于永久收入或长期收入，本质上与货币无关（这是“货币长期中性”学说的另一个版本）。如果扩张货币或流动性不能改变人们的永久收入预期，甚至恶化人们的永久收入预期，那么货币政策对于刺激经济复苏必将适得其反。早在1960年代，诺贝尔经济学奖得主、货币理论大师蒙代尔和托宾就曾经指出人们经济行为的一个重要性质：当人们的通胀预期恶化之时，人们预期自己的真实财富下降，可能反而有增加储蓄的趋势！易言之，通胀预期恶化不仅不会刺激人们去消费和投资，反而会打击消费和投资！此乃著名的“蒙代尔—托宾效应”。的确，多国不同历史时期的经验表明：通胀预期恶化对消费和投资的打击非常严重，经济增长往往一蹶不振。

（4）真实经济复苏的关键是信贷的持续增长。从刺激真实经济信用需求和供给的角度看，假若通胀预期恶化，尽管原则上信用需求可能增加，因为债务人未来的还款负担可能因通胀恶化而降低，然而，信用供给却可能急剧下降或持续萎靡，因为债权人担心未来债权因通胀而缩水，经济持续萎靡让赖债风险上升。从信用供需角度看，我们不能肯定量化宽松货币政策能够刺激真实经济的信贷供给，能够刺激真实经济复苏。

目前美国经济面临的困境，完全证实上述基本论点：决定经济复苏的根本力量，不是货币供应量或流动性，而是私人经济部门的真实信贷。

2010年8月10日美联储货币政策会议的决议说得非常清楚，美国经济复苏放缓和前景堪忧之根源，乃是真实经济未见根本好转，核心则是经济体系之信用持续萎缩：“最近数月来，产出和就业的复苏步伐已经放缓。预期未来经济复苏速度很有可能更低。尽管家庭支出在逐步增长，然而，失业率居高不下、收入增长异常缓慢，家庭财富持续缩水，信用市场持续紧缩，皆显著制约着家庭支出的增长。企业的设备和软件投资确有上升，然而，非住宅结构类（investment in nonresidential structures）投资依然萎靡，雇主不愿意增加雇佣新员工。新房开工数始终维持在萧条水平。银行信贷继续萎缩。”

残酷的现实，悲观的愿景

既然量化宽松货币政策没有达到预期效果，或者理论上证明量化宽松政策无法达到预期效果，那么，美联储为什么还要反复使用这个“非常规”政策呢？前面已经指出，美联储并非量化宽松或“零利率货币政策”的发明者，始作俑者是日本。日本十多年的经验证明量化宽松或零利率货币政策没有达到预期效果。事实上，2007～2008 年全球金融危机爆发以来，主要发达国家都程度不同地采取了量化宽松政策。

所以，一个更重要、更基本的问题是：为什么发达国家需要争先恐后地采取这样的货币政策？难道没有其他更好的经济政策来挽救金融危机和刺激经济复苏了吗？从全球经济整体和大历史角度来考察，发达国家乃至全球经济最根本的问题究竟是什么？如果我们不能深入理解这些更重要、更本质的问题，我们就不能真正理解量化宽松政策的实质。

确实，2010 年乃至今日，全球货币、金融、经济战场硝烟味道十足！“货币战”、“贸易战”、“金融战”声音此落彼起，响彻寰宇，大有一触即发之势！激烈争吵的背后，则是全球经济的根本失衡和发达国家经济现实及其政策所面临的基本困境，是世界各国（包括政界和学界精英）对金融危机和经济危机的根本原因缺乏深刻共识，是各国政治领袖（尤其是发达国家政治领袖）思想和战略上极端的“短视、偏见和自私”，它们是导致“货币战、贸易战、金融战、经济战”最重要之原因。

首先，发达国家经济整体上陷入长期衰退和低速增长，“停滞通货膨胀”的可能性亦不容低估。前面已经指出美国经济复苏前景非常暗淡。2010 年，美国失业率始终维持接近 10% 的高位。前三季度，美国全国失业率高达 9.6%。某些州的失业率甚至超过 15%。其中黑人失业率是 16.1%，西班牙裔人失业率是 12.4%，白人失业率是 8.7%，亚裔人失业率是 6.4%；正如美联储决议所说：失业率高企的主要原因是私人投资、消费、信贷持续萎靡不振。

现实非常严峻，前景则更加悲观。美国经济学者算过一笔简单的账：美国要想 5 年内将失业率降低到 5% 水平，那么美国经济每个月必须创造

32 万个新工作岗位；要想 10 年内将失业率降低到 5%，则每个月需要创造 23 万个新工作岗位；要想让失业率维持现状，不继续攀升，也就是说确保新增劳动力有工作，则每个月必须创造 10 万个新工作岗位。以美国 2010 年 9 月份的数据为例：当月私人部门新增雇佣 64000 人，然而政府部门却裁员 159000 人，两项相抵，共有 95000 人丢掉饭碗。可见，要想实现降低失业率的任务，确实异常艰巨。奥巴马政府的日子真的不好过。

再看看日本。日本经济 2010 年前三季度的增速只有微不足道的 0.1%，全年估计连 0.4% 都达不到，远远低于年初预测的 1.7%。日本经济低迷增长已经长达 20 年，至今看不到任何可能重返快速增长的迹象。日本国债与 GDP 之比例早已超过 200%，财政政策几乎没有施展空间了；国内人口结构不断趋于老化；货币长期处于“日元升值预期综合征”，2010 年 9 月日本政府曾经高调入市干预日元汇率，阻止日元大幅度升值，却毫无效果；“零利率货币政策”早已失效；通货收缩阴影始终挥之不去。所谓“日本经济病”不仅困扰着日本政府，而且是全球经济理论和经济政策的一大难题，答案可能超越了货币金融和经济范畴。

欧元区经济同样大势不好。希腊债务危机、爱尔兰债务接踵而至，西班牙和葡萄牙主权债务信用级别被连续下调，形势岌岌可危。以爱尔兰为例吧。2010 年 8 月中旬，为寻求亚洲各国对欧元和欧元区经济的理解和支持，爱尔兰中央银行行长霍诺翰教授曾经访问中国。当时笔者邀请他到中国人民大学国际货币研究所发表演讲。霍诺翰的讲话显然经过事先精心准备，避重就轻，没有直接讨论爱尔兰和欧元区的主权债务难题，只是一般性地讨论金融危机如何大幅度增加了政府的财政负担。霍诺翰深知爱尔兰面临严峻挑战。他接任央行行长才一年多，承受着巨大压力。自 2007 年底以来，爱尔兰的名义 GDP 已经萎缩了 17%，CPI 目前正在以 4% ~5% 的速度下降，经济体陷入严重通缩。几年之内，爱尔兰的名义 GDP 可能会萎缩 25% ~30%。2010 年，爱尔兰的财政预算赤字与 GDP 之比高达 14.3%，是欧元区 3% 上限的近 5 倍，失业率达到 13.1%。这些数据告诉我们，爱尔兰陷入债务危机是情理之中，毫不奇怪。

爱尔兰经济是欧元区整体经济的一个缩影。整个欧元区似乎都面临着同样的困境。2010 年中期，欧元区对银行体系进行压力测试，结果之恶劣超乎预期：之前人们非常乐观，以为整个欧元区银行体系只需补充资本35亿欧元，实际上仅爱尔兰一国就至少需要补充资本金400亿欧元，更不用说还有西班牙、比利时、希腊、意大利，甚至法国和德国的银行同样需要大量补充资本金。欧元区商业银行体系的“去杠杆化”过程远远没有结束，“去杠杆化”的痛苦程度比之前人们的预料要沉重许多倍！

所谓“欧猪五国”（PIIGS，即葡萄牙、意大利、爱尔兰、希腊、西班牙）面临的所有重大问题，至今一个也没有得到解决：大规模政府债务和财政赤字；不断上升的经常项目逆差，意味着私人部门对外债务持续上升；产业竞争力持续下降；经济长期陷入“准萧条”状态；通货收缩风险急剧上升。

欧元区的希望似乎全部在德国，那么，德国是否能够成为欧元区经济的“定海神针”呢？不容否认，德国经济是欧元区乃至全部发达国家经济的唯一亮点。

2010年第二季度，经济增长达到2.2%，换算成年增长率，增速接近9%。它是德国自金融危机以来最好的经济表现，也是1990年德国统一以来最好的经济表现。全球好些评论家欢呼雀跃，说德国人民和政府一下子扬眉吐气了，德国模式不仅战胜了美国模式，而且也击败了中国模式。他们高声责问：谁叫你们说高福利就必然带来高失业？谁说高税收、严管制、强工会就必然病入膏肓、经济衰退？德国给了你们一记响亮的耳光！

然而，一个季度的高速增长是不是就能够保证德国经济全年和长期的高增长，却是一个巨大的疑问。笔者最近两年多次到欧洲参与各种会议，总是有朋友提醒我：千万不要低估德国经济！我谨记于心。千真万确，尽管欧元诞生以来，德国经济比不上之前数十年的表现，却总是好于它的邻国。德国朋友还告诉我，2007～2008年金融危机之后，德国劳动人民主动下调工资，从而维持且提高了德国经济竞争力。这在欧元区是独一无二的壮举！然而，2010年3月1日，德国中央银行（Brundesbank）举办国际货币会议，该行行长阿莱克斯·韦伯教授的悲观预言，却把大家都吓傻了。他说未来10～15年内，德国经济每年的增速可能只有0.75%，远远低于IMF预测的2%～3%。悲观预言的根据是什么，行长却语焉不详。我清楚地记得：行长简短讲话之后就起身离去，留下满屋子与会者乱吵一气，没有结论。假若德国经济陷入如此低速增长，对欧元区经济和全球经济，绝对不是什么好消息。

上述基本事实，对于我们理解美联储和其他发达国家的量化宽松货币政策有什么意义呢？意义非常重大。我们只有找到发达国家经济体系内在问题的共同特征，才能够深刻理解量化宽松政策的背景、效果和局限性。

概括起来，发达国家经济（美国、欧洲、日本）面临六大困难：①经济增速长期放缓；②政府债务规模和财政赤字居高不下；③货币政策持续维持“零利率或低利率”，短期内却无法刺激经济快速增长或“重新通胀”（Reflate）；④私人消费和投资持续萎靡，个人和家庭“去杠杆化”过程远未结束，个人和家庭对信贷的需求持续下降；⑤银行体系“去杠杆化”过程远为完成，补充资本金是一个漫长的过程，信贷供给短期内没有可能恢复快速增长；⑥政府部门（无论是中央政府还是地方政府）都面临同样的“去杠杆化”过程，财政赤字和债务规模无法继续大规模增加。以美国为例，2010年失业率居高不下的主要原因，就是地方政府（州政府和市政府）“去杠杆化”，被迫大量裁员。

上述六大困难，环环相扣，相互强化，原因产生结果，结果反过来成为原因，形成典型的经济“负循环”。

经济体系“负循环”包括如下内在“负循环”机制。

（1）经济增速放缓负循环。居民收入和政府收入下降，私人消费、投资和政府开支必须相应缩减。私人消费、投资和政府开支缩减反过来加剧经济放缓。

（2）失业上升负循环。失业意味着收入减少，收入减少意味着需求减少，需求减少意味着企业开工不足，开工不足则意味着失业进一步增加。

（3）预期收入下降负循环。经济增速放缓和失业持续增加，让人们对未来预期收入前景持续悲观，悲观的收入前景迫使人们进一步收缩消费（根据经济学家弗里德曼和莫迪格利安利著名的“永久收入学说”，消费不是取决于当期收入，而是取决于永久收入或一生收入之预期），削减消费恶化经济前景，反过来进一步恶化预期收入的悲观预期。

（4）信用萎缩负循环。经济放缓、失业上升、预期收入下降，迫使经济所有部门“去杠杆化”，整个经济体系之信用总量（信用需求和供给）持续收缩，真实利率持续增加，社会财富（私人财富和政府财富）持续缩水。

经济体系负循环机制里面最重要的是“信用萎缩负循环”。根据笔者提出的“信用体系—真实经济—虚拟经济”一般均衡模型，信用增长才是刺激经济增长的主要决定性力量，不是传统理论所强调的货币供应量。然而，历史经验一再表明：一旦经济陷入信用萎缩负循环，货币政策则完全失效，无法将经济拉出“信用萎缩负循环”的深渊。“信用萎缩负循环”与凯恩斯当年所描述的“流动性陷阱”并不相同。如果经济只是陷入“流动性陷阱”，那么中央银行持续实施量化宽松货币政策或“零利率货币政策”则完全有可能将经济体系拉出“流动性陷阱”。

然而，一旦经济体系陷入“信用萎缩负循环或信用陷阱”，量化宽松货币政策或零利率货币政策就没有办法发挥作用，因为货币创造机制并不等同于信用创造机制。货币供应量的持续扩张，并不等同于信用扩张。日本长达十多年的“低利率或零利率货币政策”早已证明这个重要论点。全球金融 危机两年来的惨淡现实再一次证明：一旦经济体系陷入负循环，量化宽松货币政策就失去作用。货币和信用并不是一回事。

经济政策进退两难，量化宽松无济于事

如果说发达国家的现实经济陷入“负循环”，那么，发达国家的经济政策同样陷入多个“两难困境”。2007～2008 年的金融危机暴露出发达国家经济体系所累积的诸多根本问题。这些问题既不同于 1930 年代的“大萧条”，也不同于 1970 年代的“大滞胀”，出现许多崭新的现象，目前的经济理论解释不了，也给不出有效的政策建议。我们的确需要崭新的经济理论和政策思维。

发达国家宏观经济政策总体上面临三个基本的“两难困境”：

（1）财政政策：经济需要持续大规模财政刺激与财政赤字和债务规

模无法继续上升之“两难”。

（2）货币政策：持续维持定量宽松货币政策与避免资产价格泡沫、抑制长期通货膨胀预期、防止虚拟经济暴涨之“两难”。

（3）汇率政策：渴望货币弱势或货币贬值来刺激出口与避免金融市场过度动荡、期望全球贸易稳定增长之“两难”。

简单说说财政政策“两难”吧。过去40年尤其是20年来，发达国家政府的“高杠杆经营或负债”愈演愈烈，债台高筑成为常态。日本高居世界之冠，其政府债务总规模与GDP之比例超过了200%。欧元区多数国家之政府债务与GDP比例超过100%甚至150%，连素来以财政稳健著称的德国，公公债务与GDP之比例亦越过《马斯特里赫特条约》所规定的60%“红线”。美国联邦政府债务与GDP之比超过90%，加上地方政府债务，比例已经超过110%。最近美国国家预算局分布预测：如果目前趋势继续下去，到2020年，美国债务总规模与GDP之比例肯定超过200%。如果将政府隐形债务（譬如没有资金来源保证的医疗和社保责任）计算进来，情况还要严峻得多。

以年度财政赤字与GDP的比例衡量，形势则更不乐观。几乎所有发达国家的年度财政赤字与GDP之比都超过了10%，欧元区许多国家甚至超过15%，美国也不例外。

财政政策“两难”要分几个方面来谈。

首先，债务规模、财政赤字与GDP之比例究竟多少合适？欧元区著名的《马斯特里赫特条约》规定60%和3%两条红线，依据何在？是否合理？一直争论不休。随着欧元区各国纷纷突破“红线”，要求或证明“红线”无理或需要提高之呼声时有所闻。有经济学者说：你看日本债务规模早已超过GDP200%，不是也没有天下大乱吗？所以如今好些经济学者鼓励政府继续大搞财政赤字开支以刺激经济，不用考虑什么“红线”或未来还不起债的问题。譬如以撰写三卷本《凯恩斯传》驰名于世的英国学者斯基德尔斯基（Robert Skidelsky）和近年炙手可热的美国经济学家克鲁格曼，就分别大声呼吁本国政府不用理会什么财政赤字和债务难以持续之论调，继续大规模财政刺激才是上策。

反对继续大搞财政赤字的声音似乎更大，道理似乎更足。三岁小孩都知道一个天经地义的道理：借债早晚要还，个人如此，企业如此，国家亦如此。还不起钱就要赖债。赖债对国家信用、货币金融体系和整体经济稳定打击之大，后果之严重，史有明鉴，历历在目。国家与企业和个人当然有所不同。国家享有一些特权。除了公然宣布赖债不还之外，还可以大搞通货膨胀间接赖债。历史上，几乎所有国家都有赖债不还的“斑斑劣迹”，英美日都不例外。拉美债务危机、俄罗斯债务危机之惨烈，至今令人心有余悸。

笔者曾经请教多名欧元区的知情人士，他们一致认为绝对不能排除希腊和其他欧元区国家赖债的可能性！历史经验一再告诫我们：国家一旦陷入赖债危机，信用崩溃，与一个企业和个人一样，许多年都无法恢复元气，不能到国际金融市场融资，经济金融货币体系持续动荡，经济增长一落千丈，通货膨胀如期而至，说是“灾难”绝不夸张！有鉴于此，各国对内债和外债都规定有必须遵守的“红线”，实在是明智之举。现在大家都承认一个基本事实：2008 年全球金融危机就是发达国家经济“高杠杆负债模式”的危机，当然包括各国政府的“高杠杆和高负债”。伤疤尚未好，怎能忘记痛？

经济理论和历史一再证明：财政稳健是货币稳定之必要条件。法国经济学家、银行家和政治家李斯特曾经说过一句名言：“民主扼杀了金本位制！”意蕴何其深远！民主制度下，政客总要迎合选民的各种“非分”福利要求，选民一方面需要高工资、高福利，一方面又要舒适工作、少工作或者不工作。目标当然美好，而且无可非议，可是天上从来没有掉下过馅饼，“鱼和熊掌”如何可以兼得？政客们为了保住权位，只好大搞财政赤字和“寅吃卯粮”大肆借债，暂时满足选民愿望再说，总想把债务负担推给下一代。高赤字、高债务早晚必然导致肆无忌惮的货币扩张和通货膨胀，任何良好的货币制度也不可能守得住。以布坎南为首的公共选择学派早就证明：民主总是意味着财政赤字和高债务。

所以我们就看到 20 世纪的货币乱象，无一例外不是起源于财政赤字的放肆扩张。民主、赤字、债务不仅扼杀了金本位制，而且扼杀了布雷顿森林体系和固定汇率制度，自然也就扼杀了持续稳定快速的经济增长。平心而论，民主体制、选举政治、福利制度如何与审慎财政和稳定货币相协调？此一大难题，才是所有发达国家经济体系今天面临的真正的政策困境！发达国家的赤字财政政策空间已经非常有限！所以才会反复实施量化宽松货币政策。

日本是怎么回事呢？日本量化宽松货币政策为什么没有产生预期效果呢？日本为何能够长期维持非常高的政府债务规模？笔者以为，日本债务、货币、金融运行机制大体如下：①日本国民储蓄率一直很高；②日本私人消费和投资率一直萎靡不振；③日本银行存款利率一直极低（零利率和量化宽松货币政策之必然结果）；④日本国民购买国债之收益略微高于银行存款，故庞大日本国债始终有人购买；⑤日本政府发债所获得的资金，通过各种转移支付和福利开支渠道重新回到日本国民手里；⑥日本国民再将获得的转移支付收入、福利收入和其他收入购买国债。

如此循环往复，整个日本经济就陷入一个货币金融的双陷阱而难以自拔（“流动性陷阱”和“信用陷阱”）。债务越来越大，债务增速高于GDP增速，债务规模与GDP之比例自然就越来越高！好多经济学者相信日本经济病入膏肓，得了“不治之症”，多年实施量化宽松货币政策也无济于事。如何将日本经济拉出“流动性陷阱和信用陷阱”，至今依然是难解之谜。日本的经验对美国和其他国家非常重要，因为有许多学者正在担心美国会重蹈日本长期衰退和低速增长的覆辙。

量化宽松诱发热钱 人民币面临巨大压力

还是回到基本的问题：理论和现实已经量化宽松货币政策达不到刺激经济复苏的预期目的，为什么美联储还要锲而不舍地实施这项政策呢？

2010年12月10~11日，笔者到巴黎参加“重建布雷顿森林体系”委员会和法国政府联合召开的国际货币会议。辩论话题自然少不了美联储的量化宽松货币政策。纽约大学教授、号称成功预测2007~2008年金融危机的“末日博士”鲁比尼教授和其他几位学者认为，美联储量化宽松政策的主要目的是迫使美元汇率走弱或贬值，希望借此刺激美国出口增长。理由很简单：美国反复要求人民币大幅度快速升值，中国却坚持缓慢升值或不升值。无奈之下，美联储只好搞量化宽松政策，让美元主动贬值或弱势，间接迫使人民币升值或强势。

从全球汇率“博弈”角度来考察美联储的量化宽松货币政策，是一个有趣而重要的角度，对中国尤其重要。2010 年 11 月 4 日美联储重启量化宽松货币政策之后，人民币汇率一直持续单边升值，对许多中国出口企业造成巨大压力。根据最新的统计观测，2010 年圣诞节期间，由于人民币升值、原材料涨价和劳动力成本上升，浙江温州地区出口订单下降幅度高达 50%，我国总体出口形势日益严峻。

国家外管局外汇储备增幅和人民银行外汇占款数据清楚表明：美联储量化宽松货币政策正在刺激国际投机热钱加速流向中国。包括中国银监会主席刘明康在内的许多主管部门负责人坦承：投机热钱流入房地产市场和其他市场，是中国房地产价格持续上升和通货膨胀预期恶化的重要推手。

一个最基本的判断是：美联储量化宽松货币政策让我国经济增长的外部环境愈加恶化。主要表现是：①全球大宗商品价格高位运行和持续攀升，我国必将面临更加严峻的输入性通胀压力；②美元长期走弱、美国和中国基准利率差距拉大，进一步加剧人民币升值压力；③人民币升值压力和预期推动我国资产价格上涨预期，导致房地产调控政策无法达到预期效果（当然，这只是房地产调控政策没有达到预期效果的原因之一）；④我国对外部能源、原材料和其他大宗商品的需求越来越大。量化宽松货币政策推动全球大宗商品价格持续上涨和维持高位，必然大幅度增加中国经济增长的成本；⑤人民币升值和原材料、能源价格上涨，将削弱我国出口竞争力，经济转型和失业压力加剧。

如果鲁比尼教授对美国量化宽松货币政策的解释是正确的，那么，除了美国希望借助美元贬值来刺激出口外，还有什么其他目的呢？美联储量化宽松货币政策对中国的危害究竟有多大呢？

为此，我们必须要回答两个重要问题：其一，美国强压人民币升值和浮动的真正意图到底是什么？其二，从中国最高国家利益出发，假若完全没有美国的压力，人民币到底应不应该升值和浮动？

第一个问题实际上已经有共识：那就是美国的人民币汇率战略完全是出于美国国家利益的战略考虑，目的是通过人民币升值和浮动制造中国经济泡沫和金融危机，从而打乱中国工业化、城市化和现代化进程，从根本上遏制中国的战略崛起。

自2002年开始，美国强压人民币升值和浮动的主要理由都不成立，理论上站不住，事实上也毫无依据。美国强压人民币升值和浮动的理论有如下数种："全球经济失衡论"、"全球储蓄过剩论"、"美国贸易逆差论"、"人民币汇率低估论"、"中国工人抢夺美国工人饭碗论"、"不公正竞争优势论"、"汇率升值和浮动对中国有益论"、"汇率浮动保证货币政策独立性论"等等，皆是稀奇古怪之谬论。笔者曾经出版《不要玩弄汇率》和《汇率危局》等著作，详细分析和驳斥美国要求人民币升值的诸多谬论。

譬如宣称"人民币汇率低估"是美国要求人民币升值的主要理由之一。人民币汇率究竟是不是低估了？低估了多少呢？即使是美国政府背后的多个智库，他们的模型所估算出来的数据也是差距巨大，有天壤之别。有的说低估60%，有说50%，有说40%，有说30%，有说20%或15%，各执一词，莫衷一是。仅此一点儿，我们就知道"人民币汇率低估"的理论有重大问题。

美国要求人民币升值的另一个重要理由是：人民币汇率低估抢走美国人的饭碗。抢走了多少呢？美国智库的数据也是众说纷纭。有说是480万，有说是360万，有说是240万。华盛顿彼得森国际经济研究所总裁伯格斯坦说是60万～120万，克鲁格曼则将美国失业和全球经济复苏缓慢完全归罪于人民币汇率低估。哈佛大学著名历史学家弗格森则坦承这些计算纯属无稽之谈，没有根据。

实际上，美国智库和一些"御用"学者是非常"讲政治的"。他们貌似高深的学术理论和模型计算，实际是美国政治和战略的一个"幌子"和外衣。

那么，人民币升值和浮动对中国究竟会产生多么大的伤害？概而言之，有六大危害。第一，制约中国出口增长；第二，削弱中国出口竞争力；第三，让中国经济彻底泡沫化，制造"中国式金融危机和经济危机"；第四，加剧国内财富向美国政府转移；第五，加剧国内财富向国际投机者转移；第六，我国货币金融政策丧失独立性。

六大危害综合起来，我们就可以明白美国近十年来不遗余力要求人民币升值和浮动的真正意图，那就是通过遏制中国出口、削弱中国竞争力、让中国经济泡沫化、制造金融危机、加速财富转移、让货币汇率政策丧失独立性，以达到挫败我国工业化和城市化过程，打乱中国现代化进程的目的。

美联储量化宽松货币政策对中国最主要的冲击，就是加剧人民币升值的预期和压力，而人民币单边升值预期的最主要危害，则是强化中国资产价格上涨的预期，从而导致资产价格的巨大泡沫，泡沫破灭后则是金融危机和经济危机。

事实上，美国的这个战略目的已经部分达到了。根据不完全统计，2005 年 7 月 21 日人民币开始单边升值以来，至少有超过万亿美元的投机热钱流入中国市场，绝大多数进入楼市和股市。美国胡佛研究所和多家其他机构估算：目前中国庞大的外汇储备，至少有一半是国际投机热钱流入中国所形成。我国外管局也承认外汇储备里面，确有部分投机热钱。

过去 5 年来，尤其是 2005 年人民币开始单边升值之后，中国经济泡沫化程度愈演愈烈。全国平均房价上涨幅度远远超过居民可支配收入增长速度，导致 80% 以上的城市居民无力购买住房。过去 5 年，上海、北京等一线城市的房价上涨幅度最少也超过收入增速 30 个百分点，房价最高涨幅超过收入增速 120 个百分点，房价飙升 3 倍以上。美国投行高盛集团研究报告估算：假如将房价列入 CPI，2009～2010 年我国 CPI 涨幅实际超过 10%。

经济泡沫化的本质是什么呢？那就是收入分配的大幅度转移和集中，大幅度加剧收入分配两极分化和贫富差距，给中国社会埋下不稳定的严重后果。而工业化、城市化和现代化进程一旦被打乱，中国将陷入所谓“拉美化”的困境。社会将分化为富裕的极少数巨富群体和占人口绝大多数的城市贫民和“农民工”；或者分为与国际资本有千丝万缕联系的精英群体和没有基本生活保障的大多数赤贫群体。一旦陷入此一困境，中国社会就没有和谐可言，社会将持续动荡，经济平稳增长和人民生活改善将无从谈起。

这才是我们思考人民币汇率战略和策略最基本和最重要的出发点。

唯有站在这个高度，我们才能真正高瞻远瞩，认清美国压迫人民币汇率升值的本质，认清美联储量化宽松政策对我国经济金融的真正危害。

美联储实施量化宽松货币政策另一个主要目的，就是通过操纵美元与世界其他货币的汇率，赢得巨大的金融货币利益。美国是如何通过操纵汇率来赢得利益呢？赢得了多少利益呢？

根据美国国民经济研究局（NBER）的详尽研究，以 2001～2006 年为例，当时正是美元相对世界主要货币大幅贬值时期，也是美国压迫人民币升值最激烈之时期。该时期美国累计对外借债净增加 3.209 万亿美元，然而净负债竟然还减少了 1990 亿美元，相当于美国同期净赚了 3.408 万亿美元。其中仅汇率贬值一项就让美国赚 8920 亿美元，资产—负债收益差距让美国赚 1.694 万亿美元，其他手段赚 1.469 万亿美元。

3.408 万亿美元是什么概念呢？它相当于美国 6 年的国防军事开支总和。也就是说，美国通过操纵美元汇率所创造的超级利益，意味着世界各国为美国庞大的军事开支“埋单”！

全力推进人民币国际化，削弱美元货币霸权

2010 年 11 月 18 日，美联储重启量化宽松货币政策不久，联储主席伯南克到欧洲发表演讲，为量化宽松政策辩护。除了继续指责人民币汇率低估要为美国居高不下的失业率负责之外，伯南克还暗示，到 2011 年 6 月这一轮量化宽松政策到期之后，美联储依然有可能继续实施量化宽松货币政策。

美联储量化宽松货币政策必将对全球和我国货币、金融和经济产生深远持久的重大影响。

（1）由于美元是当今世界最主要的国际储备货币，美元占全球储备货币的 65%，美元钞票的滥发就等于美国向全球征收铸币税，意味着全球财富向美国转移。

（2）美元滥发导致全球通胀恶化，等于美国向全球征收通货膨胀税，也使财富向美国转移。目前，受美国量化宽松货币政策的影响，许多发展中国家的通胀已经加速恶化，譬如印度、俄罗斯、阿根廷、墨西哥等

国的通胀水平已经超过或接近10%。

(3) 美元钞票滥发导致美元汇率长期贬值和全球通货膨胀，意味着外国持有的美国政府债券持续贬值。美国实际上是以通货膨胀和美元贬值的方式间接赖债或抵消对外债务。而持有大量美国国债和其他美元资产的国家（譬如中国）、公司和个人都要相应蒙受损失。

(4) 美元钞票滥发导致全球大宗商品价格持续上涨，大幅度增加我国经济增长的成本，增加输入性通货膨胀的压力。美联储重启量化宽松货币政策之后，多家国际能源机构预测，未来5年内，石油价格可能突破每桶200美元。能源价格牵一发而动全身，是输入性通胀压力的主要力量。

(5) 美元货币滥发和美元汇率动荡加剧全球汇率和金融动荡，增加企业的汇率风险和提高相应的风险成本，对我国稳定出口增长非常不利。

(6) 美联储量化宽松货币政策刺激热钱加速流入中国，一方面强化人民币升值预期，扩大实际升值幅度；一方面大量热钱流入房地产和其他资产市场，加剧房地产调控难度，并有进一步恶化资产价格泡沫之可能。我国货币政策和整体宏观调控难度加大。

如何应对美联储量化宽松货币政策的冲击？短期内的对策如下。

(1) 必须始终坚持人民币汇率基本稳定的基本政策方针，绝对不能允许人民币大幅度快速升值，更不能让人民币汇率完全浮动。实施人民币汇率双向有管理浮动，消除单边升值预期。

(2) 继续采取多种措施（譬如差别准备金率），强化对热钱的监管，防止热钱大规模进入房地产市场。

(3) 必须采取上调利率、提高存款准备金率、控制信贷总规模等一系列措施，坚决遏制住国内通胀恶化的局面。

(4) 深化经济体制改革，特别是国有垄断企业改革，进一步理顺价格机制，以此促进企业降低能源和资源消耗，尽量减少我国经济增长对外部能源和资源的依赖。

长期来说，应对美国量化宽松货币政策，实质上就是要减少或削弱美元本位制或美元霸权对中国货币、金融和经济的负面影响。美联储可以放胆实施量化宽松货币政策，本质上是美元霸权的体现，是美元本位制给美国的特权。

纯粹美元本位制对我国的不利之处约有10项。

(1) 中国出口真正的商品和服务（真实财富），兑换回来的却是成本几乎为零的美元钞票。

(2) 中国累积的外汇储备反过来又投入到美国国债市场和其他金融市场，为美国国际收支赤字融资。无论怎样多元化，中国外汇储备主要还必须投入到美国金融市场，别无选择。美国政府和公司发行低利率的债券筹资，再回手投入到中国市场赚取高额收益，等于是拿中国人的储蓄去赚高额利润。所以说美国是全球“超级商业银行、超级投资银行、超级对冲基金、超级私募基金”集于一身。

(3) 中国购买的美国金融资产随时都有可能蒙受三方面的巨大损失：其一，美元货币扩张制造全球通胀，中国的储备资产原本是要去购买石油和其他资源产品的，通胀大幅度降低中国储备购买力。其二，美元货币扩张让国债价格下降、收益率降低，中国若要抛售国债，必定蒙受损失。其三，美元相对本币或其他货币贬值，皆让中国外汇储备蒙受损失（以本币计算或兑换其他货币结算交易）。

(4) 全球石油和主要战略资源皆以美元计价（譬如铁矿石、石油、工业金属、粮食），美国金融机构控制的金融期货交易所决定着大宗商品价格之波动，中国是被动的价格接受者。美国制造全球通胀或勾结资源垄断者提高价格，可以瞬间让中国付出天文数字的代价。

(5) 中国累积的美元储备越多，蒙受的损失就越大，堕入“美元陷阱”就越深。因为中国大量抛售美元资产，固然推高美元利率或债券收益率，然而中国必须为此付出巨大代价。

(6) 中国无法以人民币举借外债，只能以美元举借外债，这就是所谓的“货币错配”（Currency Mismatch）。一旦大量举借外债，汇率贬值将迫使国家破产，幸亏目前中国外债不多。许多其他国家过去经历的痛苦教训却是历历在目。

(7) 美国从来不承认自己操纵汇率，却天天指责人民币汇率低估，指责中国“操纵汇率”，将汇率操纵提升为一个主要外交武器，让中国疲于应付。假若中国坚持人民币汇率稳定，美国必将要求中国在其他方面做出妥协或让步。

（8）假若中国让人民币大幅度升值，出口将面临灭顶之灾，失业问题和社会稳定问题接踵而至。人民币大幅度快速升值将是“灾难性的”。

（9）假若中国持续允许人民币单边缓慢升值，则热钱滚滚，横行无忌，中国经济泡沫化将愈演愈烈。泡沫化的直接后果是收入分配和财富两极分化，经济结构进一步严重失衡，中国的工业化和城市化过程将被打乱，甚至被中断。目前我国面临的房地产困境与人民币汇率单边升值有重要关系。

（10）假若中国接受美国建议，干脆让人民币汇率浮动，则中国将完全丧失货币政策控制权，给美国以更多予取予夺之机会。

所以，从我国长远发展战略角度思考，要应对量化宽松货币政策的冲击和减少美元本位制的危害，我国就必须积极推进以人民币国际化为核心的区域货币金融合作，最终实现人民币成为主要国际储备货币，实现国际货币体系的多元化。人民币国际化是中国参与改革和创建国际货币体系的唯一正确道路。

超级霸权论

美国享受着美元所创造的超级特权（Exorbitant Privileges）和不流眼泪的赤字。它用一钱不值的废纸去掠夺其他民族的资源和工厂。

——法国前总统戴高乐将军（1965 年）

当代国际货币体系已经沦落为小孩子的过家家游戏。欧洲各国辛辛苦苦赚回美元和英镑，然后又毫无代价地拱手返回给发行这些货币的国家，就好像小孩子们玩游戏一样，赢家同意将赚回的筹码奉还给输家，游戏却继续进行。

——雅克·鲁夫（Jacques Rueff 1896 - 1976），法国著名国际经济学者、国务活动家和戴高乐的经济顾问（1961 年）

作为一个国家，美国是全球最大的对冲基金、最大的风险投资公司和最大的私募基金，而且它不需要任何资本金。它具有近乎无限的融资或创造信用的能力。美元长期贬值符合美国根本利益。

——英国《金融时报》（Financial Times）首席评论员马丁·沃尔夫（Martin Wolf）

大历史视角的美国国债和美元霸权

美国经济史学家约翰·戈顿曾经以诗一般的语言，描述了国债市场对美国经济、金融和整个国家战略之极端重要性："1770年代，国债帮助我们赢得独立；1780～1860年代，国债为美利坚赢得最高的信用评级，欧洲资金得以滚滚流入美国，协助美国经济快速成长；1860年代，我们凭借国债拯救合众国；1930年代，我们凭借国债拯救美国经济；1940年代，我们凭借国债拯救全世界。毫无疑问，汉密尔顿完全正确，美国国债不仅是美利坚无与伦比的福音，而且是全人类无与伦比的福音。"

戈顿的语言或许过于夸张了。2011年长达数月的时间里，美国国会两党围绕提高国债上限所展开了一场让人讨厌、令人揪心的政治闹剧，惹得全世界一片嘲笑、质疑、抱怨和愤怒。俄罗斯总理普京批评美国人是寄生虫，与40多年前法国总统戴高乐将军谴责美国"以一钱不值的废纸掠夺其他国家和民族的资源和工厂"遥相呼应；包括中国在内的美国众多债权国几乎将心提到了嗓子眼儿，时刻为8月2号美国可能传出的违约信号提心吊胆；全球对美国国债闹剧批评声音之高亢甚至超过了2010年年底各国对美联储量化宽松货币政策之猛烈抗议。

批评、谴责和抱怨之余，许多人认为美国国债、美元霸权和美国经济已经走到一个重要的历史转折点，连一些美国精英也持类似观点。譬如美国财政部前副部长阿特曼不久在著名《外交》杂志撰文，说美国债务水平已经达到一个难以持续的水平。他引用美国著名历史学者保罗·肯尼迪《大国兴衰》一书的基本论点：历史上任何大国之地区或全球性扩张，最终都会走到一个临界点，随之就要开始衰落。阿特曼认为，美国政府如果真要降低财政赤字和国债规模，就不得不缩减国防开支，它意味着美国必然要收缩其全球军事势力，包括缩减海外驻军、对盟国的军事援助、中情局和国务院的预算开支、美国全球反恐经费，等等。

还有一些人的观点颇为情绪化，甚至带着某种阴谋论的味道和色彩。譬如许多国内媒体异口同声，说美国蓄意利用国债“绑架”世界经济，“绑架”中国经济，“绑架”中国巨额外汇储备；说美国国债就是一个精心策划的“庞氏骗局”，早晚要彻底崩盘，赖债不还；说美国国债是美国政府为了“毁灭”世界经济而制造的有史以来人类最大的泡沫，泡沫破灭之日就是世界经济同归于尽之时；还有人说美国国债是华尔街金融精英和华盛顿政治精英精心策划的“阴谋”，目的就是要以一种“小鬼搬家”的秘密方式，来掠夺世界各国尤其是中国人民的真实财富。当然，包括中国在内的众多美国债权国最现实、最主要、最合情合理的担忧和抱怨是美国国债的持续扩大，必定意味着国债资产的真实价值（以全球真实购买力来衡量）持续下降。

观点纷纭，众说乱耳，愈发让美国国债披上一层神秘莫测的面纱，愈发让美国国债未来的走向变得扑朔迷离，难以捉摸，愈发让国人忧心忡忡，手足无措。

本人试图从大历史角度，从五个层面来揭开美国国债的神秘面纱。我的观点非常明确：美国国债对于美元超级霸权和美国主导世界的金融地位，具有最高的重要性。美国国债既不是什么“庞氏游戏”，更不是少数人的“阴谋诡计”，它是美国经济和金融模式的关键组成部分，是数百年来欧洲尤其是荷兰和英国金融创新和金融革命的辉煌成果，是200多年来美国历代政治精英和金融商界精英高瞻远瞩、深谋远虑所取得的伟大成就，是美国全球战略的核心，是美国这个世界超级大国的独特优势。抱怨、谴责和愤怒无济于事，只有透彻认识美国的“国债之谜”，我们才能找到真正有效的应对之策。

面向未来：美国国债规模已经跨越重要临界点

一个基本的问题是：美国国债规模究竟有多大？说来奇怪，对于这个最基本的问题，却有多种不同的意见。我们可以用几套指标来衡量美国国债的规模和可持续性。

第一个指标：国债（联邦债务）与GDP之比。

2011年，美国国债达到之前法定的14.29万亿美元上限，其中公共持有债务为9.74万亿美元，与GDP之比是65%。这个比例是高还是低？依照一些经济史学家的估算，美国历史上曾经有三个时期公债规模与GDP之比例超过100%，分别是美国建国初期（独立战争期间多发行的国债）、1861~1865年内战时期、第二次世界大战时期以及二战之后数年。纵观美国235年国债历史，多数时期美国公债与GDP之比维持在50%之下。以此估算，目前美国国债规模及其与GDP之比例确实偏高。当然，如果与其他发达国家相比，美国的债务规模似乎不算特别高。譬如欧洲各国债务与GDP之比普遍超过美国。欧洲整体达到90%以上，其中意大利122%；法国77%；希腊158%；葡萄牙101%；爱尔兰120%；西班牙79%；德国73.2%。日本的债务比例则达到129.5%的惊人水平（另外一种算法则高达200%！）

衡量公债规模与GDP之比是否合适或可持续，国际上有一个基本共识的标准。欧元区成员国1992年签署著名的《马斯特里赫特条约》，规定欧元区成员国每年财政赤字与GDP之比不得超过3%，公债规模与GDP之比不得超过60%。这是经过大量历史研究得出的基本“红线”，超过此红线，赤字和债务就进入难以持续的轨道，必须要动大手术才能恢复健康。

根据美国国会预算办公室（CBO）的估算，到2021年，美国公债与GDP之比将达到90%，国际货币基金组织（IMF）的估计远为悲观，到2015年，美国国债与GDP之比就将达到100%。无论如何，美国国债规模已经偏高是不争的事实。

第二个指标：美国国债总量到底有多大？

然而，根据多个渠道的统计估算，美国政府的债务要比14.29万亿美元大得多！譬如前面提到的美国财政部前副部长阿特曼2010年年底的估计：美国政府直接发行的公共债务为9万亿（目前为9.74万亿）；直接担保的债务9万亿；为国有企业担保的债务（所谓GSE债务，最著名的就是“房地美”和“房贷美”的巨额债务）8万亿；州政府和地方政府债务3万亿、州和城市退休金账户不足额1万亿（如果州政府无力偿债，联邦政府也无法坐视不管）。总计债务规模达到31万亿。

此外，美国著名“债券大王”格罗斯估计的债务总规模达到80万亿。中国人民大学国际货币所研究人员许元荣等人最新的估计甚至达到97万亿（其中显性债务超过20万亿，隐性债务超过77万亿）。无论哪个估算，皆说明美国债务确实巨大。当然，所谓隐形债务和间接债务统计口径差别极大，各国定义天壤之别，是否能够作为衡量一国债务可持续性的指标，尚待深入研究。

第三个指标：美国联邦政府收入、支出、赤字与GDP之比。

2000年之前，美国联邦政府收入与GDP之比平均约为20%，目前已经下降到15%。联邦政府支出与GDP之比则上升到25%。所以赤字上升到GDP的10%左右。譬如2009年，赤字高达1.6万亿，占GDP12%；2010年赤字为1.3万亿；2011年赤字为1.5万亿；2012年预计至少是1.1万亿。根据美国国会预算办公室的预测，未来10年，美国联邦政府每年财政赤字不会低于1万亿美元，累积将超过10万亿美元。前景显然不妙！

美国债务一个最显著的特征，就是外债占了公债50%以上（目前约为56%）。目前美国联邦政府外债大约为5.5万亿美元。美国成为全球最大债务国，中国则是美国的最大债权国。中国持有美国国债约1.16万亿美元，占美国对外国债的21%，此外，日本持有20%，英国11%，OPEC5%，巴西4%，加勒比国家4%，俄罗斯3%。这就是为什么美国两党围绕债务上限之争引发全球关注的基本原因。

追溯历史：美国国债对美国崛起居功至伟

不了解历史，就无法理解未来。

尽管美国独立战争期间，大陆议会和各州就发行了大量债券，然而，统一的美国国债却是美国建国之后才开始发行，具体时间是1792年，它源自美国第一任财政部长、绝顶天才汉密尔顿在合众国创始之初所发动的伟大金融革命。正是汉密尔顿的金融革命，奠定了美元霸权和美国金融帝国的基石。

汉密尔顿为美国构建的货币金融体系有五大支柱：其一，统一的国债市场；其二，中央银行主导的银行体系；其三，统一的铸币体系（当时是金、银复本位制）；其四，以关税和消费税为主体的税收体系；其五，鼓励制造业发展的金融和贸易政策。

汉密尔顿金融革命最引人注目的特征是：他自始至终从整体国家信用角度来设计五大政策和相应的制度安排。他说："一个国家的信用必须是一个完美的整体。各个部分之间必须有着最精巧的配合和协调，就像一个枝繁叶茂的参天大树一样，一根树枝受到伤害，整棵大树就将衰败、枯萎和腐烂。"汉密尔顿的五大支柱恰像五颗树枝，完美配合和协调，共同支撑起美国金融体系的参天大树，最终成长为主导全球经济的美元霸权体系。

依照汉密尔顿的精心设计，五大支柱各自发挥不可替代的重大作用，共同支撑起美国的金融和经济体系。国债市场是国家整体信用优劣的最佳指示器；中央银行负责维持银行体系和货币供应量之稳定；统一的铸币体系（后来是美元纸币体系）极大降低金融贸易之交易成本，促进金融、贸易、产业迅速发展；税收体系确保财政健全和国债市场之良性循环；制造业（真实财富创造能力）则是金融货币的最终基础。

汉密尔顿之所以倾尽全力开启美国伟大的金融革命，乃是源自他系统深入的金融哲学理念，源自他对世界各国经济发展历史尤其是英国崛起历史经验的深刻把握。远在出任财长之前，汉密尔顿就写道："1690 年代开始，大英帝国创建了英格兰银行、税后体系和国债市场。18 世纪，英国国债市场迅猛发展。国债市场之急速扩张，不仅没有削弱英国，反而创造出数之不尽的巨大利益。国债帮助大英帝国缔造了皇家海军，支持大英帝国赢得全球战争，协助大英帝国维持全球商业帝国。与此同时，国债市场极大地促进了本国经济发展。个人和企业以国债抵押融资，银行以国债为储备扩张信用，外国投资者将英国国债视为最佳投资产品。为了美国的繁荣富强，为了从根本上摆脱美国对英国和欧洲资金和资本市场的依赖，美国就必须迅速建立自己的国债市场和金融体系。"

汉密尔顿的远见卓识为后世许多历史学家和经济学家的系统研究所

证实。譬如关于公债对于大英帝国崛起的极端重要性，法国百科全书派历史学家最杰出的代表布罗代尔就曾经以极大篇幅描述英国国债对英帝国兴旺发达的最高重要性。在《15至18世纪的物质文明、经济和资本主义》第三卷里，布罗代尔写道："公债是英国经济健康的最佳标志。公债是英国取得历次战争胜利最重要的法宝。英国战胜法国就是公债政策的结果，法国的脆弱就在于它没有公债市场，信贷组织不完善。然而，差不多过了100年，法国人才开始认识到英国公债的优越性。"

后世经济科学发展的主要贡献之一，就是证明了金融信贷体系是持久经济增长之关键，证明了金融是现代经济之核心。经济发展之关键是最有效动员和配置资源，动员和配置资源的最佳手段就是信用体系。一个人拥有最高信用，他就可以充分利用他人的资源来发展自己的事业，一个企业拥有最高信用，它就有无限的资源来扩张，一个国家拥有最高信用，它就能够动员全球的资金和资源来发展本国经济。

汉密尔顿深刻洞察了金融和信用的本质。历史很快验证了汉密尔顿的先见之明和高瞻远瞩。1780年代，美国金融市场还是一塌糊涂。10年后的1794年，欧洲投资者就给美国国债和整个金融市场以最高信用评级。当时的法国外交部长宣称："美国国债运转良好、安全可靠；美国政府对国债市场的管理是如此规范、美国经济发展是如此迅速，以至于我们从来不担心美国国债的安全性。"正是国家信用的完善刺激欧洲资金源源不断流入美国，推动美国经济快速增长。

19世纪美国著名政治家Daniel Webster曾经如此评价汉密尔顿金融战略对美国的最高重要性："汉密尔顿创建的金融体系，是美国繁荣富强的神奇密码。他叩开信用资源之门，财富洪流立刻汹涌澎湃。美国人民满怀感恩之情，世界人民满怀敬畏之心。丘比特拈花一笑，智慧之神翩然而至，那是我们钟爱的希腊神话。然而，汉密尔顿创造的金融战略比希腊神话还要美妙。他那不可思议的大脑灵机一动，整个美国金融体系就应运而生。"

汉密尔顿给美国国债取了一个神圣的名称："自由的代价"。美国学者以此绝妙标题撰写了多部著作，来深入阐述美国国债200多年以来对于美国的伟大贡献。譬如，2007年，美国资深经济金融战略专家霍玛兹

（Robert D. Hormats）就以《自由的代价》为书名出版一部著作，阐述美国如何可以充分利用国债市场赢得从独立战争直到21世纪反恐战争的一切战争。霍玛兹目前担任负责国际经济金融事务的副国务卿，是希拉里的得力助手。

除了前面所说的几次战争时期之外，200多年以来，整体而言，美国政府对国债的管理堪称成功典范，不仅公债与GDP之比长期维持低水平，而且从来没有出现过国债违约，这在世界所有大国历史上绝无仅有（大英帝国和德国都曾经有过公开违约的历史）。尽管几次战争时期，美国债务水平急剧上升，然而战争结束之后，美国政府皆能逐渐降低债务规模。远的不说，冷战结束之后，克林顿政府甚至消灭了财政赤字、实现了美国财政盈余（1998年，美国财政盈余达到GDP的1%），克林顿任期结束之时，美国公债与GDP之比降低到30%以下。

美国目前财政赤字恶化和债务规模急剧上升，主要拜小布什8年任期内所谓“财政革命”之赐。一是小布什2001～2003年给富人大幅度减税；二是推行所谓处方药的医保改革；三是阿富汗和伊拉克战争。结果美国政府预算状况急剧恶化，从1998年1% GDP的财政盈余转变为2008年3.2% GDP的财政赤字！人均国债增幅超过50%！联邦债务与GDP之比从2000年的30%左右迅速恶化到2010年的65%！与此同时，国会政治出现两极分化，共和党内部强烈主张减税一派占了上风，民主党内部则是强烈主张增加福利开支的一派占了上风。两党财政政策理念成为水火不容之势。

2007～2008年金融危机，美国经济增长急速放缓，财政状况雪上加霜。美国政府一方面需要大规模财政刺激来摆脱经济衰退，一方面经济增速下降导致税收急剧下降，财政赤字急剧飙升势所必然。奥巴马临危受命，可以说是别无选择，有苦难言。

当然，美国的财政赤字与美国的贸易逆差、经常账户逆差、国际收支逆差密切相关。根据国民收入恒等式，财政赤字与国际收支逆差和经常账户逆差具有对应关系。美国财政赤字和债务规模的周期性变化，反映了美国在国际货币体系和金融体系中的作用和地位相应发生了深刻变化。二战之后，1968年是一个历史分水岭。1968年之前，美国经常账户一直顺差，从此之后就持续逆差！1971 年布雷顿森林体系崩溃之后，逆差规模持续扩大，标志着国际货币体系出现史无前例的深刻变化。

美元霸权：为什么全世界心甘情愿借钱给美国（为美国国债融资）

从 1960 年代的法国总统戴高乐将军，到 2011 年的俄罗斯总理普京，世人对美元霸权、美国霸权的谴责谩骂之声始终不绝于耳。然而，令人大惑不解或深感沮丧的是，在愈来愈高亢的谩骂声中，美元霸权和美元的特殊地位却不断强化，美元的超级利益和美国国债的规模却不断扩大。要解释如此奇怪的现象，我们就必须从国际货币体系和国际金融市场视角来观察美元和美国国债。

美国国债市场对美元霸权和国际金融市场举足轻重之作用，约有四端：

其一，美国国债市场为美国货币政策提供了最佳指南和传导机制。美联储之货币政策（加息、减息、量化宽松），无不借助国债市场买卖来完成。随着美国国债市场成为全球规模最大、流动性最好的市场，美国国债市场一举一动，就时刻牵动着全球金融市场之神经，时刻左右着世界资产价格之走势。

其二，国债市场乃是美国整个金融市场之中枢和基石。从历史上看，纽约证券交易所之成立，源自国债交易；纽约取代伦敦成为最强大之金融中心，国债市场居功至伟。

其三，美国国债市场是全球金融市场和资产价格之最基本标尺，说是定海神针也不为过。纵观世界，举凡一切资产价格（包括股票、大宗商品、金融衍生工具、外汇、房地产等等），无不深受短期利率和长期利率之左右，美国国债之价格和收益率走势，正是全球利率走势之最佳指示器。无论是伦敦市场之 Libor 还是其他一切市场之基准利率，皆以美联储基准利率和国债利率为计算基准。并由此形成全球金融和经济体系的“金字塔式”价格结构或定价体系。

其四，美国国债市场规模越大、流动性越高，就越具有“锁定效应”

和“规模效应”，就越具有垄断性。纵观历史，金融市场往往是最具备垄断性和独占性之市场。庞大的美国国债市场几乎成为全球投资者最重要的投资场所，尤其是各国政府、主权财富基金最主要的投资选择。美国资深金融外交家、哈佛大学教授理查德·科伯（Richard Cooper）多次直言不讳地说：外国投资美国国债越多，就越难以自拔，美元债市流动性就越高，各国外汇储备投资就越是别无选择。美国国债市场已经成为吞噬各国外汇储备的“巨大黑洞”。

许多国人担心庞大外汇储备投资美国国债非常不安全，提出许多多元化和降低风险之策略（譬如主张大量购买黄金）。然而平心而论，当今之世，我国庞大外汇储备能够分散多元投资到哪里去呢？无论如何，美国国债都是逃避不了的主要投资选择，此乃我们面临的最尴尬困境。

从全球货币体系和金融体系角度来观察美国国债、赤字和经常账户逆差，我们立刻就有一个最基本的问题：美国真的担心经常账户逆差吗？或者，美国真的有经常账户逆差吗？面向未来，美国真的会大幅度降低乃至全面消灭国债吗？答案是否定的。

全球战略：“美元＋美军”之相辅相成和相得益彰

我们需要从全球大战略角度来深刻思考和分析美国的国债战略、美元的特殊地位和美国的军事霸权，它们相辅相成，缺一不可。限于篇幅，本文只想指出几个最基本的结论。

第一个结论：作为一个国家，美国是全球最大的对冲基金、最大的风险投资公司和最大的私募基金，而且它不需要任何资本金。它具有近乎无限的融资或创造信用的能力。美元长期贬值符合美国根本利益。

第二个结论：维持庞大的国债市场和美元的长期贬值符合美国根本利益。美国根本不会或没有任何意愿发起或参与国际货币体系改革。

第三个结论：美国最担心的不是美元贬值、财政赤字、巨额货币扩张、经常账户赤字、巨额外债，而是“华尔街金融模式”或“美国政治经济模式”失去吸引力或号召力。

第四个结论：维护美元霸权或美元的特殊地位，并因此确保美国完全掌控对国际金融规则的话语权和制定权（包括对世界银行和国际货币基金组织的绝对控制权），是美国国际货币和金融战略之核心。美元霸权地位通过五大手段为美国带来超级特权和超级利益。五大手段分别是：大量发行美元钞票、制造全球通货膨胀、无限创造美元信用、随意操纵各国汇率、完全掌控国际货币体系话语权和规则制定权。

美元霸权地位及其五大手段究竟给美国创造了多大利益。根据美国著名研究机构——美国国民经济研究局（NBER）一项长期研究的结果，美元霸权地位给美国带来的利益是一个超乎想象的天文数字。譬如以2001～2006年为例，当时正是美元相对世界主要货币大幅贬值时期（亦是美国压迫人民币升值最激烈之时期），该时期美国累计对外借债3.209万亿美元，然而净负债竟然还减少了1990亿美元，等于美国净赚3.408万亿美元，其中仅汇率贬值一项就让美国赚8920亿美元，资产—负债收益差距让美国赚1.694万亿美元，其他手段赚1.469万亿美元。

3.408万亿美元是什么概念？它大约相当美国6年的国防军事开支总和。也就是说，美元霸权创造的超级利益，意味着世界各国为美国庞大的军事开支"埋单"！

第五个结论：货币金融战略和能源战略是美国对外经济战略最重要的两极，亦是美国遏制中国崛起的战略两极。希拉里在担任国务卿前夕，就在公开讲话了明确宣布了这个基本策略。

中国对策：金融革命和人民币国际化

2011年，在围绕美国国债上限的热烈争论之中，站在中国国家利益角度和中美货币、金融以及整体关系角度，有四个重要问题最值得我们去寻找答案：①一旦中美之间出现严重战略利益冲突，譬如出现台海危机、南海危机和北韩危机，美国之行动严重损害中国利益，那时，中国可以大量抛售国债来制约或制裁美国吗？②目前中国领导人多次表示对美联储量化宽松货币政策和美国大举增发国债的不满，那么，中国可以通过抛售美国国债约束美国的货币政策和财政政策吗？③中国多次要求美国向中国开发高科技出口和直接投资市场，如果美国继续拒开放，中国可以通过威胁减持美国国债迫使美国对中国开放高科技和直接投资市场吗？④人民币国际化可以为未来世界创造出另一个美元的替代品吗？

对于上述四个重要问题，我的答案都是肯定的。面对美国的量化宽松货币政策和美国持续扩大债务，要有效保护我们美元资产的安全，要将庞大外汇储备转化为有力有利的金融货币外交工具，我们固然缺乏许多必要的金融技术手段，然而，我们最缺乏的，却是对历史经验的深刻洞察、对政治谋略的高瞻远瞩和果断采取行动的勇气和魄力。

最后，让我再次引用布罗代尔对当年英国公债的精彩论述来结束本文："外国旁观者对英国债台高筑大感惊诧，认为简直不可思议。他们附和英国人的批评，一有机会就嘲讽他们无法理解的英国国债运行机制，而且往往认为那是英国国力极其虚弱的信号，认定英国国债这个贪图方便、盲目胆大的政策必将把国家引向灾难……然而，历史一次又一次证明，这些貌似通情达理和思想深邃的观察家们全都错了，公债正是英国赢得全球胜利的重要原因。"

美元霸权史（上）

引　子

2003年12月13日，美国驻伊拉克特种部队历经千辛万苦，终于抓住了布什总统最大的仇敌萨达姆。当全世界人民怀着各种情绪，观看美军士兵逮住狼狈不堪的萨达姆时，可能很少有人注意到一个意味深长的细节：千躲万藏的伊拉克总统萨达姆随身携带的，不是别的任何财物，而是75万美元钞票，全部是崭新的100美元现钞。

只有了解当今人类金融货币体系的人士，才能深刻认识这75万美元的深刻象征含义和难以言表的巨大讽刺。萨达姆是极少数敢于与美国叫板的国家领袖，曾经叱咤风云，不可一世。当他国破家亡、被迫逃难之时，却又不得不携带美元！为什么不携带伊拉克本国货币？为什么不携带欧元、日元、英镑或人民币？普天之下都知道问题的简单答案，那就是：当今世界，只有美元走到天涯海角都有人接受，都有人心甘情愿储存美元。美元可以兑换任何其他货币或购买几乎所有物品和服务（顺便说一句：全世界天文数字般的毒品和走私买卖，几乎全部都是美元交易）。一句话，美元是当今世界唯一的硬通货，它到世界每个角落，畅通无阻。

这就是美元本位制，一个极其简单却最不平凡的事实，它对我们每个人生活之影响是如此巨大和深入，以至于我们几乎不去思考它的多重含义。然而，假若我们不从理论逻辑和国际政治经济金融乃至军事外交角度，深入剖析美元本位制对中国经济整体的巨大影响，我们的战略和决策就要犯历史性的重大错误。

是的，我们的时代是美元本位制时代，是美元霸权时代，是美元决定世界经济、金融、货币制度运行规则的时代，是美国凭借美元本位制支配世界的时代。寻求美元本位制度下的生存空间和生存技巧，实乃各国经济金融外交的头等大事，稍有不慎，本国经济之“制高点”和真正命脉就将落入他人之手。

无需多说，美元本位制不是天上掉下来的，不是上帝赐给美国人的特殊恩惠，不是美国人要阴谋诡计的结果，不是犹太人善于金融理财的报偿。它是美国立国以来国力迅速上升的必然结果，是美国政治经济教育制度优越性的基本表征，是美国科技军事政治经济外交实力的具体体现，是数代美国人忘我奋斗的长期积累。我们没有理由去指责和忌妒美元本位制。然而，任何霸权制度一旦形成，它对世界其他国家之生存空间，必定产生难以估量的巨大影响，拥有货币本位制和金融霸权的国家，必定会利用其金融霸权掠夺全球资源，必定会尽最大力量、利用金融霸权为本国利益服务，必定会竭尽全力掌控其他国家的货币金融命脉。

我们的任务，是要深刻认识美元本位制，深刻认识美元本位制对中国经济金融货币制度的冲击，深刻认识美国当权者如何操控美元本位制来牟取巨大利益，并以此为基础，全面研究应对美元本位制的总体战略和具体手段，探索美元本位制下的生存技巧。唯有如此，我们才能在美元本位制笼罩下的世界里，谋求最大的生存空间，谋求中国的最大利益。

1980 年之前，中国经济基本与世隔绝，国际贸易占世界贸易之份额微不足道，国际金融问题和金融外交自然提不到议事日程。斗转星移，天翻地覆，今天中国经济规模跃居世界第四、逼近世界第三，贸易跃居世界第二，进出口总额超过1.6 万亿美元，吸引外资规模多年位居世界前列，人民币已经成为重要的区域性国际货币。此乃美国将中国列为金融经济外交重要（或主要）对手的基本原因。美国政府每年两次发表《国际经济和汇率政策报告》，大量篇幅针对中国；中美经济战略高官对话将金融开放、人民币汇率列为首要课题，即是美国针对中国强力展开金融外交攻势的最显著例证。

然而，个人之见，中国许多重要负责官员和经济学者，并没有深刻认识美元本位制对我国经济金融的重大影响，并没有从战略全局的高度来重视金融外交策略，并没有意识到美国操控金融手段可以迅速打垮中国经济的极端危险性，并没有提出一整套金融对内改革对外开放的长远规划。中国之学术界和决策界对于美元本位制和美国的金融霸权，似乎根本就没有引起足够的重视。

我已经多次指出：2005 年 7 月 21 日屈从美国压力、贸然允许人民币升值和浮动之“所谓汇率机制改革”，就是无知和短视的具体体现，实乃中国经济决策者所犯的重大历史性错误，其恶劣后果很快显现，并将从多个角度影响我们每个人的命运。

超级大国必然拥有金融霸权

外交奇才基辛格之名著《大外交》开篇就写到：“几乎就像是存在某种自然规律一样，每个世纪都会有一个大国崛起，它有力量、有意志、有智识和道德上的激励，依据它自己的价值体系，来重塑整个国际体系。”17 世纪是法国，18～19 世纪是英国，20 世纪当然就是美国了。

我们要问：大国支配的国际体系究竟是什么内容？坚船利炮、核子武器、强大军事威慑力量自不待言。然而，国际体系的深远意义远不止此。军事力量尽管重要，却不能随便使用、为所欲为。国际体系最关键的环节是对整个世界经济资源的支配或掠夺，是对全球经济金融运转规则的主导，是对其他国家经济金融体系的全面掌控，是对全球产业分工体系的完全支配。结果一清二楚：大国将永远居于世界经济价值链的最高端，它的企业（或它的公民所控制的企业）将永远赢得最丰厚的利润，享受最高级的生活条件。其他国家从很大程度上，将永远居于贫穷的“打工者”的地位，只能赚到可怜的人工费，维持最基本的生活。

大国如何实现如此伟大艰巨的目标？除了军事威慑的基本前提外，主要就是两条。其一，控制人类金融货币体系之运行；其二，掌控全球战略资源，尤其是石油、天然气等核心战略能源。美国多次宣称：今日遏制中国崛起之主要战场，就是全球石油资源和金融体系。所言极是！

英镑本位时代：坚船利炮支持的金融霸权

纵观历史，各国为争夺金融主导或霸权地位，刀光剑影，十面埋伏，手段可谓无所不用其极。19 世纪，当以巴林银行为首的金融财团准备向埃及和非洲其他国家大量发放贷款，借此全面掌控各国经济（包括基础设施、关税、国库、国内税收体系、矿产资源等等）之时，英国首相格雷斯顿向他们保证：“放开手脚行动吧，你们背后是战无不胜的大英帝国”。1910 年代，以花旗银行（当时的英文名称实际叫第一国民银行）和摩根财团为代表的国际银团，准备向当时的中国北洋政府发放巨额贷款（即著名的“六国银团贷款”和“四国银团贷款”），借以全面控制中国经济命脉之时，花旗和摩根的头头所做的第一件事，就是到华盛顿去拜谒美国总统和财政部长，听取他们的建议或指令。1867 年，志得意满的法国皇帝拿破仑三世在巴黎召集国际货币会议，目的是依照法国的意愿和规则（其中主要是金银双金属之比率）来确立国际金本位制。那时法国是欧洲大国，亦是世界大国，它希望取代英国成为世界金融体系规则的制订者。英美自然反对，拿破仑的理想未能实现。10 年之后，正在迅速崛起的美国，凭借其巨大的白银产量，于 1878 年重新召集国际货币会议，希望根据它的愿望确立金银双金属比率，重建复本位制。法国和其他欧洲大国眼见得美国将是未来货币体系最大受益者，自然举双手反对。各国金银双金属比率还是各搞一套，尽管 19 世纪晚期，主要大国先后迈向了某种形式的金本位制。

虽然法国、美国、德国、俄罗斯和后来的日本，先后试图占据国际货币体系的发言权，然而，整个 19 世纪，全球金融体系的主导权，实际上主要操控在大英帝国手上（其代言人是英格兰银行）。英镑是 19 世纪世界主要的储备货币，是国际贸易金融结算的主要货币，是国际资产交易、对外投资、证券买卖的计价单位，是随时可以与黄金兑换的硬通货（尽管几次战争时期，英国暂时中止了英镑与黄金的自由兑换）。与此相伴随，英国公司主宰了国际金融业（银行、保险公司、投资银行、外汇交易商）。无论从哪个角度衡量，19 世纪是英镑世纪，是某种程度的英镑本位制（19 世纪是金本位制的黄金时代，然而英镑可与黄金自由兑换，大英帝国是国际金融体系规则的主导者，我们自然可以说：19 世纪是英镑本位制时代）。

英镑本位制的终结：世界势力重新划分

然而，就像《罗马帝国兴衰史》的伟大作者吉本面对罗马废墟所感叹的那样："好景总是不久长"！第一次世界大战的烽火彻底摧毁了大英帝国的世界霸权，终结了英镑本位时代。第一次世界大战最深刻的原因，乃是新崛起的美国、德国、日本要重新划分世界势力范围，它们不再容忍只有英国、法国和俄罗斯称雄世界。几乎与第一次世界大战同时，另一个影响深远的事件发生：那就是美国联邦储备银行开门营业（1914 年）。美联储开张第一天，实际上就是世界最强大的中央银行，只不过它那时还没有充分意识和运用这一点。原因很简单，当时美国经济之规模，已经超过英、德、法（分列后三位）三国之总和。

英国岂能善罢甘休！为了挽救英镑本位制，为了挽救伦敦第一国际金融中心之地位，英国可以说使出了浑身解数，首要代表人物就是大名鼎鼎的邱吉尔（时任英国财政大臣）和蒙特古（英格兰银行行长）。英国是幸运的，因为它在美国精英阶层有许多同情者乃至崇拜者，他们心甘情愿帮助英国挽救英镑。其中最显要的就是财雄势大的摩根财团。当然，还有美国政府。

第一次世界大战摧毁了金本位制，自然就摧毁了英镑本位制。为了挽救英镑，恢复英镑的国际地位，挽救伦敦国际金融中心，首要任务就是要恢复英镑与黄金的兑换，即恢复金本位制。

"1925 年 4 月 28 日，财政大臣邱吉尔在议会上郑重宣布，英国依照战前汇率平价 1 英镑 = 4.86 美元恢复金本位制。为了支持英国返回金本位制，纽约联邦储备银行向英格兰银行提供 2 亿美元贷款，摩根财团向英国财政部提供 1 亿美元贷款，目的是帮助英国政府对付可能发生的对英镑的投机性冲击。当时英镑兑美元的市场均衡汇率大约是 1 英镑 = 4.40 美元左右（依照两国价格水平计算，即按照某种购买力平价估算），依照

1 英镑 =4. 86 美元的战前平价恢复金本位制，意味着英镑汇率至少高估 10%。英、美货币当局为了防止英镑贬值预期导致对英镑的巨大投机压力，大幅度提高伦敦和纽约两大资本市场之利差，以防止资本从英国外逃，或努力促进资本流入英国，以此支持英镑的高汇价。”

“采取如此极端的资本市场和货币市场干预政策，实际上是公然与真实经济和市场力量直接唱对台戏，尤其是人为地压低美国资本市场之利率，提高伦敦资本市场之利率，终于造成极其严重的后果。首先，英国的高汇率、高利率极大地损害了英国产业的国际竞争力，导致了英国经济严重衰退和通货紧缩，英伦各地罢工频频，怨声载道。其次，纽约资本市场和货币市场的低利率，大大刺激人们肆意借钱投资或投机，直接催生了华尔街股市的惊天泡沫，埋下了华尔街股市最终崩溃和经济大萧条的种子。”（以上两段引自向松祚《不要玩弄汇率——一位旁观者的抗议》，第 151 页）

大英帝国终于没能守住金本位制。1931 年 9 月 21 日，国内通货收缩和失业压力迫使英国逃离金本位制，英镑随之大幅贬值，从而触发一浪高过一浪的国际货币贬值浪潮。世界开始迎来新的货币本位制——美元本位制。顺便说一句：尽管英镑本位制和金本位制崩溃，英国经济地位从此逐渐下降，但直到今天，伦敦依然是世界重要金融中心之一。相反，战后德国和日本经济迅速崛起，却没有发展出真正世界级的金融中心。日元之命运尤其值得我们深思。早在 1970 年代初期，日本经济规模就已经跃居世界第二位。日本一直梦想将日元变成世界主要通货。然而，今天日元的国际地位却与日本经济规模极不相称，东京之金融地位依然连伦敦都无法抗衡。是什么力量造成如此结果？至今没有完全满意的答案。我曾经做出两个解释：一是美国蓄意打压日元的国际地位，不让它崛起成为世界货币；二是英语之统治力量。金融中心之首要功能是降低交易或信息沟通费用，语言障碍则是所有交易费用里最主要构成部分。伦敦继续维持其国际金融中心地位，主要原因是英语乃是国际通用语言，正如美元是国际通货一样。当年俾斯麦说：“我们时代最重大的事实是两个主要国家讲同一种语言”，大师之见，确是非凡！

美元本位制正式加冕：笼罩世界的巨大权力

一战的炮火和美联储的降生是两大标志性事件，昭示人类美元本位制已经浮出水面。战争的炮火将欧洲大量黄金储备资产送到美国这个“安全的天堂”。面对滚滚而来的巨量黄金，年轻的美联储不知所措。它有时任由黄金储备流入，相应增加国内货币供应量（美元供应量），有时却又拒绝将黄金资产货币化，由此造成美国国内价格水平大幅波动。正是处于对美联储货币管理能力的不信任，经济学家凯恩斯才强烈反对英国恢复金本位制，采取与美元的固定汇率体系。

大量黄金从欧洲“雪崩式”地流入美国，欧洲自然缺少黄金。当欧洲各国逐步恢复金本位制之时，黄金短缺成为制约欧洲经济复苏的主要障碍。假若当时的世界各国（尤其是美国、英国和法国）愿意提高黄金价格；或者美国愿意将黄金借给欧洲各国，金本位制本来可以维持运转。他们为什么没有这样做？历史学者和经济学者仍在争论。然而，无论如何，一战之后的世界金融货币体系之支配者毫无疑问已经从英国转到美国。

美国自然知道自己的利益在哪里。当 1931 年 9 月英镑脱离金本位制并大幅度贬值之后，世界各国竞相逃离金本位制和通货收缩之桎梏，汇率贬值此伏彼起，所谓“以邻为壑竞相贬值之汇率政策”（此乃英国著名美女经济学大师罗宾逊夫人发明的术语）应运而生。1933 年，主要大国齐聚伦敦召开国际货币和经济会议，主题是稳定世界货币和削减关税。关键是美国的态度，当时英镑已经贬值。币值高估且依然维持金本位制的大国就是美国和法国。英国和法国的希望是美元不要贬值，以此为基础稳定国际货币。罗斯福总统不同意，他不愿意美国为此付出通货收缩之代价，伦敦会议破产。罗斯福将美元贬值 15%，将黄金兑美元价格上调。美元贬值让法国法郎处于风口浪尖，随时面临贬值。果然，法国拼命维持金本位制到 1936 年夏天，不得不抛弃金本位制并将法郎大幅度贬值。紧接着，英国、法国、美国签订《三国协定》，主要条款由美国提出，实质是完全抛弃金本位制，允许各国调节汇率，不过变动汇率之前要通告其他国家并获得同意或默许，目的是避免竞相贬值。美国总统罗斯福、财长摩根索和他们的经济顾问已经非常清楚：现在国际货币体系的主角已经不是黄金了，而是美元。美国当然要抛弃金本位制，它甚至对稳定汇率也不那么认真。

然而，美元本位制真正正式加冕、登上王者宝座，还要等到第二次世界大战之后。那就是1944年签署的布雷顿森林协议。协议之字面含义与后来的实际运作有天壤之别。布雷顿森林协议纸面规定主要是三条：①各成员国以黄金为基准确立本国货币汇率；②各成员国有义务维持本国货币与其他所有成员国货币之汇率稳定（波动幅度不能超过1%）；③各成员国可以改变本国货币汇率，但要征得国际货币基金（IMF）组织同意（IMF和世界银行正是布雷顿森林协议创立的两大国际金融组织）。明眼人一看就知道：依照字面含义，布雷顿森林协议压根儿无法操作。基本的困难是各国要履行汇率稳定的义务，就必须储备所有成员国的货币，以备干预外汇市场之用；此外，成员国要改变本国货币汇率，究竟是改变与哪个国家货币的汇率呢？

当然，纸面和逻辑上的困难远远没有国际货币体系之现实重要。布雷顿体系的实际运作必须迁就自1936年以来已经正式生效的美元体系：①美元早就是国际货币体系之关键货币，许多国家货币之汇率实际上都是以美元为基准计算；②那时世界主要货币里，只有美元价值依然与黄金挂钩（35盎司黄金=1美元）；③美联储不打算干预外汇市场，即它不打算履行布雷顿森林协议要求成员国干预外汇市场以稳定汇率之义务。

为了迁就美元体系，国际货币基金组织开张营业之时，就确立了两个补充条款：其一，能够依照固定价格自由买卖黄金的国家，可以免除干预外汇市场之义务；其二，成员国只要将其货币与一个可与黄金自由兑换的货币（当时只有美元）挂钩，就免除了它对每个货币市场都进行干预的义务，就不再需要在本国境内确保本国货币相对其他每个成员国货币的汇率维持在规定的波动幅度内。人们通常将布雷顿森林体系归纳为“美元与黄金挂钩，其他货币与美元挂钩”。没有错！不过我们必须知道，那不是该协议最初的设想，而是国际协议迁就美国意志、迁就美元关键货币体系之结果。

事实上，布雷顿森林协议设计者最初的理想是创立一个世界货币。早在美国刚刚参加第二次世界大战之时，英美两国就开始着手设计战后国际金融货币体系，他们深信只要美国参战，战争胜负就只是时间问题（当邱吉尔第一时间得知日本轰炸珍珠港的消息时，他第一句话就是："我们赢了！"）。自然，只有胜利者才有资格谈论和设计战后世界秩序。美英两国对战后国际金融货币体系高度重视，认为那是确保美国优势、确保全球经济复兴和世界和平的支柱。美国方面直接负责方案设计的是罗斯福政府财长摩根索，具体执行人是哈佛大学高才生（国际经济学著名大师维纳的学生）怀特；英国负责方案设计的是早已名扬世界的经济学大师凯恩斯。非常有趣：两位经济学者最初的构想都是要创立一个世界货币。凯恩斯给未来国际货币所取的名称是 Bancor；怀特的名称是 Unitas。二位学者所构想的国际金融机构（凯恩斯的叫"国际清算银行"；怀特的叫"国际稳定基金和国际银行"），主要就是发行和管理国际货币。

为什么两位学者要设计一个世界货币？理由很多，解释各异。从最基本经济学逻辑上看，二者都是旨在吸取 1920～1930 年代的痛苦教训（黄金储备不足让金本位制造成货币严重紧缩；金本位制崩溃后各国货币竞相贬值；由此触发贸易制裁和报复、国际资金流动枯竭，等等）。一个统一管理的国际货币，能够根据世界经济需求改变发行量，自然有希望避免上述困境。然而，个人之见，凯恩斯致力于创立世界货币，还有另外一层深刻的含义：英镑已经不是世界主要储备货币，他不希望美元凌驾英镑之上为所欲为（尽管英美向来宣称他们有着特殊关系，但谁主导谁，却是从来不含糊的。凯恩斯多次参加英国与美国的金融贸易、战争援助谈判，对所谓的"英美特殊关系"有特殊但并不愉快的体会），创立一个世界通货，自然有助于遏制美元的霸权地位。怀特热衷于创立世界通货，是否也想遏制美元的霸权地位，或者是从理论逻辑上真心相信一个世界货币有助于国际金融货币体系之稳定？有关证据不足。怀特后来被指责为苏联间谍，向苏联提供机密经济情报，是否也是出自他希望遏制美元霸权？笔者未能详尽考证，姑且存疑。

无论如何，学者的一厢情愿很快就被实际政治利益所取代。国际经济、金融、政治、军事权力格局，必定决定国际货币权力格局，此乃颠扑不破之真理，就像太阳系各个行星只能围绕太阳运行一样。1942 年初，罗斯福总统就指令财长摩根索，不再讨论建立国际通货问题，美国应该确立以美元为基础的国际货币体系。是的，“国际货币基金组织之所以要迁就美国，是因为在 1945 年，美国已经成为超级大国。美国的工业产出占了世界的 80%，拥有世界四分之三的黄金储备，赢得了世界大战，还制造了原子弹。那个时候，美国势力独一无二。美元成为世界记账单位、关键货币、合约货币单位、价值储藏手段、交易媒介、干预外汇市场的主导货币、贸易结算货币、延期支付的货币单位以及国际储备货币。”（蒙代尔语）。直接代表美国参与管理战后国际货币事物的罗伯特·所罗门说得更加直接：“1944 年布雷顿森林会议确立的国际货币制度，正是美国主宰地位的完全反映，是美国政治、产业、金融主宰地位的直接结果。”

美元霸权史（中）

对外扩张和美元外交

1945年12月29日，苏联领袖斯大林最终下定决心，退出布雷顿森林协议。斯大林的理由很简单：苏联不能成为美元外交的棋子和美元霸权的附庸；苏联经济亦不需要借助美元货币金融体系之帮助。斯大林之决定被英美解读为“冷战时代”真正的起点。两个月之后的1946年2月22日，美国驻苏大使乔治·坎南（George Kennan）给美国政府发出著名的“长电”（Long Telegram），正式宣称战时盟友苏联业已成为美国的敌人。紧接着就是邱吉尔到杜鲁门家乡发表著名的“铁幕演讲”（Iron Curtain Speech），是为冷战的宣言书。当美国启动援助欧洲的马歇尔计划时，坎南建议美国假装邀请苏联加入该计划，苏联肯定不会参加，它就必然背上分裂欧洲的骂名。

此乃二战尘埃落定伊始，国际金融外交最惊心动魄的一幕。然而，美元外交正式登上国际舞台，却远在近半个世纪之前。那是1909年，美国战胜西班牙、夺得菲律宾和波多黎各，对外扩张小试身手便取得辉煌胜利，立刻成为大举进军世界的巨大鼓舞。塔夫托（Howard Taft）总统和诺克斯国务卿（Philander C. Knox）决定启动“美元外交”。

所谓美元外交，那就是由美国政府牵头，由华盛顿之外交军事力量和华尔街之金融势力组成强大的对外贷款联合军团（Foreign - Loan Syndicates），以发放巨额贷款为武器，达到控制借贷国金融、货币、基础建设、海关收入、国内税收，乃至整个经济、政治、军事和外交之目标。Ron Chernow之名著《The House of Morgan》对此有极其生动的描述：“新的联盟当然是双赢互利的强强联合。华盛顿需要借助华尔街强大的金融力量，诱使或强迫外国政府对美国产品和服务敞开市场的大门，采纳符合美国利益或亲美的政策。反过来，华尔街需要一个强大威慑，迫使外国政府按时偿还贷款，他们自然希望政府之军事势力随时待命。政府之军事威慑，从来都是强迫外国迅速偿还贷款最绝妙的武器。当华尔街投资银行 Kuhn – Loeb 考虑向多米尼加共和国发放贷款时（后者以关税收入做抵押），Kuhn – Loeb 的老板 Jacob Schiff 问他伦敦的合伙人 Ernest Cassel 爵士：假如他们不能按期偿还贷款，谁替我们征收关税？爵士回答：你们的海军陆战队和我们的海军陆战队！”

首选目标：中国

“塔夫托 – 诺克斯斯美元外交”之首选目标正是中国。世纪之初，列强已将世界瓜分完毕，美国是一个后来者。但此时的美国，早已非比寻常，它已经是世界最强大的经济体，它要将自己的经济金融财富转化为世界舞台的发言权，它要压倒欧洲老牌的帝国主义，称霸世界。那时的中国，王朝没落、大厦将倾、民生凋敝、乱象丛生，本来不是华尔街金融巨头的风水宝地。然而，美国的最高利益就是华尔街的最高利益，摩根银行立即牵头，迅速组成美国金融财团（官方名称是 American Group，成员包括 Kuhn – Loeb，The National City Bank，The First National Bank，后二者 1950 年代合并，即是今天大名鼎鼎的花旗银行），毫不犹豫地承担起进军中国的特殊使命。

目标非常明确：其一，美国银团占中国贷款之份额，不能少于欧洲列强之份额，必须平起平坐（欧洲列强早已筹划给中国发放巨额贷款，美国后来居上）；其二，贷款之目的，乃是控制中国的金融货币体系和基础设施。第一笔银团贷款就是著名的湖广铁路贷款，高达 2500 万美元。第二笔银团贷款就是“货币改革贷款”，数额是 5000 万美元！条件之一就是贷款国委派总监，全面监督中国的财政金融（列强最后妥协的结果，是委派一名荷兰人任此要职）。摩根财团代表签约后兴奋异常：“我们正在创造历史，创造伟大历史，我们为一个帝国制定规则！我们如此规定贷款条件，是因为我们要完全依照我们的意愿，来实施中国的货币改革。想想吧：我们就要为一个4亿人口的大国确定崭新的金融体系，我们挥舞权杖，决定命运，这是多么伟大的事业！多么伟大的协议！”其三，他们要充当间谍，负责为美国政府收集重要情报。当时摩根财团的中国代表，同时也是“美国国务院在长城以北的唯一代表”。

即使在辛亥革命之后极度混乱的年代，华盛顿政府和华尔街银团依然没有放弃对中国的美元外交。1920年，摩根财团掌门人拉蒙特（Tom Lamont）对中国做了一次“帝王巡游式”的访问，以探询再次启动中国银团贷款之时机是否成熟。拉蒙特会见了孙中山，他向孙中山转达威尔逊总统的问题：中国南北两方是否能够统一并恢复和平？孙中山回答：“怎么不能？拉蒙特先生，只要你给我2500万美元贷款，我立刻武装两个军团，不用多久就扫平中国，统一华夏。”然而拉蒙特对孙中山印象极差，贷款之事烟消云散。拉蒙特随即转向日本，与日本中央银行、各大财团和日本皇室建立了密切合作。

1919年凡尔赛合约的谈判和签署、1920年代德国赔款的协调和融资、国际清算银行的成立、国际金本位制的恢复和管理，乃是美元外交里程碑式的伟大成就。二战期间，尽管罗斯福政府对华尔街的金融寡头不那么信任，美元外交却以新的战略和策略，取得长足进展。最著名的就是旨在援助英国的“租借法案”（Lend - Lease Program），它是摩根为首的华尔街和罗斯福为首的华盛顿共同努力之结果。

布雷顿森林体系和马歇尔计划

二战临近结束的布雷顿森林会议（1944年6月），标志着美元外交进入到全新的时代。如果说此前的国际金融货币体系，欧洲列强（尤其是英国）尚有一定的发言权，那么，布雷顿森林会议之后的国际金融货币体系，将完全操纵于华盛顿和华尔街之手，人类迎来了真正的美元霸权时代。布雷顿森林体系的主要缔造者、英国财政部的首席谈判代表凯恩斯，要求伦敦作为国际货币基金组织和世界银行的总部所在地，被美国断然拒绝。美国政府直截了当，将两大机构总部置于华盛顿、紧挨白宫和财政部，绝对不是随意而为。它向世界表明：IMF 和世界银行必须秉承美国意图行事（作为一点儿小小的妥协，美国同意欧洲人担任 IMF 总裁）。事实上，今天的两大国际金融机构，本质上不过是美国财政部的分支机构。

罗伯特·所罗门（Robert Solomon）说："1944 年布雷顿森林会议确立的国际货币制度，正是美国主宰地位的全面反映，是美国政治、产业、金融主宰地位的直接结果。"罗宾逊夫人（Joan Robinson）说：布雷顿森林制度不过是"美元交响曲的新乐章"。美元本位制正式加冕。

1947 年开始启动的马歇尔计划，是美元外交的划时代创举。总额高达 130 亿美元的巨款，将欧洲从战争废墟里拯救出来，成为美国忠实的盟友。此外还有对日本和韩国的大量援助。当然，输出的不仅仅是美元，它涵盖了美国的金融服务、企业管理、私人投资、科学技术、价值观念和文化产品。1945 年之后的十年，是"美元短缺"时代，美元比黄金还要抢手，因为欧洲、日本复兴所需要的关键物质和技术，都必须从美国进口，美国当然要求他们用美元结算。美元成为世界记账单位、关键货币、合约单位、价值储藏手段、交易媒介、干预外汇市场的主导货币、贸易结算货币、延期支付的货币单位以及国际储备货币。

1945～1971 年，尽管美国可以随心所欲地操控国际货币体系，但多少还要受一点儿约束，因为那时各国政府有权利将美元钞票拿到美国财政部、直接要求兑换成黄金。美元与黄金的兑换，是欧洲制约美国无限制货币扩张的唯一武器（而且是不那么有效的武器）。然而，就像历代帝王君主和各国政府一样，滥发通货以榨取更多的"铸币税"，实在是难以抗拒的诱惑。掌控世界通货的美国也不例外。1950 年代，美国国际收支开始出现赤字且逐年放大。欧洲、日本经济迅速崛起，固然是美国贸易收支出现赤字的重要原因，但是，美国国际收支赤字的根本原因却是美国对外扩张的庞大军事开支和相关支出。正如《美元的命运》作者马丁·迈耶所说："美国国际收支问题的原因并不是因为美国经济在世界上没有竞争力，而是因为美国不仅要维护自身的政治、经济利益，还要维护自由世界的政治、经济利益。"

1962 年，肯尼迪宣称："美国可以在一夜之间使国际收支恢复平衡。我们可以撤回我们的军队、减少对外援助、规定对外援助款项只能用于在美国购买商品，并且限制美国对外投资或对外投资者使用美元的方法。美元的基本实力让这些措施既不明智亦不必要。”

超级大国的军备竞赛、全球驻军、越南战争、国内社会发展的庞大规划，让美国国际收支赤字越来越大。随着世界各国（主要是欧洲）将大量美元钞票兑换黄金，美国的黄金储备急剧下降。美国不愿意紧缩货币发行，尽管美国的通胀已经非常严重，欧洲则指责美国滥用“美元特权”，向欧洲输出通货膨胀。欧洲与美国之间的货币战争愈演愈烈，气氛相当紧张。戴高乐痛斥“美国用美元来攫取其他民族的土地和工厂”，康纳利（尼克松政府的财长）则反唇相讥：“美元是我们的货币，你们的麻烦！”

尼克松的美元外交：“将美元推销出去之后，再让它贬值”

美国终于决定彻底摆脱黄金对美元的约束，实施最彻底的美元本位制。

1971 年 8 月 15 日，尼克松宣布他“最全面的新经济政策”，涵盖国内外。针对国际金融、货币和对外经济关系，尼克松首先引述多次发生的货币危机，指责“投机者业已发动针对美元的全面战争”，然后宣告：他已经命令美国财政部长：“暂时终止美元与黄金或其他储备资产之兑换，除非要求兑换的数量和条件符合货币稳定和美国的最高利益……此项行动不会为美国赢得国际货币交易界的任何朋友。然而，我们最关切的却是美国工人，是世界范围内的公平竞争。”

尼克松深知：终止黄金兑换，是美国单方面粗暴践踏国际协议，拒绝履行其国际义务承诺，所以他保证美国将“继续是一个着眼未来、可以信赖的朋友”，美国政府将与国际货币基金组织权力合作，“实施必要的改革，以建立新的国际货币体系，此乃世界之迫切需要。”他紧接着宣布美国将对所有美国进口征收 10% 的附加税，旨在“确保美国产品不会因为不公正的汇率而处于劣势。当不公正之汇率消除后，附加税亦将取消。”尼克松强调：“确立公正汇率的时刻已经来临，以确保主要大国之公平竞争。美国参与国际竞争，一只手却被牢牢束缚住，这种状况再也不能继续下去了。”

尼克松美元外交战略，与人类历史上所有强权国家之“货币掠夺策略”并无二致：即通过货币贬值向使用此种货币的人们征税（铸币税），货币贬值必然造成通货膨胀，通胀之负担由全体人民共同承担，所以又被称为“通货膨胀税”。有史以来，掌控货币垄断发行权的国王或皇帝，将货币金属含量降低，使货币之真实价值（金属货币本位时代，货币之真实价值就是货币金属含量的市场价值）远低于货币的“法定交易价值”，是世人皆知的惯用伎俩。

布雷顿森林体系之支柱，乃是美国承诺依照固定价格（35 美元兑换 1 盎司黄金）、允许各国将美元钞票兑换为黄金，此亦是布雷顿森林体系对美元钞票发行（或全球流动性）的基本制约，类似历代帝王承诺流通货币具有某个固定的金属含量。尼克松悍然撕毁布雷顿森林协议，等同于将美元钞票之内在黄金价值连根拔起，之前美国大搞财政赤字所发行的巨额美钞无法兑换为黄金，之后美元钞票的发行就几乎没有任何限制（唯一的限制就是美联储的克制或其货币政策哲学）。难怪当时的有识之士如此尖锐地评价尼克松的美元外交策略：“美国将美元推销出去之后，再让它贬值！”。戴高乐的猛烈抨击更是令人恰如醍醐灌顶：“美国滥用国际货币发行的特权，以掠夺其他民族的土地和工厂！”

1971 年之后，人类经历了有史以来最严重的通货膨胀，原因就是美元之发行完全失去最基本的控制（货币失去最基本的“锚”）。美元像滔滔洪水一样泛滥世界，乃是全球流动性过剩的基本源泉。尽管美国自身亦经历了通胀的严重困扰，然而，由于美元的世界通货地位，世界其他各国不仅必定要承受美元泛滥之后果，而且所受到的伤害往往比美国自身要深重得多。可惜的是，绝大多数经济学者竟然要好久之后，才明白美元泛滥对人类经济金融体系的深远影响。

美国为什么要推销浮动汇率：“浮动汇率能更好地为美国服务”

迄今为止的经济学教科书，对 1971 年 8 月 15 日的“尼克松冲击”，皆未能给出清晰而深刻的阐释。好些论者以为：尼克松冲击不过是国际货币体系的小小插曲；美国并非有意为之，而是应付当时国内危机的仓猝之举；布雷顿森林体系之垮台，非美国一家之过，其他国家亦有责任。如此等等，皆是肤浅错误之辞。

仔细研究尼克松冲击前后的历史记录，我们完全明白：尼克松冲击乃是美国政府深思熟虑之举。早在1960年代初期，美国政府高官就已经明白：取消美元的黄金约束，实施浮动汇率，才是对美国最有利的货币体系。1975年，亨利·罗斯（Henry Reuss）终于一语道破天机："浮动汇率能更好地为美国服务"。罗斯长期担任美国国会联合经济委员会下属之"国际汇率和支付委员会"主席，是1960～1970年代美元外交策略的主要设计师之一。正是罗斯委员会尤其是罗斯本人的巨大压力，迫使国际社会同意签署"国际货币基金组织章程第八条款第二修正案"，正式宣布和鼓励各国应该采取浮动汇率制度。早在1974年。罗斯就多次致函负责讨论国际货币体系改革的"二十国委员会"，强烈反对该委员会最初倡议的、重建固定汇率体系之方案："各国应该采取浮动汇率，那才是正常的汇率制度。"

美国为什么要极力主张浮动汇率制度？为什么世界银行、IMF等主要国际金融机构自此之后，就开始不遗余力地向全世界推销浮动汇率政策？从拉美金融危机到亚洲金融危机，IMF和世界银行提供援助的基本前提条件，就是要各国放弃固定汇率制度，采取浮动汇率。浮动汇率政策甚至是"华盛顿共识"的基本构成部分。个中原因，笔者《不要玩弄汇率》一书有精辟分析，请允许下面再次引用。

决定转向浮动汇率，美国一举多得。

其一，铸币税急剧增长。今日全球接近5万亿美元的储备资产，美元资产占80%以上。美国由此获得巨额铸币税（事实上的铸币税收入比这个数字还要高得多）。

其二，美元储备资产以天文数字剧增，极大地拓展了美国资本市场的规模、广度和深度。今日美国资本市场绝对主导全球。相应地，美国投资银行基本完全垄断了全球的投资银行业务。投资银行、商业银行、共同基金、对冲基金、风险基金等等数之不尽的金融工具和中介机构，构成了最强大的金融势力，很大程度上垄断了全球的金融业，占据了全球资源配置的最高端。这是今日美国霸权最强有力的组成部分。19世纪的英国、法国之金融势力，与今日美国相比，实在是小巫见大巫，不可同日而语。

其三，美联储之货币政策，对世界各国之货币政策具有更加强大的影响力。传统经济学之见解以为：固定汇率束缚了各国央行的手脚，取消了各国货币政策之独立性。只有采取浮动汇率，各国才能重新拥有货币政策独立性。此论点大错特错。浮动汇率体系加上巨量投机资本，汇率成为各国货币政策之主导变量，而各国汇率之波动，相当程度上操纵于美国联储和财政部之手（当然还有国际货币基金）。美国总统和高官的一席话，就可以改变各国汇率之预期和走势。所谓浮动汇率下之独立货币政策，不过是水中月、镜中花。遗憾的是，直到今天，大多数学者对于浮动汇率体系下，汇率转变成货币政策之决定变量，依然不甚了了，依然在传统谬论中过日子，岂不悲哉！

可不是吗？好些中国的学者和官员相信：让人民币大幅度升值乃至完全浮动有助于提高中国货币政策的独立性；他们相信浮动汇率自动趋向稳定的“弗里德曼谬论”；相信美国压迫人民币升值和浮动，并非没有善意！的确，从公开言论看，美国财政部要求人民币升值和浮动的一个基本理由就是：扩大人民币汇率灵活性将提高人民银行货币政策之独立性，美国政府仿佛是完全站在中国立场上讲话。

天真幼稚，莫过于斯！马丁·迈耶《美元的命运》曾经详细描述美国摧毁布雷顿森林体系、迫使各国采取浮动汇率体系之后，世界各国所经历的痛苦历程。他的基本结论就是：“浮动汇率制度下，各国政府远不能成为自己房子的主人，他们失去了用货币政策达到国内目标的力量。”1976年，当美国人庆祝浮动汇率产生的自由化效果时，意大利央行行长Rinaldo Ossola就尖锐而清晰地指出：一旦汇率出现持续的贬值或升值（当年的意大利是持续贬值，今天的中国是持续升值），本国货币政策将完全失去控制本国经济之能力。他说：“理论上，人们似乎都知道浮动汇率允许货币政策独立于外部限制。但是，现实世界里，通胀性偏差始终存在。汇率之持续贬值，让外部均衡永远无法实现。持续性的里拉贬值只会加重意大利的通货膨胀，恶化贸易条件，妨碍经济稳定。”一次国际会议上，同样代表欧洲观点的荷兰中央银行行长和巴塞尔国际清算银行行长 Jelle Zijlstra 嘲讽地宣称："这是1970年代最奇怪的事情。上帝的荣光降临我们：浮动汇率被发现是大真理！然而，市场先生们最清楚真相。"

当然，以蒙代尔、麦金龙为首的许多世界一流经济学者，始终不遗余力地论证和批评浮动汇率之害。近40年的历史雄辩地证明：他们是正确的。欧元的诞生，就是欧洲各国摆脱浮动汇率之害的划时代创举。

美元霸权史（下）

石油和美元：美国支配世界的两大武器

1970 年代的两件大事，深刻地改变了国际货币金融体系，至今直接影响着各国经济之运行。其一是浮动汇率成为美国金融外交政策的基本理念，美元发行不再有任何外部制约；其二是美国偏袒以色列的中东外交政策，触发石油危机，石油美元（Petrodollar）泛滥世界，直接导致拉美债务危机。权衡两大事件的重要性，浮动汇率居于绝对的主导地位。1970 年代全球性的通货膨胀和自此之后的全球性流动性过剩，是困扰人类经济的基本难题，其根源就是浮动汇率和美元供应的外部约束完全消失。正如蒙代尔所说："如果国际货币体系的弹性没有急剧增加，通货膨胀不会发生。欧洲美元市场的爆炸性扩张是国际货币体系高度弹性最显著的证据。"

众所周知，美国对全球石油的支配地位，是其全球霸权的关键力量。美国控制世界主要的石油供应，是决定第二次世界大战胜负的核心要素。早在 20 世纪初，美国就开始进军中东石油（那时控制中东石油的主要势力是英国）。二战打响，中东石油的战略意义显著提升。华盛顿立刻派遣特别外交代表团，以评估沙特和波斯湾其他国家之石油潜力。华盛顿掌控中东石油的基本战略与美元外交策略并无二致：以私人石油公司为先头部队，以外交压力为主要手段，以军事力量做最后威慑。

美国为了攫取或牢牢掌控中东石油，就必须全力渗透和干涉中东各国的政治、军事和外交。中情局颠覆伊朗摩萨德政权，扶持巴列维王朝，借此控制伊朗全国经济、政治、军事、外交乃至文化，不过是众多案例里最显著一例。美国一方面要全力掌控中东石油、控制中东政治局势，一方面又要极力偏袒以色列，终于导致阿拉伯世界忍无可忍，决定挥舞“石油武器”对抗美国。

然而，中东各国和整个世界都没有预料到的是：尽管短期内，美国似乎亦遭受了“石油危机”的些许伤害，总体和长期而言，美国反而是石油危机最大的赢家！这个看起来令人费解的“石油危机悖论”，谜底就是美元本位制。

其一，尽管美国是世界主要的石油进口国，但石油的购买却是以美元支付。易言之，美国只需要多印钞票或简单记账就能够进口大量石油，其他国家却完全没有此种独特的“中心货币特权”。美国以此获得大量石油储备。美国自身是世界最大的石油储藏国和生产国之一，却不遗余力地控制、攫取世界其他地区之石油资源，因为它深知石油是人类最重要的战略资源，因为它（唯有它）可以简单地通过增发美元钞票来攫取石油。

其二，原则上，石油美元可以到美国大肆购买产品和其他资源，抬高美国物价水平，让美国人民和美国整体经济为石油危机或石油价格高涨、支付真正的实质代价，从而削减美国的石油进口和石油储备。然而，事实却不是如此简单。石油价格上升、美国石油进口反而急剧上涨，因为石油美元“洪水泛滥”之后果主要不是美国承担。不无讽刺的是：欧佩克好些国家担心美国制裁，将石油美元存入欧洲美元市场，造成欧洲货币市场流动性泛滥，随后又经过美国和欧洲的银行（主要是美国银行）流入拉美和世界其他地区，触发全球流动性泛滥。第一次石油危机之后两年时间（1972 年底到 1974 年底），欧洲美元市场就增长了 79%，从 2847 亿美元扩张到 5095 亿美元。第二次石油危机之后，一年内（1979 年），欧洲美元市场就扩张了 30%，从 15375 亿美元增长到 18567 亿美元。

其三，石油美元一直是美国经常账户逆差的主要组成部分，2005 年，美国石油进口高达 2500 亿美元。然而，美国对石油输出国的贸易逆差，并没有给美国造成任何困难。相反，大量石油美元反过来流入美国（经由欧洲美元市场和美国银行），成为美国财政赤字和贸易赤字融资的主要源泉之一。

其四，石油价格暴涨，美国石油巨头亦是主要受益者。第一次石油危机之后两年内，美国石油巨头的利润增长了 200%，从 60 多亿美元猛增到 170 多亿美元。美国主要石油巨头长期高居《财富》排行榜前列，它们是世界石油市场真正的主宰者和价格操纵者。

其五，美国银行是石油美元和欧洲美元市场的主要受益者。根据《摩根财团》一书的统计，1970 年代，美国 6 家银行（Morgan Guaranty, Bank of America, Citibank, Chase, Manufactures Hanover, and Chemical）就吸纳了 OPEC 国家石油美元存款的 78%！美国银行一直是石油美元流向世界各地的主要渠道。当然，美国银行还是几乎所有中东国家的国家金融顾问和财政货币政策的设计者（沙特中央银行的缔造者就是 Morgan Guaranty，并占 20% 的股份）。

打压日元：日元长期升值综合征之根源

国际货币体系之演变遵从著名的“大国定理”或“帝国定理”（对大国定理的详尽阐释，参见向松祚《美元本位制、全球流动性过剩和中国金融开放的基本战略》）。该定理的一个基本推论是：一旦某个国家成为全球经济的主要竞争者和领导者，不管是有意还是无意，它必定要谋求本国货币成为国际储备货币的主要竞争者，以分享全球储备货币之巨额铸币税。

近两个世纪以来，日本创造了两次人类历史之奇迹，改变了世界历史进程。明治维新天翻地覆般的伟大成功，让长期闭关锁国的日本小岛，竟然一跃成为世界列强之重要成员。甲午一战，日本全胜，中国全败，是为近现代中国衰弱、日本富强之关键分水岭。日本凭借巨大的战争赔款，不仅获得了经济发展最宝贵、最急需的资本，而且正是凭借从中国获得的巨额赔款，日本才能于 1897 年登上了金本位制的豪华列车，开始建立现代金融体系。

日本二战惨败，被美国占领。当时世界对日本能否东山再起、重振雄风普遍怀疑。殊不知，只过了不到 30 年，日本竟然成为世界第二大经济强国。到1980年代，日本在17个产业领域称雄世界，“日本制造”风靡全球。不仅世界其他国家惊叹莫名，连美国似乎亦为之大惊失色。一时间，“日本第一”、“购买美国”、“日本全球冲击”之口号响彻云霄。

整个80年代（到1992年为止），日本看起来的确不可一世。就像美国前财政部长所说：“一个以日本为顶峰的亚洲经济区造成了大多数美国人的恐惧，他们认为日本对美国所构成的威胁甚至超过了苏联。”让我们看一些基本的数据。

其一，日本大举投资海外。1982年，日本的海外资产还只有250亿美元，1986年上升到1800亿美元，1987年为2400亿美元，1992年底，日本海外资产总额为20352亿美元，净资产是5136亿美元，高居世界第一。日本成为世界最大债权国。从1986年到1991年，日本的海外投资达到了创纪录的高峰，5年之内总数估计达到4000亿美元，仅1989年一年，日本资本输出就达到1794亿美元。

其二，日本公司成为国际著名名牌，许多企业成为分支机构遍布全球的跨国公司，超过120家日本公司跻身《财富》500强，亚洲前30名几乎都是日本企业（今天大致还是如此）。汽车巨头如丰田、日产；电器巨子如索尼、松下、东芝、佳能等等，乃是日本企业全面国际化的急先锋。

其三，日本金融机构从名不见经传一跃成为国际金融界的风云霸主。1980年代末，全球十大商业银行，皆是日本银行。根据《经济学家》杂志主编、《日本的全球出击》一书作者比尔·埃莫特的统计：1988年，全部未清偿跨国贷款中，日本银行所占份额高达38%，即使扣除日本银行间的相互贷款，日本银行之跨国贷款比例亦高居前列。1990年，日本银行占美国全部银行资产（贷款）之比例达到13%。日本大举收购兼并美国本地银行或干脆到美国设立总部。1990年，日本银行之贷款占加州全部贷款的1/4。埃莫特说：“这些数字足以说明：日本银行实力强大，强大到足以让许多人在80年代担心日本银行不仅控制美国金融，而且控制世界的金融命脉。”

其四，日本投资银行迅速崛起，其国际扩张速度甚至超过商业银行。众所周知，投资银行历来为华尔街和伦敦所垄断，没有外人插手的余地。

然而，以野村、大和、日兴和山一为代表的日本投行，从80年代中期开始，急速崛起于伦敦和华尔街。它们采取各种超凡手段，大举开拓业务。譬如雇佣英国财政部副部长担任论断办事处主任，聘请美联储开放市场委员会主席为华尔街分支机构掌门人，购买和租用最豪华的办公场所，重金贿赂各国关键高官等等。日本投行不仅敢于和美国投行巨头抢占传统的承销、收购兼并、交易业务，它们甚至打入美国国债原始交易市场，进军抵押债券和垃圾债券市场。短短几年间，日本投行成为国际金融界令人生畏的竞争者。

其五，日本房地产和股市之疯狂上涨，破了人类历史记录。1986年，日经指数只有12000点，到1989年下半年，急升至39000点，涨幅超过300%。东京之房地产总市值，超过全美国房地产总市值！房地产和股市的疯狂上涨，让无数日本人相信他们独一无二，乃至相信日本股市会永远只涨不跌！（所谓日本特色也！今天不是有无数中国人相信中国股市只涨不跌吗？与当年日本人一样，他们也以“中国特色之股市”来为自己的幻想张目！）

其六，凭借庞大的资本输出（各种贷款、援助、对外投资等等），日本开始寻求国际政治、经济、金融、货币领域的发言权。它们向各种国际金融机构增资甚至捐款，条件是要国际金融机构增加日本雇员。它们还到世界各著名大学和研究机构设置奖学金和研究基金，以尽可能最大地扩充日本的影响力。

然而，好景不长。1990年1月，日本股市暴跌，到1994年，日本股市市值之70%烟消云散，房地产连续14年下跌。从1990年算起，日本经济衰退长达17年，亦创了人类历史记录。今天，尽管日本还有许多跨国公司，尽管日本依然是世界第二大经济体，但日本银行几乎从国际舞台上销声匿迹，日元占全球储备货币之比例，连3%还不到！日本金融货币势力的突然爆发和轰然垮台，昙花一现，恍若梦幻！

从经济总量上看，1980年代，日本之经济规模最高曾经达到美国的70%（以GDP计算），甚至更高一些。然而，今天美国的经济规模已经超过了13万亿美元，日本却仅有4.6万亿美元，不到美国的40%。从占美国GDP的70%到不足40%，日本与美国经济实力之相对转换实在是令人震惊的巨大历史之谜!

我们必须要问：这一切到底是怎样发生的？国际金融货币领域究竟发生了什么惊天动地、改变历史的巨大事件？

经过十多年的详尽研究，今天一致的结论就是：美国巧妙利用金融货币手段，一手导演了令人眼花缭乱的日本泡沫经济，资产价格泡沫的破灭让日本银行和企业债台高筑，堆积如山之坏账彻底压垮了日本经济，迫使日本银行和企业收缩战线甚至破产关门。紧接着，以美国为首的国际清算银行（号称“中央银行的中央银行”）通过所谓银行监管的巴塞尔协议，大幅度提高银行的资本充足率，让几乎所有日本银行不再符合国际监管标准，只好退回国内。

易言之，为了遏制日本崛起、摧毁日本称霸全球金融货币领域之滔天野心，美国运营了如下之基本策略。

其一，以贸易争端为借口、以贸易制裁相威胁，始终保持“鞭打日本”（Japan bashing）的高压态势。所谓鞭打日本，就是美国以贸易制裁为武器，迫使日元升值。从1970年代至今（尤其是1980~90年代），美国不遗余力、始终一贯地采取鞭打策略。今天美国打压中国之基本策略，与鞭打日本如出一辙，我们可以称之为“鞭打中国”（China bashing）：以贸易制裁相威胁，迫使人民币升值。

鞭打日本的主要效果，就是“日元升值预期综合征”。日元升值刺激国际热钱疯狂进入日本资产市场炒作，迅速触发资产价格泡沫；日元升值让日本普通百姓和企业无心从事真实消费和投资，沉迷于房地产和股市投机，日本经济成为“投机意味”极其浓厚之经济体系（我称之为“虚拟经济与真实经济之背离”）；最后是资产价格轰然破灭，彻底摧毁正常的融资体系，真实消费和投资萎靡不振，整体经济遂陷入长期衰退。

其二，随时粉碎日元成为国际货币或区域主导货币的任何努力。迫使日元持续升值、让日元汇率动荡不宁，实乃削弱日元国际地位之基本手段。日本向世界各国大量输出资本，自然希望提升日元的国际影响力。美国始终不允许日本占据国际金融机构的主导权。1997年，亚洲金融危机期间，日本提出建立“亚洲货币基金”，由日本牵头负责处理亚洲金融危机，话音未落就被被美国断声喝住。美国坚持所有国际债务处理皆必须由 IMF 出面，实际上就是由美联储和财政部掌控。

其三，指示美国金融巨头操纵各种金融工具以控制日本资本市场。日本股市暴涨期间，美国投资银行向日本市场大举推销各种衍生金融工具，操纵日经指数。1990 年日本股市崩盘的导火索，就是高盛公司发明的“日经指数认沽期权”：美国公司首先大量购买认沽权证，随即全力打压股市以攫取暴利，顷刻造成股市“雪崩”！

其四，指示美国金融巨头操纵外汇市场，始终保持日元之升值预期，迫使日本央行频繁出面干预。一方面让日本银行货币政策完全受制于国际热钱之左右；另一方面让日本央行积累大量外汇储备（反过来投入到美国国债），被迫投放大量国内基础货币，造成日本国内流动性泛滥，长期陷入“低利率流动性陷阱”而无法自拔。

日本有识之士并非没有意识到美国对日本发动的“金融战争”。吉川元忠就曾经撰写《金融战败》，描述日本如何被美国的金融战争彻底击败。他认为就财富损失而言，日本 1990 年金融战败之后果与第二次世界大战惨败之后果相当。西方人自然心知肚明。威廉·恩格如此评价日本的金融惨败：“世界上没有一个国家比美国从前的敌人——日本更加忠实和积极地支持里根时代的财政赤字和巨额花销政策了。甚至连德国都不曾那样对华盛顿的要求无条件地满足过。而在日本人看来，东京忠诚和慷慨地购买美国国债、房地产和其他资产，最终换来的报偿，竟然是世界历史上最具毁灭性的金融灾难！”（以上事实引自宋鸿兵先生的《货币战争》）。

传奇企业家、索尼公司创始人盛田昭夫之畅销书《Made in Japan》曾经痛斥“浮动汇率之害”，大声呼吁“各国政府应该大力合作，共同创立一个新的国际通货管理机构。必须采取行动限制那些不从事生产活动，纯属投机的货币交易行为。”事实上，“广场协议”签署不久，日本国内就出现猛烈批评之声。

曾任东京银行董事长、国际货币事物学会会长、日本中央银行委员会顾问的行天丰雄对此有详尽描述：“广场协议签署不久，我们开始感觉到强烈的不利反应，因为外部失衡并没有好转。相反，国内政治局势出现困难。大约半年之内，人们对广场协议之争论日益激烈，有人认为该协议是个错误，甚至是个失败，因为它引发了日元不可控制的升值。出口产业，特别是中小企业开始抱怨日元的快速升值。”中曾根康弘和竹下登一起致函里根和贝克，请求他们帮助制止日元的进一步升值。但被礼貌地拒绝了，并解释说保护主义势力在国会仍然很强，在外部平衡没有明显改善的情况下，政府不能再次改变其汇率政策。

历史真的常常重演！可悲的是，人们（尤其是健忘的中国人）却最善于忘却历史的教训。请求那些不遗余力鼓吹人民币大幅度升值，鼓吹人民币汇率浮动，鼓吹尽快对外开放资本市场和银行体系的中国学者和官员们：稍微学习一点儿起码的历史知识吧！请那些深信中国股市“将永远涨下去”、中国股市是“中国特色、独一无二”的中国股评家和炒家们：稍微吸取一点儿历史的惨痛教训吧！

主导拉美债务危机和亚洲金融危机：“华盛顿共识”的起源和目的

拉美债务危机和亚洲金融危机之共同根源有二：其一，国际储备货币（美元）之发行完全失去约束；其二，主要大国之间汇率浮动。

然而，美国财政部、IMF和世界银行对危机根源的诊断完全不同：它们认为危机源于“权贵资本主义”（官商勾结、政府对经济过度干预）、金融行业对外开放不够、政府过度开支、固定汇率降低企业和银行之风险意识，等等。

不容否认，许多发展中国家存在上述问题。公正地说，拉美和亚洲众多国家之政治经济制度弊端丛生：官商一体、腐败横行、管制林立，是那些国家的常态；贫富分化、资本外逃是必然结果。然而，尽管所有这些政治经济制度弊端千夫所指，却不是金融危机之祸首。理由很简单：拉美和亚洲之政治经济制度，早已存在数十年乃至数百年（多数是西方列强殖民统治的后遗症），固定汇率时代却不曾频繁爆发金融危机。政治经济制度未上轨道导致民生凋敝是另一回事，不可与金融危机之根源混为一谈。

为什么1970年代之后，拉美和亚洲各国金融动荡、危机四伏？起源就是“石油美元”之泛滥。今天，许多经济学者一致认为：假若布雷顿森林体系依然存在、美元之发行还有外部约束，那么，1973～1974年和1979年的两次“石油冲击”不可能导致石油美元泛滥全球。石油美元经过美国、英国、日本和欧洲银行（主要是美国银行）转手，借给墨西哥、巴西和阿根廷等拉美国家（被戏称为MBA贷款，MBA分别代表Mexico，Brazil，Argentina）。大量低利率的贷款滚滚流入，冲混了拉美国家政府官员和企业家的头脑，他们真以为“天上掉下了馅饼”，随意花钱、挥霍无度，许多项目完全没有基本的可行性论证。以美国为首的发达国家银行家集团，则是另外一把算盘：贷款都由拉美国家政府担保、投资项目皆是能源、基础设施等等国家命脉产业。假若拉美国家最后无法偿还贷款，美国银行就可以顺理成章地接管那些国家所有的支柱产业和金融机构。正如花旗银行前主席瑞斯顿（Walter Wriston）所说：“国家不会破产！”

几乎没有任何悬念，发放给拉美和亚洲各国的贷款，很快出现问题。MBA国家先后宣布无力偿债。紧接着就是汇率崩溃、资本疯狂外逃、政府破产、经济增长一落千丈。此时，全世界的目光就不约而同地投向华盛顿：那是真正的救世主！

主导拉美债务危机和亚洲金融危机之基本策略，与“美元外交”之传统策略完全相同：第一，华盛顿和华尔街密切配合：华盛顿幕后操纵，华尔街前台执行；第二，陷入危机之国家，必须接受美国政府—世界银行—IMF“三位一体”的经济政治改革方案，才有可能获得贷款展期、新增贷款或债务豁免。华尔街银行趁机攫取各国金融机构和支柱企业之控制权，则是当然之举。经典案例则是1980年代初期的拉美债务危机（第一阶段债务危机），危机处理领导小组的联合主席是摩根财团和花旗银行，最终决策者则是美联储主席保罗·沃尔克。主导第二阶段债务危机的领袖则是美国财长贝克（George F. Baker），当然还有华尔街巨头、IMF和世界银行。所谓贝克计划（Baker Plan）的核心就是：以一整套经济改革方案换取新的贷款（the principle of lending new debt in exchange for economic reforms）。

1997年亚洲金融危机爆发，美国财长鲁宾、副财长萨默斯、IMF总裁康德苏几乎不假思索就提出详尽的挽救计划。我们愿意提供贷款，条件如下：第一，降低经济增长速度；第二，压缩政府开支；第三，实施紧缩的货币政策；第四，全力整顿金融体系，包括让资不抵债的金融机构破产清算；金融机构通过兼并和收购实施重组；第五，开放经济金融：核心是允许外国资本全面进入被援助国的金融业，大幅度提高外资拥有受援国银行和企业股份的比例；第六，其他条件，主要是服务市场开放、大幅度降低关税等等。

许诺提供贷款援助、迫使受援国大幅度开放金融市场和服务业，是美国主导亚洲金融危机最显著的特点。以韩国为例。当时美国开出的核心援助条件就是韩国必须开放金融业。外资持有韩国企业股份之比例从原来的24%放宽到50%，并承诺进一步放宽至55%，实质上是允许外资控股韩国金融业和支柱企业。针对泰国、印尼和马来西亚，美国之援助条件同样苛刻。难怪当时国际社会忍不住批评：所谓IMF援助亚洲，不过是美国外交政策和全球战略的工具。

正是主导拉美债务危机和亚洲金融危机之实践，让美国政府总结出新时期“美元外交”或“金融货币外交”的基本哲学思想，那就是著名的“华盛顿共识”（Washington Consensus）：核心就是不遗余力地向中国和其他国家推销浮动汇率，迫使或劝说他国完全解除金融管制，实施金融体系和资本市场的彻底自由化。美国政府和国际货币基金组织竭力贩卖“华盛顿共识”的基本目的，是将世界各国经济金融政策的主导权牢牢把握在自己手里。

历史早就证明：所谓“华盛顿共识”的政策方案不仅没有给发展中国家带来稳定增长，反而酿成巨大灾难。1994年，尤努斯（Muhammad Yunus，2006赢得诺贝尔和平奖）联合数十位发展中国家的经济金融专家，出版《五十年了，该寿终正寝了！——反对IMF和世界银行》，以大量无可辩驳的数据和令人震惊的惨痛事实，证明华盛顿共识给无数发展中国家带来深重灾难。1990年代之后，几乎每次世界银行和IMF的年会、G7峰会，皆遭到大规模示威游行的强烈抵制，充分显示出美元外交的新理念不得人心。

超级特权创造超级利益

戴高乐将军1965年对美元霸权的批评举世知名："美国享受着美元所创造的超级特权（Exorbitant Privileges）和不流眼泪的赤字。它用一钱不值的废纸去掠夺其他民族的资源和工厂"。有历史学者认为此番话乃是戴高乐的继任者吉斯卡尔·德斯坦所说（时任戴高乐的财政部长）。其实早在1961年，法国著名的国际经济学者、国务活动家和戴高乐的经济顾问雅克·鲁夫（Jacques Rueff，1896～1976）就尖锐地剖析了霸权货币体系的经济后果："当代国际货币体系已经沦落为小孩子的过家家游戏。欧洲各国辛辛苦苦赚回美元和英镑，然后又毫无代价地拱手返回给发行这些货币的国家，就好像小孩子们玩游戏一样，赢家同意将赚回的筹码奉还给输家，游戏却继续进行。"戴高乐和鲁夫所描述的国际货币体系，是布雷顿森林协议的固定汇率体系。两位政治家没有预料到的是：1971年尼克松摧毁布雷顿森林协议、开启浮动汇率体系之后，"超级特权"和"游戏筹码"竟然像天文数字一般倍增！

奇怪的是，经济学者直到2000年左右，才开始系统分析"超级特权"究竟是什么，才开始估算美元霸权体系给美国带来了多么大的利益。分析和计算"超级特权"，首先要弄清美元霸权货币体系的运行机制。是令人着迷的大问题，我思考很久，大致归纳出美元霸权体系运行的十大机制，曾经将它们概括为国际货币体系的"帝国定理"或"大国定理"。

①近乎无限制发行美元以购买全球资源和商品。易言之，作为全球储备货币发行国，美国出口"流动性服务"，全世界为此支付对价（拿资源和商品兑换美元储备）。仅美钞一项，全世界（美国以外）每年之需求就超过5000亿美元。②向全世界征收通货膨胀税，以美元贬值方式间接"赖债"（让美国发行的国债和其他债券贬值）。③以美元信用购买各国产

业和企业。④投资其他国家的高收益资产，却限制外国资本到美国控制企业和进行外商直接投资。⑤操纵美元与其他货币之汇率以赚取利差收益。⑥借助庞大美元债券市场的规模效益和“锁定效应”，吞噬外国政府累计的外汇储备（依照哈佛大学教授理查德·柯伯的说法：外国投资美国国债越多，就越难以自拔，美元债市流动性就越高，各国外汇储备投资就越是别无选择）。⑦世界各国美元资产绝大多数存放于美资银行，许多国家外汇储备及其投资委托美联储托管，从而有效降低美国的国际金融风险，大幅度增强各国对美国的依赖。⑧美国以自己的货币借债，完全不存在困扰其他国家的“货币错配”（Currency Mismatch）难题，要是其他国家经历2008年那样的金融海啸，早就破产，美国却安然无恙，伯南克可以任意发行美元救市。⑨美元是国际贸易最主要结算货币，企业不用承担汇率风险。⑩美元霸权地位确保美国完全掌控对国际金融规则的话语权和制定权（包括对世界银行和国际货币基金组织的绝对控制权）。

美元霸权到底带来多大好处？许多学者从不同角度计算，重心集中在上述第四项，即美国可以投资外国的高收益资产，相反，外国资金投资美国的却是低收益资产。简言之，美国就是一个“巨无霸银行”或“巨无霸风险投资公司”，以低成本的负债（筹集资金）获得高收益资产，所以尽管美国对外负债规模远大于对外资产规模，却依然能够获得巨额净收入。

Gourinchas 和 Rey 两位学者的估算最有名。二人详尽计算了 1952 ~ 2004 年美国对外各项资产负债的收益率，结果相当惊人。半个世纪以来，美国持有外国资产的平均收益率是 5.72%，外国持有美国资产的平均收益率是 3.61%，二者相差 2.16 个百分点。数万亿乃至数十万亿美元的资产规模，2.16 个百分点的收益率差距，累积的利益当然是天文数字了。最让我感兴趣的，是两位学者将固定汇率时代和浮动汇率时代分开估算，充分显示浮动汇率体系对美国意味着巨大利益。布雷顿森林固定汇率时期（1952 ~ 1973 年），美国持有外国资产的平均收益率是 4.04%，外国持有美国资产（即美国的对外负债）的平均收益率是 3.78%，二者仅相差 0.28 个百分点。进入浮动汇率时期（1973 ~ 2004 年），两个收益率差距急剧放大。美国持有外国资产平均收益率上升到6.82%，外国持有美国资产平均收益率降低到3.50%，二者相差3.32个百分点。

1976年，美国政府要求国际货币基金组织修改章程、向全世界推广浮动汇率，当时国会众议院金融委员会主席罗斯曾经宣告："浮动汇率能够更好地为美国服务"。Gourinchas 和 Rey 以精确数字证明了浮动汇率的确给美国带来巨大利益。以2001～2006年为例，正是美元相对世界主要货币大幅贬值时期（亦是美国压迫人民币升值最激烈之时期），该时期美国累计对外借债3.209万亿美元，然而净负债竟然还减少了1990亿美元，等于美国净赚3.408万亿美元，其中仅汇率贬值一项就让美国赚8920亿美元，资产—负债收益差距让美国赚1.694亿美元，其他手段赚1.469亿美元。3.408万亿美元是什么概念？它相当于美国6年的国防军事开支总和。也就是说，美元霸权创造的超级利益，意味着世界各国为美国庞大的军事开支"买单"！

为什么美国持有的外国资产能够获得高收益，外国投资美国资产却只能获得低收益呢？（譬如中国庞大的外汇储备投资美国国债，就是最典型的低收益资产。譬如1952～2004年，美国债市的平均收益率只有可怜的0.32%，还不如直接存钱到美国银行，收益率是1.2%）。相关解释很多：①美国投资海外的资金与外国投资美国的资金，"质量不同"，美国投资的不仅仅是资金，还附带着技术专利、管理诀窍，等等，理应获得高收益；②美国拥有高科技绝对优势，到海外投资往往都是占领了外国产业的高端，自然赢得高收益；③美国投资者或企业家比外国投资者或企业家"聪明"，能够发掘更优质的投资项目；④美国是全球金融中心和"投资天堂"，外国投资者（尤其是外国政府）甘愿接受低收益，也要投资到美国市场。

上述解释尽管各有道理，我却不完全同意。我以为美元霸权利益的主要来源，是美联储对全球货币汇率的操纵和美国政府的全球金融与投资政策。

解构美国的汇率政策

问："今日奔流不息之全球化浪潮源于何时?"

答："1971 年 8 月 15 日，尼克松总统关闭美元与黄金兑换出口，摧毁布雷顿森林体系"。

问："以此为全球化起点之理由何在?"

答："因为它开启了全球货币和资本汹涌波涛之闸门。"

此乃当今国际经济学界的基本共识。举世知名的"尼克松冲击"是人类货币金融历史上的重要里程碑。它标志着人类货币彻底完成了从实物货币时代（即货币与黄金、白银或其他金属直接或间接挂钩之时代）向纯粹信用货币时代之转折；标志着人类货币彻底完成了从有锚货币时代向无锚货币时代之转折；标志着人类开始从固定汇率时代转向浮动汇率时代。英国《金融时报》首席评论家马丁·沃尔夫曾经反复论述一个基本观点："1970 年代布雷顿固定汇率体系之崩溃，宣告一个崭新全球经济体系之降临。最显著的特征乃是全球主要货币汇率相互浮动。"蒙代尔和麦金龙数十年来不断提醒我们：要理解今日全球经济尤其是金融危机之频繁发生，关键出发点是汇率浮动或汇率动荡。

是大时代的转变，亦是充满"迷思"的大时代转变。全球化有"五大迷思"，至今没有满意的答案。

其一，看起来热闹非凡的全球化时代，举世之真实经济增长速度却大幅度下降。根据麦迪逊的深入研究，与布雷顿固定汇率时代（1950～1973 年）相比，浮动汇率体系降临以来（1973 年之后），全球之真实经济增长速度皆普遍大幅度下降（中国是例外）。美国从年平均 3.93% 降到 2.99%；日本从 9.29% 降至 2.97%；德国从 5.68% 降至 1.76%；英国从 2.93% 降至 2%；前苏联从 4.84% 降至 –1.15%；拉美从 5.33% 降至

3.02%；非洲从4.45%降至2.74%；中国从5.02%升至6.84%；全世界合计从4.91%降至3.01%。人们高唱全球化之千般好处，万般利益，结果真实经济增速反而大幅度下降。此乃全球化时代“最难解之谜”。

其二，美国从债权国迅速演变成为全球最大的债务国和“最后消费者”（the world's spender and borrower of last resort）。全球资金竟然大规模从贫穷落后国家流向最强大最富裕之美国，与19世纪后期之全球化浪潮完全相反，似乎亦违背基本经济学常识。

其三，全球贫富分化程度进一步加深。著名经济学者杰弗里·萨卡斯及其合作者多年的详尽考察表明：尽管非洲、拉美和亚洲发展中国家之绝对收入水平有显著提升，然而与发达国家之差距却反而持续放大。

其四，金融资产或虚拟经济与GDP之比例暴涨。1970年代，全球金融资产与GDP之比还不到100%，今天已经超过400%！虚拟经济与真实经济相背离（发达国家之虚拟经济规模增速最快），成为全球化最显著特征。

其五，与此相应，就是金融危机之频繁爆发。1945年到1971年，全球仅仅发生38次小规模汇率危机和银行危机，1971年至今，金融危机次数超过150次，波及全球的金融危机就不下10次。

系统阐释“五大迷思”，是当代国际宏观经济学面临的主要挑战，相关理论假说不下数十种，光解释全球失衡（迷思之二）之学说就不下八种之多。各有道理，皆不完善。我最感兴趣的是迷思之四。曾经构思“真实经济—虚拟经济—货币信用”一般均衡模型，证明全球失衡之根源并非伯南克所说的“全球储蓄过剩”，而是“全球货币和信用过剩”，美国的汇率政策则是推动全球货币和信用过剩的关键力量。

概而言之，美国的汇率政策是：通常情况下，美联储对美元汇率“视而不见、听而不闻”，即采取所谓“善意忽视”（Benign Neglect）策略，其货币政策完全以国内经济状况为依据。美元汇率不是货币政策之考量或变量。当经常账户急剧飙升或对外负债急剧增加时，为促进出口、改善国际收支、降低对外净负债，美联储会通过入市干预或要求别国汇率升值等诸多手段，让美元贬值或者放任美元贬值。当国际社会对美元信用有所质疑、资金流入美国速度大幅放缓之时，美国政府则会高唱强势美元，甚至主动入市推高美元汇率。

1985 年“广场协议”之后美元贬值超过 40%，2001 年之后美元相对主要货币持续贬值（幅度超过 30%），是美联储主动促使美元贬值之经典案例。须知美元贬值是美国赚取资本收益、降低对外净负债的主要手段。譬如 2001 年到 2006 年，美国对外总负债增加 3.856 万亿美元，净负债反而减少 1990 亿美元，即美国净赚资本收益 4.055 万亿美元。其中美元贬值直接贡献了 8920 亿美元，资产价格变动净赚 3.163 万亿美元，手段就是迫使其他国家货币汇率升值、制造资产价格泡沫，从而为美国拥有的外国资产赚取高收益。

易言之，美国的汇率政策可谓是“予取予夺、随心所欲”。需要贬值时，可以很方便让美元贬值；需要升值时，亦有多种手段让美元升值；不闻不问时，则任由外部力量决定汇率走势。此一汇率政策之关键条件，则是浮动汇率。浮动汇率体系创造了国际货币和信用自动无限增加的内在机制，今天少有学者对此有深刻详尽的阐释。

国际货币和信用自动无限增加的内在机制（尤其是储备中心货币——美元——货币量和信用的自动增加）包含三个层面：①汇率浮动迫使各国不断增加美元储备（所谓流动性需求），以应对随时可能出现的汇率急剧动荡，由此创造出持续扩大的美元基础货币需求。②汇率浮动迫使企业必须参与风险对冲，并由此衍生出庞大的外汇投机买卖，从而创造出全球性的美元外汇市场（全球近 90% 的外汇买卖以美元为对手货币）。美元流动性越高，流通范围就越广，需求量就越大。③各国政府、企业和个人手中累积的庞大美元货币，必须要寻找一个安全的投资场所，那就是美元债券市场。美元储备越多，美元债券市场就越大，流动性就越高，其他债券市场就越是无法替代美元（欧元债券市场都难以抗衡美元债券市场）。正如理查德·柯伯所说：鼓励各国大量购买美国债券，乃是“套牢”各国外汇储备资金的最佳手段。美联储前主席格林斯潘曾经说：美元债券市场如此庞大，任何外国政府或投资者（包括中国在内）抛售美元债券都不会对美元利率产生灾难性冲击。

华尔街模式、美元霸权和美债陷阱

1961 年，法国著名的国际经济学者、国务活动家和戴高乐总统最亲密的经济顾问雅克·鲁夫（Jacques Rueff 1896～1976）曾经对美元霸权货币体系提出尖锐批评：“当代国际货币体系已经沦落为小孩子的过家家游戏。欧洲各国辛辛苦苦赚回美元和英镑，然后又毫无代价地拱手返回给发行这些货币的国家，就好像小孩子们玩游戏一样，赢家同意将赚回的筹码奉还给输家，游戏却继续进行。”50 年过去了，国际货币体系依然如是，唯一的变化是我们需要将“欧洲各国”替换为“中国和其他许多国家”。

2009 年，英国《金融时报》有名的评论家马丁·沃尔夫（Martin Wolf）说：“作为一个国家，美国是全球最大的对冲基金、最大的风险投资公司和最大的私募基金，而且它不需要任何资本金。它具有近乎无限的融资或创造信用的能力。美元长期贬值符合美国根本利益。美国根本不会或没有任何意愿发起或参与国际货币体系改革。”

2011 年，举世投资者为美债信用级别下调惊慌失措，众多美国债权国（以中国为首）为美国可能的债务违约忧心忡忡。俄罗斯总理普京谴责美国为寄生虫，中国央行行长和外长呼吁美国要采取负责任的措施，确保我国投资的美元资产安全。然而，美国总统奥巴马高调宣称美国“过去永远是，今后也永远是 AAA 主权信用国家”；格林斯潘平静地指出“美国不可能违约，它可以轻松印刷钞票偿还国债”；股神巴菲特则“假若有 AAAA 信用级别，我们肯定授予美国”；现任财长盖特纳和前任财长鲍尔森异口同声：“美国国债仍然如以前一样安全，美国永远不会债务违约。美国相比其他国家更值得拥有 AAA 级债务评级。”

所有这一切信息，迫使我们去思考一个令人极度困惑的问题：全世界为什么无法摆脱美元霸权和美债陷阱？世界各国为什么心甘情愿借钱给美国？为什么嘴上骂声愈来愈高亢、手上持有的美元储备和美债资产却愈来愈庞大？美元霸权和美债陷阱到底是怎么形成的？摆脱它的根本出路在哪里？面向未来，寻找这些问题的答案对中国具有最高重要性。

美元霸权和美债陷阱是美国金融资本主义长期发展和积累的结果，是“华尔街模式”赢得巨大成功的最显著标志，是美国全球霸权和全球战略的核心组成部分。要深入认识美元霸权和美债陷阱，我们就必须深刻理解美国金融资本主义和金融立国战略，易言之，必须深刻理解“华尔街模式”。

简而言之，华尔街模式就是美国金融资本主义模式，它以私有产权和市场竞争为根本制度，以金融创新和科技创新为根本手段，以金融资本主导、产业资本和金融资本相结合为最高表现形式。华尔街模式直接继承了源自荷兰和英国的“盎格鲁—撒克逊资本主义模式”。在仅仅100年的时间里，华尔街模式让一个人口只有380万的小小殖民地迅速崛起成为全球超级经济强国，最终发展出主导全球的美元霸权和美债陷阱。

1776年，美利坚合众国正式建立，美国经济很快迎来迅猛增长，主要推动力量就是首任财长汉密尔顿一手设计的货币金融体系。只用了10年功夫，原本一盘散沙的美国金融市场，摇身一变成为当时全球信用评级最高之国家，欧洲资金滚滚流入美国市场，极大促进了美国经济快速增长。美国崛起、美元霸权和美债陷阱的源泉，就是汉密尔顿开启的金融革命和金融战略。

从来没有人否认金融创新对美国崛起的极端重要性，没有人否认今天美国拥有支配世界的金融霸权，没有人不羡慕美国金融创新的无限活力和无限利益。美国金融历史学者 Robert E. Wright 和 David J. Cowen 说得非常明白：“是什么让美国和她的邻国如此不同？是什么让美国经济独领风骚？是美国人民很早就知道金融的极端重要性，是建国之父们从立国之日起就开始设计完善的金融体系。以汉密尔顿为代表的金融建国之父们深深懂得：金融才是拉动美国经济起飞的神奇天马，金融建国之父们就是那神奇金融马车的驾驶员和引航员。”

纵观美国200多年的经济发展史，金融创新和资本市场的迅速扩张是促进经济快速增长之核心力量。没有资本市场之迅速扩张，就不可能有铁路、石油、钢铁、化工、汽车、电力、医药、食品等众多行业的快速整合和大规模企业之频繁出现；没有金融创新和资本市场之快速扩张，纽约不可能迅速取代伦敦成为全球首屈一指的金融中心，美国国债和资本市场不可能成为全球最具流动性的市场和投资天堂；没有金融创新和资本市场之快速扩张，就不可能出现美国商业银行和投资银行业的急速发展，以及今天美国投行（以高盛集团为主要代表）垄断全球的局面；没有以风险投资、私募股权投资基金、对冲基金为代表的金融创新，不可能出现IT科技革命和硅谷的财富神话。

美元霸权和金融霸权给美国带来超乎想象的巨大利益。作为全球最主要的储备货币发行国，美国几乎可以随意印刷美元，到世界各地去购买它所需要的产品、服务、资源和公司。1965年，法国总统戴高乐将军就曾经尖锐地指出："美国用一钱不值的废纸去掠夺其他国家和民族的资源和工厂。"

美元霸权和美债陷阱相辅相成。所谓美债陷阱，就是美国借助庞大的美元债券市场，"锁定"或"吞噬"各国所累积的庞大外汇储备。哈佛大学教授、美国资深金融战略家理查德·柯伯曾经直言不讳地说：外国投资美国国债越多，就越难以自拔，美元债市流动性就越高，各国外汇储备投资就越是别无选择。1970年，世界各国所累积的美元货币储备不过数百亿美元，今天已经高达10万亿美元，绝大多数又回到美国债券市场，为美国财政赤字和军费开支融资。目前，外国持有的美国国债达到5.3万亿美元，占美国公共国债近60%；外国政府和投资者还持有大量美国国有公司的债券、州政府债券、市政债券和公司债券。仅"两房"（房地美和房贷美）发行的债券就超过5.5万亿美元，一半以上由外国持有。

于是，全球货币金融体系出现令人愤怒却又无可奈何的局面：最大的发展中国家成为最大的发达国家的债权国；穷国辛苦劳作、生产出口产品到美国，美国支付"一钱不值的废纸"；穷国还不得不以极低的利息将外汇储备回手再借给美国；凭借从穷国低息借来的资金，美国到全球四处扩张、驻军、发动战争、抢夺资源、掌控石油、巩固盟友、牵制对手……

不仅如此，美元霸权和美债陷阱还可以让美国轻松利用汇率贬值、全球通胀、限制外国到美国进行直接投资等多种手段，赚取巨大的投资收益。美国之所以全力要求人民币汇率升值和浮动，是因为外国货币汇率的升值和浮动，能够给美国带来巨大的金融利益。

根据美国国民经济研究局的著名研究，1952～2004 年（半个世纪）以来，美国持有外国资产的平均收益率是 5.72%。外国持有美国资产的平均收益率是 3.61%。二者差距达到 2.16 个百分点。数万亿乃至数十万亿美元的资产规模，2.16 个百分点的收益率差距，累积的利益自然是天文数字。

如果比较一下固定汇率时代和浮动汇率时代、美国资产的收益率差距，我们就能够恍然大悟，明白为什么美国要摧毁布雷顿森林固定汇率体系，要向全世界推销浮动汇率体系，因为浮动汇率能够更好地为美国服务。

布雷顿森林固定汇率时期（1952～1973 年），美国持有外国资产的平均收益率是 4.04%，外国持有美国资产（即美国的对外负债）的平均收益率是 3.78%，二者仅相差 0.28 个百分点。进入浮动汇率时期（1973～2004 年），两个收益率差距急剧放大。美国持有外国资产平均收益率上升到 6.82%，外国持有美国资产平均收益率降低到 3.50%，二者相差 3.32 个百分点。

最重要的是，美元霸权和美债陷阱所创造的巨大利益，意味着全球为美国庞大的军事开支埋单。以 2001～2006 年为例，正是美元相对世界主要货币大幅贬值时期（亦是美国压迫人民币升值最激烈之时期），该时期美国累计对外借债 3.209 万亿美元，然而净负债竟然还减少了 1990 亿美元，等于美国净赚 3.408 万亿美元，其中仅汇率贬值一项就让美国赚 8920 亿美元，资产—负债收益差距让美国赚 1.694 万亿美元，其他手段赚 1.469 万亿美元。

3.408 万亿美元是什么概念呢？它相当于美国 6 年的国防军事开支总和。也就是说，美元霸权和美债陷阱所创造的超级利益，意味着世界各国为美国庞大的军事开支“埋单”！

全球失衡：真相和假相

问：全球经济失衡了吗？

答：是的。

问：什么意义上失衡了？

答：那取决你从什么角度看问题。

问：看问题的角度从何而定呢？

答：那取决你希望采取什么样的政策。

问：那政策又是如何决定呢？

答：当然是各国自身的利益。

以上问答，是我最近多次参与各种讨论会所获得的深切印象。G20匹兹堡峰会，美国政府高调倡导“全球可持续和平衡增长政策框架”，让本来就是热门话题的全球失衡再度急剧升温。不幸的是，尽管激烈辩论多年，如何定义全球失衡，各国学者似乎还是难以达成共识。据我有限的了解，各国关于全球失衡，至少有五种说法：

（1）全球失衡主要是全球收入分配差距持续扩大，国际比较是富国越富，穷国越穷；国内比较则是富人越富，穷人越穷。相关数据有天壤之别，不过相信全球贫富分化不断恶化之人确实不少。2009年7月3日北京全球智库峰会期间，2006年诺贝尔和平奖得主尤努斯就大声疾呼：我们在这里高谈什么金融危机，你们知道人类最大的危机是什么吗？是10多亿人至今食不果腹，衣不蔽体！

（2）各国经济增长速度差距遥远。过去15年里，主要发达国家经济体年平均增长速度只有2%，而主要新兴市场国家年平均增长速度超过6.5%。增长速度差距巨大如何算是失衡？美国财政部早在2005年就如是说：“全球经济失衡主要体现为各国经济增长速度的巨大差距，反过来直接导致各国经常账户之间的严重失衡”。

（3）虚拟经济和真实经济严重背离。过去三十年来，浮动汇率和金融自由化造成全球货币和金融总量急剧扩张。尤其是金融资产总量之增长速度远远超过真实物质财富增长速度。根据麦肯锡国际研究院的数据，截止2005年，全球金融资产总量已经达到140万亿美元，超过全球GDP的316%，1980年此比例只有109%，1995年是218%。1995～2005年间，金融资产与GDP之比例，美国从303%上升到405%；英国从278%上升至359%；欧元区从180%上升至303%！尽管2007年之后的金融危机让金融资产市值大幅度缩水，但是与GDP之比例依然很高。金融资产不过是虚拟财富，与真正能够满足人们真实需求之实物资产或真实财富不是一回事。

（4）全球资金反常规流动。依照常识和经济学基本原理，新兴市场国家急需发展资金，快速发展地区往往意味着高收益，全球资金应该主要流向发展中国家，现实情况恰好相反。根据巴塞尔国际清算银行之统计，2000年以来，新兴市场国家所累积的外汇储备，至少有70%投资于美元资产（相当于借钱给美国），其余部分投资到欧元资产。世界最富裕最强大的国家（美国）成为最大债务国，资金稀缺的发展中国家反而成为债权国！此乃人类金融历史前所未有之现象。

（5）美国经常账户顺差持续扩大，此乃美国政府和学术界关于全球失衡的主流观点，亦是“全球可持续和平衡增长框架”关注的核心内容。

美国学术界有一个著名计算：假设美国经常账户顺差与GDP之比维持目前水平（7%），美国经济未来维持5%的增长速度（真实增长3%，通胀率2%。最近几年显然不行），那么多少年之后，美国对外净债务与GDP之比例将超过140%。考虑到庞大外债的利息支付（假设美国对外债务的利息水平维持目前的4%左右），美国若要将经常账户逆差与GDP之比维持在7%，贸易逆差与GDP之比例就必须从目前的略大于7%下降到2%。显然，无论是降低经常账户顺差，还是降低贸易逆差，都是一项极其艰难的任务。

还有另外一项著名的计算。美国目前拥有的海外资产总量与美国GDP之比约为120%，即美国大约拥有17.4万亿美元的海外资产，外国人持有的美国资产（即美国对外负债总量）与GDP之比约为145%（21

万亿美元），二者之差是3.6万亿美元，就是美国对外净负债，与GDP之比是25%。假若未来美国对外净负债与GDP之比上升至140%，美国持有的外国资产总量与GDP之比上升至160%，那么美国对外总负债与GDP之比将达到300%。为什么要设想这个数据呢？因为美国目前国内资本总量（Capital Stock）与GDP之比就是300%，约为44万亿美元。易言之，假若美国经常账户逆差和贸易逆差维持现有水平不变，未来外国人将可能拥有或买下美国全部的国内资本！

以上数据可能繁琐，读者如坠五里云雾。然而，只有记住上述数据，才有可能理解美国国内为什么会有巨大舆论和心理压力，希望政府采取措施降低经常账户逆差和贸易逆差，也才能理解G20匹兹堡峰会上，奥巴马政府为什么要高调呼呼“可持续和平衡增长政策框架”。

英国《金融时报》金融评论员马丁·沃尔夫曾经问：“新兴市场国家国家流汗受累生产产品，美国人印钞票过度消费，一边是经常账户顺差，另一边是经常账户逆差，各遂所愿，各得其所，美国人干吗要担心呢？”问得好！美国经常账户逆差是否可以持续下去，是当今国际经济学术界辩论的焦点。美国政府和学术界的主流观点，认为美国经常账户逆差不可持续，也不应该持续下去。

他们担心什么呢？其一，担心外国人“购买美国”（Buy up America）。说我们替美国人打工，还把钱借给他们花，赞助他们过度消费，美国人却并不领情。他们反而认为像中国和其他国家累积如此庞大外汇储备，是“阴谋收购美国”，抢夺他们饭碗，摧毁美国产业。拒绝中国收购优尼科（Unocal），拒绝阿联酋管理美国港口，针对中国轮胎实施特保，绝不是孤立事件。其二，担心外国大规模抛售美国资产，严重打击美元信用，急速抬高美元利率。虽然外国人借钱给美国享用，他们乐得其所，不过美国颇有忧患意识，知道免费午餐不可能永远有得吃。美元信用一旦遭到致命打击，损失将无法估量。其三，即便外国人甘心永远持有美国资产（尤其是国债），三大赤字（贸易赤字、经常账户赤字、财政赤字）高居不下，总有一天也会迫使美元大幅度贬值和长期真实利率飙升，将美国经济拖入“滞胀”深渊。

三大担忧及其相应举措，将决定未来美国国际经济政策的基本走向。

债务帝国

要深入理解全球失衡的根源和机制，就必须透彻认识美国庞大的债务和债券市场，尤其是国债市场。“美帝国”最重要的支柱是美元本位制，美元本位制最重要的支柱则是美国债券市场。债券市场是美国货币政策之基石，国家信用之基石，全球军事扩张之基石，资本市场之基石，纽约全球金融中心之基石，美国金融战略之基石。

举世皆知，美国是当今世界最大债务国。美国债务到底有多大？总量约55万亿美元，包括国债、州政府和地方政府债、公司债（金融公司和非金融公司）、个人和家庭债。截至今日，国债之规模约为12万亿美元，州政府和地方政府债约为4万亿美元，公司债约为24万亿美元，个人和家庭债约为15万亿美元。美国个人、家庭、企业、金融公司之间相互借债，债务规模累积如天文数字，债务链条如魔幻迷宫，债务杠杆高达数十倍乃至数百倍，债务衍生工具急速膨胀（就是那著名的信用掉期合约CDS，巴菲特2002年就警告那是摧毁美国金融市场之“大规模杀伤性武器”。自1997年发明以来，规模急剧暴涨逾62万亿美元）。千奇百怪、复杂无比的金融合约，犬牙交错，弥漫世界。监管者莫名其妙，无从下手，投资者为利所驱，放手搏杀。金融系统风险和对手风险越积越大，终于有一天，金融合约庞大网络某些环节轰然断裂，金融海啸遂一发不可收拾。

本文重点是美国国债。论历史之久、规模之大、声望之高、流动性之好、风险相对之低（美国从未公然赖债，以滥发美元变相赖债是另一回事）等多样指标衡量，美国国债实为世界之最。独立战争之战争经费，正是依赖国债筹集，国债之诞生甚至早于美国本身（建国之后承接下来）！规模之大已如前说，12万亿美元国债，仅外国政府持有量就超过3

万亿美元，私人投资者（个人和企业）购买多少，殊难统计，二者相加，外国资金购买美国国债之量，接近50%！

源源不断之外国资金为美国国债和其他债务工具埋单（融资），乃是今日全球化最奇异之风景和怪相，是今日“全球失衡”最让人迷惑不解之难题，亦是20世纪后半期之全球化与19世纪后半期之全球化最大区别所在。须知，依照基本经济学原理和大众之普通常识，全球资金似乎应该是从最富裕发达之国家流入贫穷落后之发展中国家，然而现实却恰好相反。21世纪以来，尽管每年约有5000亿美元资金流入发展中国家，每年流入世界最大债务国——美国——的资金竟然远超1万亿美元（读者可参考美联储理事、哥伦比亚大学教授米什金的相关研究）。美国坐拥庞大贸易赤字、国际收支赤字和财政赤字，处变不惊，坦然以量化宽松货币政策和史无前例之赤字开支来挽救金融危机，根本原因就是外国人乐意为美国人融资。

当然，国债市场给美国的贡献远远不是融资那么简单。国债市场之盖世奇功，约有四端：其一，国债市场为货币政策提供最佳指南和传导机制。美联储之货币政策（加息、减息、量化宽松），无不借助国债市场买卖来完成。易言之，美国国债市场的一举一动，时刻牵动着全球金融市场之神经，时刻左右着世界资产价格之走势。其二，国债市场乃是美国整个金融市场之中枢和基石。纽约证券交易所之成立，源自国债交易；纽约取代伦敦成为最强大之金融中心，国债市场居功至伟。其三，美国国债市场是全球金融市场和资产价格之最基本标尺，说是定海神针也不为过。纵观世界，举凡一切资产价格（包括股票、大宗商品、金融衍生工具、外汇、房地产等等），无不深受短期利率和长期利率之左右，美国国债之价格和收益率走势，正是全球利率走势之最佳指示器。无论是伦敦市场之Libcr还是其他一切市场之基准利率，皆以美联储基准利率和国债利率为计算基准。其四，美国国债市场规模越大、流动性越高，就越具有“锁定效应”和“规模效应”，就越具有垄断性。纵观历史，金融市场往往是最具备垄断性和独占性之市场。庞大的美国国债市场几乎成为全球投资者最重要的投资场所，尤其是各国政府、主权财富基金最主要的投资选择。恰如美国资深金融外交家、哈佛大学教授理查德·科伯所说：外国投资美国国债越多，就越难以自拔，美元债市流动性就越高，各国外汇储备投资就越是别无选择。美国国债市场已经成为吞噬各国外汇储备的“巨大黑洞”。今日中国许多人担心外汇储备投资美国国债之安全，然而细心思之，庞大外汇储备又能够投资到哪里去呢？此乃最尴尬之困境。

美国经济史学家约翰·戈顿曾经以诗一般的语言，描述了国债市场对美国经济、金融和整个国家战略之极端重要性：“1770 年代，国债帮助我们赢得独立，1780～1860 年代，国债为美利坚赢得最高的信用评级，欧洲资金得以滚滚流入美国，协助美国经济快速成长。1860 年代，我们凭借国债拯救合众国，1930 年代，我们凭借国债拯救美国经济，1940 年代，我们凭借国债拯救全世界。毫无疑问，汉密尔顿完全正确，美国国债不仅是美利坚无与伦比的福音，而且是全人类无与伦比的福音。”

友人多次问笔者：“美国究竟有没有金融战略？”答曰：“有。”又问：“若说美国有金融战略，那它起自何时？源自何人？”答曰：“起自 1774 年合众国成立之日，源自美国一位绝顶天才——汉密尔顿。”

汉密尔顿是美国第一任财政部长，天资卓绝，见识深远，雄才大略。出生卑贱的汉密尔顿，年仅 21 岁就出任华盛顿的战地副官，直接参与独立战争之运筹帷幄和前线厮杀。1789 年，34 岁的汉密尔顿就任财长，完全靠他一人之智慧、辩才和文采，说服了包括华盛顿、杰斐逊、亚当斯、麦迪逊在内的众多建国元老和国会领袖，让他们相信一个健全完整的金融货币体系对未来美国之崛起和强大具有最高重要性。不到 8 年时间，汉密尔顿白手起家，迅速建立起年轻合众国的货币、银行、金融、税收体系（包括国内税收体系和关税体系），为百年后美元货币金融霸权之兴起奠定坚实基础。其中最重要的环节就是大手笔创建美国国债市场和全力维护国债之信用。

美元本位制和浮动汇率“七宗罪”

本文是2010年8月17日作者在中国人民大学“欧元走向何方——动荡中的欧元和世界经济国际研讨会”以及9月6日重建布雷顿森林体系委员会（Reinventing Bretton Woods System Committee）和中国国际经济交流中心（CCIEE）联合于北京举办的“国际货币体系改革国际研讨会”上的发言。

麦金龙教授几次对我说：你的总结太棒了，不过我想给你的题目加一个词 deadly，应该是 Seven Deadly Sins of the Pure Dollar Standard and Floating Exchange Rates。法国前财长 Edmond Alphandery 说：这是我读到的关于美元本位制最好的总结之一。蒙代尔说：你应该把每一宗罪都写成一篇文章！“The Euro：The Politics of New Global Currency”一书的作者、并不支持欧元和固定汇率的货币金融机构官方论坛（OMFIF）主席 David Marsh 说：我并不完全同意你的七宗罪，不过你提出的问题，每一个深入研究国际货币体系的人都必须要回答。

1968年，后来成为法国总统和欧元战略家的吉斯卡尔德斯坦，就国际货币体系改革发表一篇重要演讲。他说：“简而言之，国际货币体系改革对世界整体经济和各国经济，皆有异常深刻之影响。国际货币体系对世界各国经济之影响程度，远远超过所有国内经济政策，美国亦不例外。”

历史证明，德斯坦的论断确实有先见之明。过去40多年人类经济所发生的许多最重要的深刻变革，无一不与国际货币体系密切相关。如果我们对过去40年国际货币体系之演变没有深入认识，就不可能理解人类经济已经发生和正在发生的深刻变化，就不可能理解推进改革国际货币体系有多么重要，就不可能理解推进区域货币金融合作和人民币国际化有多么紧迫。

本文将过去40年来国际货币体系对人类经济的深刻影响，概括为"七宗罪"。①史无前例的通货膨胀；②频繁发生的金融危机；③急剧下降的经济增长；④不断恶化的全球失衡；⑤美元本位制和浮动汇率推动的金融自由化让许多发展中国家的经济陷入困境；⑥美元超级霸权和超级利益不断强化；⑦纯粹美元本位制和浮动汇率加剧了国际货币体系的不对称性和不公正性，世界几乎所有国家皆经历了反复的"资产泡沫—泡沫破灭周期"，全球经济总体呈现严重的泡沫化趋向。

当代国际货币体系有两个基本组成部分，一个是纯粹美元本位制，即全球主要储备货币（美元）之发行完全没有外部约束（欧元诞生之后亦是如此）；另一个是全球主要货币之间实施浮动利率，尤其是美元、欧元和日元之间汇率持续动荡。

纯粹美元本位制和浮动汇率源自1971年8月美国总统尼克松摧毁布雷顿森林固定汇率体系，这是国际货币体系史无前例的重大变化。1970年代之前的国际货币体系，国际储备货币之增长受到外部约束，不可能任意扩张，譬如金本位制和银本位制受制于金属储藏量和冶炼技术。主要国际货币之间的汇率长期固定，汇率动荡和外汇交易只是国际货币体系演变交响曲中微不足道的小插曲。1971年之后，储备货币近乎无限扩张和汇率持续动荡却成为主旋律。基金组织（IMF）的政策哲学来了180度大转弯，从固定汇率的坚定捍卫者，摇身变为鼓吹浮动汇率的急先锋。原因并非是经济学理论出现了革命性变化，而是浮动汇率更符合美国利益。

让我们首先详尽描述一下国际货币体系给人类经济制造的"七宗罪"。

第一宗罪：史无前例的通货膨胀。

1971年以来，国际储备货币增长速度比全球经济增长速度高得多，导致了全球经济过去40年所累计的通货膨胀，超过人类以往全部历史所有通货膨胀之总和（这还不包括资产价格之急速膨胀）。根据IMF的统计数据，1971年，全球的储备货币总量只有451亿美元，2009年底上升到

75160 亿美元，增长近 170 倍，而真实经济增长速度却显著下降。根据麦迪逊的著名研究，布雷顿森林体系时期（1953 ~ 1971 年）全球真实经济平均年增长速度接近 5%。1973 年以后，迅速降到了 3%。2003 ~ 2006 年好一点，达到 3.7%，所以西方各国有一个说法，2002 ~ 2006 年是新世纪的“黄金 5 年”。不过好景不长，很快迎来全球金融危机。

过去 40 年，全球真实经济增长规模小于 4 倍，而基础货币却增长了 170 倍。简单的全球货币数量论就可以告诉我们：人类经济体系一定会出现严重货币贬值或通货膨胀。真实经济增长这么少，货币扩张那么大，庞大的货币供应量都流到哪里去了呢？大体是三个方向，一是人类经济体系整体的货币深化和金融深化程度不断提高；二是大量货币和信用进入金融经济体系（虚拟经济体系或金融资产市场）自我循环；三是进入真实经济体系，造成货币贬值或通货膨胀。

第二宗罪：频繁发生的金融危机。

过去 40 年，全球究竟发生了多少次金融危机？不同研究者的统计尽管有差异，基本结论却完全一致，那就是过去 40 年全球金融危机的频率史无前例。世界银行 2003 年的统计研究结果显示，1970 ~ 2000 年，全球 93 个国家共发生了 117 次金融危机。美国经济学家依成格林和波多的研究结果有所不同：1973 ~ 1997 年，全世界总共发生 139 次金融危机，其中发达国家 44 次，发展中国家 95 次。与此形成鲜明对照的是，1945 ~ 1971 年，全球总共只发生 38 次金融危机，而且都是规模和影响程度很小的危机。

频繁发生的金融危机给各国经济造成巨大的损失。世界银行的研究表明：117 次金融危机之中，为挽救金融危机所发的财政支出，绝大多数超过 GDP 的 3%，至少有 7 次超过 10%。财政损失最大的两次金融危机分别是 1997 年的印度尼西亚金融危机和 1980 年代初的阿根廷债务危机。纳税人为挽救金融危机竟然付出了占 GDP 总量 55% 的高昂代价！

当然，这只是财政税收的直接损失。更大的损失是危机之后的大量失业和长期经济衰退，我们至今没有办法去准确估计。譬如 2007 年和 2008 年的金融危机对全球经济到底造成多大损害？各国为挽救金融机构和救助失业者付出的资金早就达到数万亿美元。危机之后，各国财政赤字和债务与GDP之比例都大幅度上升，2008~2009年多国经济负增长，2010年经济依然疲弱，失业率居高不下，充分说明2008年全球金融危机的损失，比此前任何一次经济危机的损失都要大。目前世界人民都希望全球经济不要出现二次探底，期望此次金融危机不要演变为1930年代那样的大萧条。

第三宗罪：急剧下降的经济增长。

美元本位制和浮动汇率时代，几乎所有发达国家的真实经济增速都显著下降，成为全球经济的一个“难解之谜”。根据麦迪逊的深入研究，与布雷顿森林体系的固定汇率时代（1950~1973）相比，浮动汇率体系降临以来（1973年之后），全球之真实经济增长速度皆普遍大幅度下降（中国是例外）。美国从年平均3.93%降到2.99%；日本从9.29%降至2.97%；德国从5.68%降至1.76%；英国从2.93%降至2%；前苏联从4.84%降至-1.15%；拉美从5.33%降至3.02%；非洲从4.45%降至2.74%；中国从5.02%升至6.84%；全世界合计从4.91%降至3.01%。

如何解释全球真实经济增长速度一致大幅度下降呢？经济学者提出许多理论假说，①石油价格冲击说（石油价格急剧飙升，造成严重通货膨胀和真实经济衰退）；②增长极限说（人类经济增长必定受限于各种资源的约束，不可能一直快速成长下去）；③技术进步放缓说；④发达国家停滞说。此类假说皆有一定道理，却缺乏有力的实证数据支持。最近几年来，人们开始思考汇率动荡可能是导致真实经济增长的主要原因。斯坦福大学教授麦金龙及其合作者所提出的“浮动汇率导致全球经济普遍放缓”假说尤其值得注意。

麦金龙认为：“20世纪后期人类经济史一个最主要的难解之谜是：自1970年代开始，几乎所有工业化国家的真实经济增速一致普遍地大幅度下降。此时正逢浮动汇率时代之来临。二者之间有着怎样的因果关系呢？是各国经济首先出现低速增长，然后才不得不实行浮动汇率？还是普遍的汇率动荡导致了真实经济增长的普遍放缓？”

“我们的新假说是：全球真实经济增长持续下滑，源自国际货币和金融动荡，尤其是汇率动荡要负重要责任。我们有理由相信：1970年代以来生产力和产出增速的持续放缓，乃是价格信号紊乱之后果。通胀和通缩交替出现，汇率持续偏离经济基本面，长期利率动荡不宁，则是造成价格信号紊乱的主要因素。价格机制失灵自然会降低资源配置效率，尤其是降低真实投资之效率。”

我以为麦金龙及其合作者的假说是最具说服力的解释之一。我本人提出的“信用体系—真实经济—虚拟经济一般均衡模型”，则将解释的重心转向虚拟经济与真实经济之背离，可与麦金龙的思想互为补充。

第四宗罪：不断恶化的全球失衡。

美国政府将全球失衡定义为美国的贸易逆差或经常账户逆差，这是一个错误的定义，并没有抓住全球经济失衡的本质，却误导了人们的注意力。人们不去深入思考国际货币体系和金融体系的重大缺陷，却将注意力集中于指责他国汇率低估，实在是当代世界经济政策舞台上的一出闹剧。

当今全球经济体系或人类经济体系最根本的失衡表现为两个方面。其一，从全球经济整体来看，是虚拟经济和真实经济的严重背离。其二，从全球经济结构来看，则是虚拟经济创造中心和真实财富创造中心的严重背离。

全球失衡集中体现为全球制造业中心（真实财富创造中心）和货币金融中心快速分离。制造业中心已经决定性地转移到发展中国家，尤其是转移到亚洲（重心又是中国），货币金融中心却依然由发达国家掌控。易言之，东方拥有真实财富创造中心，西方掌控货币金融中心；东方制造真实产品，西方创造货币购买力；东方为全世界制造产品，西方为全世界产品定价；西方大量发行债券和创造各种金融产品，东方则用自己的储蓄去购买这些金融产品；东方储蓄，西方消费；东方节俭，西方挥霍；西方向东方借钱，东方给西方融资。

虚拟经济和真实经济之背离，真实财富创造中心和金融产品创造中心之背离，是今日全球经济的基本模式，是过去四十年人类经济出现的奇特历史现象，史无前例。它是全球金融危机和一切重大宏观经济难题的总根源。下表是全球和主要国家虚拟经济（金融资产）与 GDP 比例之变化。

金融资产与 GDP 之比	1980 年	1995 年	2005 年	2010 年
全球	109%	215%	316%	338%
美国	158%	303%	405%	420%
欧元区	118%	278%	359%	380%
英国	128%	180%	303%	344%

一个最基本的后果是，西方经济体系里的虚拟经济或金融经济规模急速膨胀，愈来愈大，金融经济或虚拟经济形成一个自我膨胀、自我循环的体系。美联储等西方中央银行创造的货币，大部分进入虚拟经济体系自我循环，债券市场越来越大，衍生金融产品规模越来越大，货币或外汇交易量越来越高，股票市值越来越高，楼市和其他资产泡沫愈演愈烈，人们的虚拟财富（以持有的股票、房地产市值和其他金融产品市值衡量）越来越多，高杠杆经营模式，高负债消费模式顺理成章。

与此同时，真实经济和就业率始终维持低水平。整个经济的投机赌博气氛非常浓厚。然而，虚拟经济或金融经济是极度不稳定的体系，其运行主要取决于人们对未来的预期和中央银行的货币政策操作，一有风吹草动，可以瞬间崩溃。

虚拟经济一旦崩溃，虚拟财富就快速缩水，人们的预期从极度乐观转为极度悲观，金融机构、实体公司和家庭个人全部被迫“去杠杆化”，消费萎靡，投资不振。虚拟经济呜呼哀哉，真实经济雪上加霜，衰退和萧条几乎就是自然规律。大幅度扩张货币的量化宽松货币政策之所以无效，因为无论货币怎么泛滥，它都无法帮助金融机构、实体公司和家庭个人修复资产负债表，无法帮助他们完成“去杠杆化”过程。更重要的是，货币泛滥解决不了西方早已根深蒂固的经济社会结构僵化难题，譬如人口日趋老化、最低工资和福利制度完全刚性、政府赤字居高不下、整个社会债台高筑。后者才是制约真实经济增长最大的麻烦。

第五宗罪：美元本位制和浮动汇率推动的金融自由化让许多发展中国家的经济陷入困境。

“华盛顿共识”所极力主张的全球金融自由化源自纯粹美元本位制和浮动汇率。马丁·沃尔夫曾经反复论述一个基本观点：1970 年代布雷顿森林固定汇率体系之崩溃，诞生了一个崭新的全球经济体系和金融体系。

最显著的特征乃是全球主要货币汇率相互浮动和所谓金融自由化浪潮。

很多著名学者都对金融全球化和自由化之后果提出了质疑。2001 年诺贝尔经济学奖获得者约瑟夫·斯蒂格利茨就认为，外国资本向新兴经济体的金融市场自由流动经常导致这些国家经济崩溃。华盛顿的彼得森国际经济研究所总裁伯格斯坦认为，美国和其他发达国家从金融全球化和自由化过程中获得了绝大部分好处。金融大鳄索罗斯在他的多篇文章里也指出：发展中国家没有从金融全球化和自由化浪潮里获得什么利益，倒是经常承受巨大代价。著名的国际贸易学者、世界贸易组织高级顾问巴嘎瓦提长期研究结果表明：很难找到确定的经验证据能够证明金融自由化能够促进真实经济增长，尤其是促进发展中国家的真实经济增长。

19 世纪后期第一次全球化浪潮时期，全球资本有相当部分是从发达富裕国家流向贫穷落后国家。浮动汇率时代以来的全球资本流动竟然完全转向：资本主要从贫穷国家流向富裕发达国家。过去 40 多年来的新全球化浪潮，流向贫穷落后国家之资本占全球资本总流量的比例一直持续下降。譬如，1913 年，全球资本至少有 25% 流向贫穷落后国家，到 1997 年，该比例下降到只有 5% 。许多研究表明，过去 40 年的新全球化时期，全球资本主要在发达国家之间流动，或者从贫穷国家流入富裕国家。新兴市场国家资本市场不发达可能是最重要原因。

第六宗罪：美元超级霸权和超级利益不断强化，意味着其他国家不断向美国输送巨大利益。

戴高乐将军 1965 年对美元霸权提出严厉批评：“美国享受着美元所创造的超级特权（Exorbitant Privileges）和不流眼泪的赤字。它用一钱不值的废纸去掠夺其他民族的资源和工厂”。

那么，美元超级霸权到底有多么巨大呢？直到两位经济学者 Pierre - Olivier Gourinchas 和 Helene Rey 合作发表《从世界银行家到世界风险投资家——论美国国际收支的调节机制和美元超级霸权》，人们才首次从数量上开始准确理解美元超级霸权。

Pierre - Olivier Gourinchas 和 Helene Rey 详尽收集、整理和分析了半个世纪以来（1952 ~2004 年）美国对外资产、对外负债及其总回报（总收益）数据，并对数据进行细致的价值调整，全景式地展现了美国国际收支的历史演变过程，由此获得许多极其重要的惊人结论。有两个基本结论最重要、最值得我们深入思考：

第一个结论：作为一个国家，美国是全球最大的商业银行、最大的对冲基金、最大的风险投资公司和最大的私募基金，而且它不需要任何资本金。美国具有近乎无限的融资或创造信用的能力，美元贬值符合美国根本利益（至少在相当长的时期内如此）。由此引申出一个基本结论：美国根本没有任何意愿发起或参与国际货币体系改革，它怎么会自毁长城、削弱或消灭美元本位制呢？

譬如：Pierre – Olivier Gourinchas 和 Helene Rey 的详细计算表明：1952 ~2004 年（半个世纪）以来，美国持有外国资产的平均收益率是 5. 72%，外国持有美国资产的平均收益率是 3. 61%，二者相差 2. 11 个百分点。数万亿乃至数十万亿美元的资产负债规模，2. 11 个百分点的回报率差距，美国累积所获得的利益当然是天文数字。

第二个结论："浮动汇率能够更好地为美国服务"（此乃 1970 年代美国众议院金融委员会主席罗斯的著名结论）。Pierre – Olivier Gourinchas 和 Helene Rey 的详细计算清楚表明：

布雷顿森林固定汇率时期（1952 ~1973），美国持有外国资产的平均总回报率是 4. 04%，外国持有的美国资产（即美国的对外负债）的平均总回报率是 3. 78%，二者仅相差 0. 26 个百分点。

然而，进入浮动汇率时代以来（1973 ~2004），两个回报率差距急剧放大。美国持有外国资产获得的平均回报率上升到 6. 82%，外国持有的美国资产平均回报率却反而降低到 3. 50%，二者差距急剧放大到 3. 32 个百分点！

第七宗罪：纯粹美元本位制和浮动汇率加剧了国际货币体系的不对称性和不公正性，世界几乎所有国家皆经历了反复的"资产泡沫—泡沫破灭周期"，全球经济总体呈现严重的泡沫化趋向。

早在 1961 年，法国著名的国际经济学者、国务活动家和戴高乐的经济顾问雅克·鲁夫就尖锐而生动地剖析了美元霸权货币体系的不对称性和不公正性：

"当代国际货币体系已经沦落为小孩子的过家家游戏。欧洲各国辛辛苦苦赚回美元和英镑，然后又毫无代价地拱手返回给发行这些货币的国家，就好像小孩子们玩游戏一样，赢家同意将赚回的筹码奉还给输家，游戏却继续进行。”国际货币体系运行过程如下：譬如美国与法国出现贸易赤字，贸易赤字却都是用美元而不是用法郎来结算。获得美元收入的法国进口商将美元卖给法国中央银行，法国央行自然需要增发本国货币来购买美元。易言之，法国中央银行以美元为储备创造法郎。紧接着法国中央银行又将购买的美元投资到美国。同样一笔美元，即扩张了法国的信用，同时又是美国信用扩张的基础。如果我们将鲁夫精彩描述中的法国换成中国，恰好就是今天中国面临的困境，只不过今日中国与美国“过家家游戏”的规模要比当年的法国大得多。

换句话说，法国（中国）以真实财富换回美元钞票，然后又将美元资金以极低的利率借给美国使用，这就是美元霸权可以获取超级利益的秘诀。同样一笔美元却创造出多倍的信用，这就是纯粹美元本位制几乎无限度扩张全球基础货币，从而反复制造全球经济“资产泡沫—破灭周期”的基本原因。

上述“七宗罪”解释了如下重要事实：①美国根本就不会有愿望改革国际货币体系，它绝不会自毁长城。②美国和代表美国利益的 IMF 总是极力要求或迫使其他国家汇率升值和浮动。③美国千方百计要求或压迫他国全面开放金融市场，实施金融自由化。

结论非常简单：要摆脱人类经济体系的“七大弊端”，就必须对当代国际货币体系进行改革。改革的基本方向就是实现国际储备货币体系多元化，逐渐减少对美元的依赖。为达此目的，就必须全力推进地区货币金融合作，推进人民币的国际化。

汉密尔顿和美国的金融战略

1790年4月18日，34岁的美国财长汉密尔顿走出位于百老汇大街的华盛顿总统官邸（纽约是当时年轻合众国的临时首都），恰好撞上47岁的国务卿托马斯·杰斐逊。两人寒暄几句，心直口快的汉密尔顿直截了当地对杰斐逊说："国务卿先生，请求您帮帮我吧。您知道，我提交的国债法案，国会四次辩论都未能通过。如果您能够改变主意，凭借您的巨大影响力，下次辩论就有望过关啊。""财长先生，您知道，我连宪法都反对，何况是您的国债法案呢，宪法并没有授权联邦政府承接独立战争时期的联邦债务和各州债务啊。不过，您要是乐意的话，明天晚上我们可以一起晚餐，聊聊这事儿，我也打算请麦迪逊先生一起来。""太好啦，国务卿先生，我一定准时赴约。"

汉密尔顿喜出望外，他知道机会来了。美利坚合众国正式宣告成立还不到1年，各州为争夺永久首都已经吵得不可开交了。谁都明白：赢得合众国永久首都将带来多么巨大的政治影响和经济利益！论经济实力，纽约最强，不仅仅因为它已经是临时首都，是当时北美最发达、交通最便利的城市，而且纽约市为改善基础设施、建设联邦首都，已经投入巨资，自然势在必得。论政治实力，却是弗吉利亚占优。弗吉利亚不仅为独立战争做出了最大牺牲和最大贡献，而且有数位声望卓著的建国之父来自该州，最著名的当然是华盛顿（独立战争总司令，制宪会议主席，第一任总统）、杰斐逊（独立宣言起草人、第三任总统）和詹姆斯·麦迪逊（《联邦党人文集》作者之一、第四任总统）。华盛顿、杰斐逊和麦迪逊热切期望合众国的永久首都迁入弗吉利亚州。假若纽约州能够配合，则大事可成。汉密尔顿知道杰斐逊就是要和他谈这个交易。

果然，第二天晚餐时，杰斐逊和麦迪逊明确提出"交易"条件：如果汉密尔顿愿意说服纽约州支持弗吉利亚州成为合众国永久首都所在地，他们两人就承诺支持国会通过汉密尔顿的国债法案。汉密尔顿毫不犹豫地答应了。几天后，美国国会顺利通过汉密尔顿起草的《公共信用报告》（The Report on Public Credit），华盛顿总统立刻签署成为法律。国债市场迅速崛起，成为美国金融货币体系最根本的支柱之一。

人类历史上，总有极少数天才人物之思维和战略，远远超越他的时代。汉密尔顿—杰斐逊—麦迪逊之间的著名“交易”充分说明：即使是像杰斐逊和麦迪逊那样杰出的人物，也不能理解汉密尔顿倾全力创建国债市场之深谋远虑，当时能够明白汉密尔顿天才构思的人物可谓少之又少。纵然是200多年后的今天，全球可能也只有那些金融精英们才真正懂得汉密尔顿“金融战略”的极端重要性。今天，当我们激烈辩论美国经常账户逆差、美元汇率、全球失衡、美元霸权、国际货币体系改革等关乎所有国家最高利益之重大问题时，绝对有必要重新反思200多年前汉密尔顿的金融思维。当我们深入思考面向未来的中国金融战略时，汉密尔顿的远见卓识最值得我们思虑再三。

汉密尔顿1755年生于今天的维京群岛，7岁丧父（父亲离家出走、杳无音信，有等于无），13岁丧母。10岁到码头打工谋生，14岁出任贸易公司总经理，17岁只身跑到纽约国王学院学习（今天的哥伦比亚大学），旋即投笔从戎，很快被华盛顿看中，出任贴身副官。独立战争结束后，汉密尔顿回到纽约学习法律，以半年时间完成平常人最快也需要4年才能完成的学业，不到3年，即成为纽约最有名、最赚钱的律师之一，他处理的多个案件成为后来美国法律制度之经典范例。与此同时，作为《联邦党人文集》最重要的作者和制宪会议最早的发起者和最热诚的参与者，汉密尔顿实际上主导了美国宪法的制定。1789年合众国联邦政府开始运作，华盛顿提名他担任财政部长，不到4年时间，就构建了异常完整的美国金融货币体系。困扰今天历史学者的一个有趣问题是：汉密尔顿究竟是从哪里学到那么艰深的金融理论？他如何可以有那样全面、系统、深刻的金融战略思维？须知他几乎没有受过正规的学术训练，而且那时也没有今天热闹非凡的各种金融专业。

简言之，汉密尔顿为美国构建的货币金融体系有五大支柱：其一，统一的国债市场；其二，中央银行主导的银行体系；其三，统一的铸币体系（金、银复本位制）；其四，以关税和消费税为主体的税收体系；其五，鼓励制造业发展的金融贸易政策。最引人注目的是：汉密尔顿自始至终从整体国家信用角度来设计五大政策和制度安排。他说："一个国家的信用必须是一个完美的整体。各个部分之间必须有着最精巧的配合和协调，就像一个枝繁叶茂的参天大树一样，一根树枝受到伤害，整棵大树就将衰败、枯萎和腐烂。"

的确，汉密尔顿的五大支柱恰像五颗树枝，完美配合和协调，共同支撑起美国金融体系的参天大树，最终成长为主导全球经济的美元霸权体系。国债市场是国家整体信用优劣的最佳指示器；中央银行负责维持银行体系和货币供应量之稳定；统一的铸币体系（后来是美元纸币体系）极大降低金融贸易之交易成本，促进金融、贸易、产业迅速发展；税收体系确保财政健全和国债市场之良性循环；制造业（真实财富创造能力）则是金融货币的最终基础。

汉密尔顿的金融哲学基于他对世界各国经济发展历史尤其是英国崛起经验的深刻把握。早在出任财长之前，汉密尔顿就写道："1690 年代开始，大英帝国创建了英格兰银行、税后体系和国债市场。18 世纪，英国国债市场迅猛发展。国债市场之急速扩张，不仅没有削弱英国，反而创造出数之不尽的巨大利益。国债帮助大英帝国缔造了皇家海军，支持大英帝国赢得全球战争，协助大英帝国维持全球商业帝国。与此同时，国债市场极大地促进了本国经济发展。个人和企业以国债抵押融资，银行以国债为储备扩张信用，外国投资者将英国国债视为最佳投资产品。为了美国的繁荣富强，为了从根本上摆脱美国对英国和欧洲资金和资本市场的依赖，美国就必须迅速建立自己的国债市场和金融体系。"

经济发展之关键是最有效动员和配置资源，动员和配置资源的最佳手段就是信用体系。一个人拥有最高信用，他就可以充分利用他人的资源来发展自己的事业，一个企业拥有最高信用，它就有无限的资源来扩张。一个国家拥有最高信用，它就能够动员全球的资金和资源来发展本国经济。汉密尔顿早就深刻洞察了金融和信用的本质。历史很快验证了汉密尔顿的先见之明和高瞻远瞩。1780 年代，美国金融市场还是一塌糊涂，10 年后到 1794 年，欧洲投资者就给美国国债和整个金融市场以最高信用评级。当时的法国外交部长宣称："美国国债运转良好、安全可靠；美国政府对国债市场的管理是如此规范，美国经济发展是如此迅速，以至于我们从来不担心美国国债的安全性。"正是国家信用的完善刺激欧洲资金源源不断流入美国，推动美国经济快速增长。

美国著名政治家 Daniel Webster 曾经如此评价汉密尔顿金融战略对美国的最高重要性："汉密尔顿创建的金融体系，是美国繁荣富强的神奇密码。他叩开信用资源之门，财富洪流立刻汹涌澎湃。美国人民满怀感恩之情，世界人民满怀敬畏之心。丘比特拈花一笑，智慧之神翩然而至，那是我们钟爱的希腊神话。然而，汉密尔顿创造的金融战略比希腊神话还要美妙。他那不可思议的大脑灵机一动，整个美国金融体系就应运而生。"

必须彻底根治全球经济体系的“艾滋病”

艾滋病的定义是：“一种由 HIV 病毒所引起的疾病。HIV 是一种能攻击人体免疫系统的病毒，它把人体免疫系统中最重要的 T4 淋巴组织作为攻击目标，大量破坏 T4 淋巴组织，产生高致命性的内衰竭，破坏人的免疫平衡，使人体成为各种疾病的载体。”

人体是一个复杂的动态演化体系，人类经济体系和金融体系也是一个复杂的动态演化体系。如果说“艾滋病”已经成为威胁人类生存最危险的致命疾病之一，那么，人类经济体系和金融体系也同样患上了一种致命的“艾滋病”，一种金融艾滋病，那就是起自 1971 年 8 月 15 日的浮动汇率体系。身体染上艾滋病病毒，破坏人体的免疫平衡，导致致命的内部生命衰竭，诱发各种难以治愈的疾病。同样，自 1970 年代以来，全球金融体系染上浮动汇率的金融艾滋病之后，全球经济失衡日趋严重，全球整体经济增速日益缓慢，金融危机和经济危机日益频繁，危机所造成的损失日益深重。如果人类不能采取切实办法治愈金融艾滋病，全球经济之失衡将继续恶化，经济衰退将旷日持久，各国经济矛盾将不断加深，最终人类经济有可能整体陷入高通胀和低增长的“滞涨”困境之中。

得出上述结论，绝不是一时心血来潮，故作惊人之语，而是我多年研究和观察国际货币体系改革的结果。2007 ~ 2008 年金融危机以来，改革和重建国际货币体系之呼声响彻云霄，却始终是雷声大雨点儿小，到底是怎么回事呢？基本原因就是美国不愿意承认浮动汇率体系是全球金融体系的致命疾病，不愿意采取措施稳定全球汇率体系，因为至少短期内浮动汇率对美国极其有利，浮动汇率能够更好地为美国利益服务。尽管长期来看，汇率动荡必然削弱美国经济，然而政治家总是眼光短浅，没有人愿意去思考长远的重大问题。

另一个主要原因是全世界的经济学者至今没有深刻理解浮动汇率的运行机制，没有真正理解浮动汇率为什么是导致全球失衡的根本原因。主流经济学者依然高唱浮动汇率如何如何好，如何可以有效调节国际收支失衡，他们完全不顾过去四十年痛苦的人类历史经验。时至今日，国际货币体系改革之动力已经日渐式微。展望2011年，我对国际货币体系重大改革的前景也不乐观。

2010年12月10～11日，法国人马克乌赞领导的“重建布雷顿森林体系委员会”隆重其事，在巴黎举行一个大型会议，主题是：《国际货币体系改革：旧的争论和新的论战》。两天会议共分八个分议题，涵盖了国际货币体系改革的所有层面，包括国际货币体系之目的，当前国际货币体系之缺陷，国际收支调节机制，全球资金流动的风险和监管，过渡性改革方案，国际储备货币多元化，宏观经济政策协调，国际货币体系改革的各种可能方案，等等。法国财长 Christine Lagarde 和央行行长 Christian Nover 到会发表主题演讲，全世界研究国际货币体系的主要学者悉数到场，都是大家非常熟悉的顶级学者：Robert Mundell，Ronald MacKinnon，Richard Cooper，Jacob Frankel，Michael Bordo，Alexander K. Swoboda，Robert Skidelsky 等等。参加会议的还有国际货币基金组织、美国财政部、欧洲中央银行、OECD、巴塞尔国际清算央行等国际金融经济组织高官，以及巴西、俄罗斯、土耳其、日本、韩国、秘鲁等许多国家中央银行的高级官员。

两天紧张的会议辩论取得什么结论呢？没有！这当然在意料之中，各国观察分析国际货币体系的视角非常不同，利益分歧非常大，达成共识比登天还难。然而，多次参加类似的国际会议，我却得到一个非常强烈的观感和结论，那就是全球有识之士都看到了当代国际货币体系最本质的内在矛盾。

这个最本质的内在矛盾是什么呢？就是各国都希望本国金融体系稳定有序与国际资本流动和汇率动荡不安之间的深刻矛盾，所有其他的国际金融问题（譬如所谓审慎监管、宏观经济政策协调、多元储备货币、监管对冲基金和热钱冲击、征收所谓“热钱税”，等等），皆源自此一基本矛盾。

从巴黎飞回北京的飞机上，我首次想到用“艾滋病”来比喻国际金融体系的基本矛盾和深刻缺陷。是的，如果我们放开历史的视角，看一看过去40年浮动汇率时代全球经济的各种指标，我们就不得不承认：浮动汇率的确已经成为全球金融经济体系致命的“金融艾滋病”。

会议期间，以撰写三卷本《凯恩斯传》驰名于世的英国经济学者Robert Skidelsky现场销售他的新作“Keynes：The Return to the Master”。我在回国的飞机上翻阅这本书，发现了该书第五章第三节特别有趣。作者将战后历史分为布雷顿森林时期（1951～1980）和“华盛顿共识时期”亦即浮动汇率时期（1980～2007年），综合分析了多个机构的数据，对比了两个时期的真实经济增长速度、失业率、汇率动荡幅度、收入分配公平度。结论非常明确、非常惊人：“布雷顿森林体系的固定汇率时代，人类享受到更快的真实经济增长、更低的失业率、更公平的收入分配和很少的汇率动荡，华盛顿共识或浮动汇率时代则恰好相反！”

Skidelsky得出的结论，与许多其他学者的研究成果完全一致。蒙代尔、麦金龙及其众多弟子近半个世纪的研究，一致认为浮动汇率是人类经济增长和金融稳定之大敌。经济史学家麦迪逊数十年的统计分析，证明浮动汇率时代的真实经济增长，远远比不上固定汇率时代。

笔者曾经将过去40年来国际货币体系对人类经济的深刻影响，概括为“七宗罪”。“七宗罪”的核心则是纯粹美元本位制和浮动汇率体系。1970年代以来，美国首先摧毁布雷顿森林体系，随后持续增发货币，大搞通货膨胀政策，资产价格泡沫一浪高过一浪，金融危机频繁爆发。须知1970年代以来全球基础货币或国际储备货币从380亿美元激增到超过9万亿美元，增速超过200倍，而真实经济增长不过5倍。要不是1980年代之后，以中国为首的发展中国家纷纷加入世界竞争，为全球提供廉价产品，西方发达国家的通货膨胀至少是今天的数倍。蒙代尔、卢卡斯、麦金龙，甚至包括格林斯潘等人在内都承认，1970年代以来，西方世界和全球的平均通货膨胀超过以往一切世纪的总和。货币的泛滥导致信用的泛滥，信用的泛滥导致高杠杆经营的泛滥。货币泡沫、信用泡沫、资产价格泡沫越吹越大，势不可挡，终于酿成全球金融海啸和经济衰退。可悲的是，以美国为首的西方发达国家竟然还是希望再次用货币泡沫和汇率贬值来刺激真实经济复苏。我们将看到更猛烈的货币洪水和汇率动荡。

据说科学家将在未来 10 ~ 15 年内攻克人体“艾滋病”。全球政治家和经济学者有望在同一时期攻克经济金融体系的“艾滋病”吗？只有天知道!

欧债风云录

货币联盟是对各国主权、国家调控空间和单边行动能力的限制。参与国将失去调整汇率的工具。一国内部政策灵活性的压力随之增加。在货币联盟中，各个国家都必须以同样的方式和速度，解决它们的经济问题和应对挑战。如果这些国家的解决方案有着本质上的区别，就会产生严重问题。实施正确解决方案的国家，很快就会比那些做出错误决策或滞后反应的国家更有竞争力。

——德意志联邦银行（德国中央银行）前行长蒂特迈耶

对于欧洲的命运，我们所能说的唯一正确的话，就是我们真的不知道她会走到哪里去。

——佚　名

请你们立刻采取决定性行动拯救欧元！我不想让大家联想到波兰特殊的地缘位置和历史，然而，我想告诉德国朋友们：如果说过去我们最害怕你们采取行动，那么今天我们最害怕你们不采取行动！

——波兰外长德国柏林勃兰登堡广场的讲话，2011 年 11 月 28 日

古堡论剑　再辩欧元

一

西耶那（Siena），意大利北部的古典小镇，托斯卡纳平原的璀璨明珠。城外山峦叠翠，阡陌纵横，城内曲巷通幽，古韵醉人。古巷之内，不经意隐藏着年代久远的酒吧餐厅，分外诱人；古巷两边，则是时髦光鲜的名牌商店，鳞次栉比，相映成趣。小城安静祥和，怡然自得，男女老少热情好客，自由奔放。当年，凯恩斯的弟子和传记作者偌伊·哈罗德（Sir Roy Harrod）曾经赞美西耶那是举世最美丽的城市。没有去过的人一定猜他言过其实。到西耶那住上三五天之后，你就觉得“最美丽”三个字怎么也表达不了那种难以言说的感受。

1969 年，一位 37 岁的年轻学者，不知道从哪位朋友那里听说西耶那北边十几里处，一个名叫圣塔·科伦坡（Santa Colomba）的地方，有一座年久失修的 12 世纪古堡。年轻人突发奇思，没有多想就决定买下。他花了多少钱，为什么要买那么一座荒郊野外的破旧古堡，朋友们至今也没有得到确切答案。花钱的传说有三个，一说数十万，一说区区数万（皆以美元计），一说免费奉送，他分文未付。

购堡的传说也有三个。

第一个传说是：那位年轻人当时已经是赫赫有名的国际经济学者，经常到欧洲各国访问、讲学和演说，为欧洲货币一体化和经济一体化积极奔走。为工作方便，年轻人希望在欧陆大地寻找一处典雅幽静住所。据说朋友们同时推荐了西班牙西海岸的一个小岛和西耶那的古堡，酷爱历史的学者最终放弃海岛，选择城堡。

第二个传说是：托斯卡平原是罗马帝国鼎盛之地，是文艺复兴发祥之地，是当代金融奠基之地，是现代大学孕育之乡，是意大利有史以来最富裕的粮仓和产业基地。但丁、米开朗基罗、达芬奇、马基雅维利等许多划时代的世界级大师，皆出生于西耶那和佛罗伦萨附近。世界上恐怕难有第二个地方，足以激发起那个年轻天才超越的想象力和好奇心。西耶那古堡正中下怀。

第三个传说是：年轻人购买古堡，是为了纪念1969年发生的一件开天辟地的大事件，那就是美国人阿姆斯特朗成功登月。第三个传说最不可信，却是今日古堡主人最经常告诉朋友们的购堡理由。我第一次亲耳听说时，觉得主人完全是在说笑。

不用说大家也知道了，41年前那个购买圣塔科伦坡古堡的年轻人就是后来享誉全球的诺奖得主、“欧元之父”蒙代尔。参观古堡之人的第一印象是：只有蒙代尔才能有此奇特甚至怪诞的举动。更为奇特的是，购买古堡的当天晚上，蒙代尔就独自一人到古堡睡觉。想想吧，古堡遗弃荒废数百年，杂草丛生，蚊虫乱飞，阴风阵阵，任何读过古堡幽灵之类小说和侦探故事的人，对那样的情景有多么瘆人肯定非常熟悉。你纵有十个胆子，也不敢独自去那里去“梦游仙境”吧。

我对朋友感慨地说，从他有胆量下决心买下这样一座古堡，而且数十年痴心不改，终于让几成废墟的古堡重新焕发青春活力（1971年，古堡被意大利政府列为重点保护文物），成为全球无数经济学者和各界朋友热爱和向往的世外桃源和快乐源泉，足以彰显蒙代尔之思维、想象和感召力非比寻常。

1999年蒙代尔荣获诺贝尔奖的时候，《纽约时报》的头版报道说他学术风格特立独行，甚至还有点儿怪诞不经。然而，独立之精神、自由之思想却可能是我们最宝贵、最稀缺的资源和品格。蒙代尔的许多思想与他人格格不入，不仅仅是经济和货币方面的思想独树一帜，他对历史、艺术和世界政治的看法也是与众不同。他与好些大名鼎鼎的师友因为学术观点不同，激烈辩论，互不相让乃至分道扬镳。顶级高手之学术辩论，对错早已不在话下。然而，为了追求终极真理，我们就不能人云亦云。

蒙代尔买下圣塔科伦坡古堡之后，将其更名为蒙代尔宫（Palazzo

Mundell），很快成为国际货币体系和国际经济学“华山论剑”圣坛的不二之选。1971年8月15日，尼克松总统宣布终结黄金与美元兑换，单方面撕毁布雷顿森林协议，国际货币体系从此进入一个崭新却异常动荡和混乱的时代。蒙代尔立刻发起召开“圣塔科伦坡国际货币圆桌会议”（the Santa Colomba Conferences for the international monetary system），邀请世界各国最顶级的经济学者隐身世外桃源，坐而论道，为国际货币体系改革出谋划策。

他的倡议立刻得到当时意大利中央银行（the Banca d' Italia）行长Guido Carli的热烈响应和全力支持。首次会议于1971年9月4日举行，主题是：美元危机及其对意大利和全球经济之影响。

40年来，圣塔科伦坡国际货币圆桌会议总共举办了17次（包括2010年会议在内）。且让我简要列举一下历次会议的主要议题和先后参加会议的重要人物。管中窥豹，细心的学子可以从一个侧面体会过去40年来，国际货币体系的演变历程，包括国际货币体系制度安排之变迁和学术思想之进展和争论。

1971年：美元危机及其对意大利和全球经济之影响
1973年：通货膨胀和国际货币体系改革
1974年：银行体系稳定、货币改革和通货膨胀之控制
1975年：最优货币区理论和国家经济政策
1976年：汇率体系管理和世界中央银行前景
1977年：新国际货币体系
1978年：关于国际收支调节机制的伟大论战
1982年：黄金在未来国际货币体系中的作用
1987年：再论国际货币体系改革
2003年：全球经济需要一个全球货币吗
2004年：迈向世界货币的各种可能途径
2005年：全球货币体系改革和世界货币
2006年：国际货币体系改革的各种可能方案
2007年：全球失衡、货币体系改革和世界货币
2008年：世界性衰退、弱势美元和全球货币

2009 年：迈向新的全球货币秩序

2010 年：后金融危机时代的国际货币体系改革

1987 年之后，蒙代尔决定停止召开圣塔科伦坡国际货币圆桌会议达 16 年之久。他说："1987 年之后，欧元进程加速，大家对国际货币体系改革失去兴趣，会议就暂时停止了。然而，欧元正式诞生之后，保罗·沃尔克和我决定重启圣塔科伦坡国际货币圆桌会议，重点讨论全球经济时代，我们是否需要和如何重建一个真正的世界货币。欧元诞生之后，国际货币体系成为各个相互独立的货币区所构成的一个松散体系。主要货币区是美元区和欧元区。能否从货币区迈向真正的世界货币，是人们对未来国际货币体系演变的主要兴趣所在。"

参与过圣塔科伦坡国际货币圆桌会议的著名人物包括：Sir Roy Harrod，Lord Kaldor，Gottfried Haberler，Hon. Paul Volcker，Hon. Giovanni Malagodi，Henry Kaufman，C. Grove Haines，Arthur Laffer，Richard Cooper，Prince Carlos Hugo de Borbón，Franz Aschinger，Peter Kenen，Giorgio Cigliana，A. Pesenti，Hon. Henry S. Reuss，Rudiger Dornbusch，Paolo Pagliazzi，Robert Aliber，Louis Camu，Paolo Savona，Eugene Birnbaum，Marcus Fleming，Harold Van B. Cleveland，Charles Kindleberger，Ron McKinnon，Brad de Long，Jacob Frenkel，Marius Holtrop，Lord Richard Layard，Tad Ryczynski，Kurt Richebacker，Steve Hanke，Emil Claassen，George von Furstenburg，M. De Cecco，Hon. Giorgio La Malfa，Herbert Grubel，Robert Bartley，Milton Gilbert，Lamberto Dini，Alexander Swoboda，Robert Triffin，Luigi Spaventa，Herbert Grubel，Fabrizio Saccomani，Rainer Masera，Steve Hanke，Wolfgang Schmitz，Henry Wallich，Jacques Riboud，Miranda Xafa，Siro Lombardini，Albert Hart，Hannes Androsch，S. Palumbo，Danilo Verzili，Giovanni Coda - Nunziante，Domingo Cavallo，C. F. Karsten，William Middendorf III，Pierre Keller，Xenophen Zolotas，Penti Kouri，Alberto Ferrari，Rinaldo Ossola，Fritz Machlup，Dominick Salvatore，John Taylor，President Vaclav Klaus（捷克现任总统和前任财政部长），Guillermo Ortiz，Rodrigo Rato。

熟悉经济学尤其是国际经济学发展历史的人应该可以看出，参加圣塔科伦坡国际货币圆桌会议的学者，正是过去60年来，影响全球货币思维的主要人物。

2010年的会议定于7月9～11日召开。会议之前，蒙代尔教授夫妇邀我到古堡小住，我得以尽情陶醉西耶那古城风韵和田园风光，品尝意大利美食和美酒，欣赏蒙代尔古堡目不暇接的经典图书和各种收藏。

当然，最惬意和最令人难以忘怀的，是蒙代尔夫妇、可爱小儿子尼库拉斯（12岁）、豪爽管家阿莱克斯和朋友们亲密无间的友爱之情。意犹未尽，赋歪诗一首以记之：

世外桃源何处寻，西耶城外林深深。
松槐庄严迎宾客，鸟儿欢笑唱丽音。
羊马猫狗成佳趣，老少男女俱童心。
年年古堡设高坛，四海英雄抒豪情。

二

2010年圣塔科伦坡国际货币圆桌会议的主题是：后金融危机时代的国际货币体系改革。蒙代尔亲自为两天会议拟定8个分议题。①旷日持久的全球金融危机；②欧洲债务危机：欧元区和欧盟之改革；③国际汇率体系：新危机是否即将爆发？④我们到底需要怎样的金融监管改革；⑤国际储备货币和SDRs之前景；⑥美元和欧元：两大货币汇率可以协调和稳定吗；⑦重新思考国际储备货币之功能：全球货币之锚和统一的计价单位；⑧世界货币体系之前景。

7月9日与会代表报到并共进晚餐。餐前寒暄问候之时，大家拿到会议的详细议程。纽约社会科学新学院的资深教授Edward Nell扫过一眼，回头对我说："你看，地道的蒙代尔式问题，单刀直入，绝不含糊。你要没有答案，最好不要大放厥词，免得引火烧身！鲍勃会一直问到你无话可说。"我哈哈大笑："早就领教过他的风格和厉害了。我担心的是自己抢不到发言的机会。"

酒过三巡，我细心数了数参会人员，议程上有的都如约而至，包括法国前财长、现任CNP保险集团主席Edmond Alphandery；前以色列中央银行行长、现任摩根大通国际主席 Jacob Frankel；前墨西哥中央银行行长，现任墨西哥大学教授 Guillermo Ortiz；法国现任中央银行副行长 Jean Pierre Landau；国际货币基金组织研究部资深副主管 Miranda Xafa 女士；哈佛大学著名教授、美国资深国际金融战略家理查德·科伯（Richard Cooper）等等多位重量级国际经济学者和政策专家。最引人注目的当然是捷克现任总统 Vaclav Klaus（曾经长期担任财长，亦是有名的经济学者），保镖加助手共 8 人参加晚餐。贵为总统，日理万机，还抽出时间来参加神仙会议，据说主要是想来听取与会者对欧元前景的看法。捷克不是欧元区成员国，是否加入欧元是捷克政治经济政策的重要课题。

希腊债务危机恶化以来，欧债和欧元几乎成为所有国际金融货币会议两个最热门的关键词。2010 年 7 月 1 ~ 2 日，欧元 50 集团（Euro 50 Group）召开佛罗伦萨会议，参与者多达 80 人，主题是“动荡年代的欧元前景”。好些与会者先跑到佛罗伦萨辩论欧元，然后到欧洲畅游几天，再赴蒙代尔古堡继续畅谈。佛罗伦萨会议上，大家吵成一锅粥，争得脸红脖子粗，激烈程度我很少见过。古堡论剑，再辩欧元，大家还能有什么新见解？我满怀期待。

会议进展出乎所有人预料。7 月 10 日早晨会议的议题本来是讨论全球金融危机是否已经结束，金融危机对各国经济影响究竟有多么严重，初露头角的经济复苏是否可以持续。然而，讨论不到 20 分钟，焦点就对准欧元。唱衰欧元和唱好欧元的两派人马摆开阵势，激战三百回合，互不相让，不分胜负。唱衰派的领军人物是捷克总统 Vaclav Klaus，大将包括英国“China Oxford Scholarship Fund”的主席 Timothy Beardson。哥伦比亚大学“资本主义和社会研究中心”主任 Peter Jungen。唱好派的领军人物是蒙代尔，大将有法国前财长 Edmond Alphandery；现任法国中央银行副行长 Jean Pierre Landau；法国财政部副部级高官 Anne Epaulard；重建布雷顿森林委员会主席 Marc Uzan。一时间你来我往，风云激荡，天昏地暗，真正杀得是个个面红耳赤，唾沫横飞。旁观者没有插嘴多舌的余地，只好阵前观战，伺机出击。

欧元唱衰派的主要论点是：①欧元压根儿就不应该产生。它没有任何经济基础，纯粹是一个政治工程，是政治家一意孤行的产物。欧元区并不满足蒙代尔意义上的“最优货币区”条件。②欧元区没有任何退出和惩罚机制。好些国家对加入欧元抱有不切实际的幻想，以为加入欧元就吃到了免费午餐。于是放弃了原本应该进行的结构性改革，财政约束大大放松。酿成今天的欧债危机和欧元危机。③欧元启动之后，欧元区财政政策协调没有取得任何进展。各国自行其是，欧盟没有权威，协调不了各国财政经济政策。遇到希腊债务危机，各国相互观望拖延，危机愈演愈烈。

欧元唱好派的主要论点是：①欧元从一开始就是巨大成功，它一启动就是世界第二大重要货币。没有欧元，2008 年全球金融危机对欧洲各国的冲击肯定更加严重。欧元是当今国际货币体系重要的稳定力量。全世界都因此受益。②欧元诞生之后，欧元区各国贸易经济整合程度大幅度提升，从而有效促进了欧元区内部的产业分工和升级，加速了贸易、资本和人员流动。货币整合确实有助于经济金融整合。③欧元诞生大大提升了欧元区金融市场和资本市场的国际竞争力。譬如 2006 年美国财长鲍尔森上任伊始，就大声疾呼美国加快金融改革，以应对欧元区金融市场的竞争，从一个侧面验证了欧元区资本市场具有很强的国际竞争力，单一货币欧元是主要推动力量。

上午会议很快结束，我只在会议刚开始时，抢到 3 分钟发言机会，言不尽意，心有不甘。兴味盎然地观看两派激战，几乎到了情绪化的程度，却将真正苦难而重要的问题抛到了脑后，心中顿时暗喜：且看我如何将两派全部杀下马来！

下午会议刚一开锣，我就迫不及待抢先发难。会议主席蒙代尔见我频频举手，就准许我多讲几句。

我说：“讨论欧元，我是一个旁观者。中国有句俗话：当局者迷，旁观者清。最近多次参加有关欧元的会议，以虚心学习的态度，希望多知道一点儿欧元的事情，听听欧洲朋友们如何理解和认识欧元，如何展望欧元前景。遗憾的是，我是越听越糊涂，越听越迷茫。然而我想，评价一个货币是否成功，总应该有一些客观标准，不能依靠主观判断。一个货币是否能够成为重要的国际储备货币，应该有一些客观标准，不是凭某些个人主观愿望就可以实现的。上午几位学者说欧元是一个百分百的纯粹政治工程，经济上毫无必要，纯属几个政治家的主观推动，我实在难以苟同。我想我们今天辩论欧元，有两个基本问题需要首先回答清楚：第一，欧元诞生至今10余年来，究竟是成功还是失败？欧洲朋友们有没有具体客观的数据和指标来评估欧元10余年的表现？经济学要讲证据，讲实证，讲效果。只有清楚回答这个问题，我们讨论其他问题才有一个正确基点，否则都是一厢情愿的主观臆断。第二，希腊债务危机或欧债危机就是欧元危机吗？二者可以画等号吗？是一回事吗？最近参加几次会议，我听来听去，许多人都将二者混为一谈。这是一个需要彻底澄清的问题。我不认为希腊债务危机或欧债危机就简单等同欧元危机。不幸的是，许多国家的媒体报道和评论，包括一些中国媒体的报道和评论，总是将二者画等号，说希腊债务危机或欧债危机意味着欧元要崩溃，要垮台。欧洲朋友们确实需要从理论和实证上将债务危机和货币危机区别清楚。”

我接着说：“上述两个问题既有重要理论意义，也有重要实际价值。亚洲各国包括中国在内，都在致力于区域货币合作和金融合作，也有人提出亚洲区域货币或亚洲单一货币设想。我们非常希望知道，欧元模式哪些方面可以为亚洲各国所借鉴。如果客观数据证明欧元不成功，或者从经济上看一无是处，很多人对于区域货币合作的前景就要深表怀疑。我衷心希望欧洲朋友们能够给我们以明确的答案。”

我话音刚落，坐在对面的捷克总统向我点头微笑，意思是我的问题击中了要害。等不及蒙代尔指定发言顺序，唱衰派和唱好派立刻又展开更剧烈争论。捷克总统 Vaclav Klaus 单刀直入，以四方面指标证明欧元不成功。①欧元诞生之后10年，是欧元区经济增长表现最差的10年，平均年增速不到2%。二战之后，欧元区经济平均年增速从来没有低于4%。有人说2001~2006年是二战之后全球经济最美好的5年，欧元区却完全不是。②财政状况极度恶化。欧元诞生之后，欧元区没有那个国家的财政指标严格遵守了《马斯特里赫特条约》的规定。财政赤字与GDP之比、债务总额与GDP之比，都突破了3%和60%的界限，连德国也不例外。③欧元区整体竞争力下降。上午 Jacob Frankel 给出数据，说欧元诞生10年来，欧元区整体经济竞争力削弱幅度高达28%，这是惊人的事实，表明欧元单一货币对竞争活力和创新动力都有制约。④欧元并非国际货币体系稳定器。欧元诞生后最初几年，全球经济总体向好，欧元表现不错。一遇到2007年和2008年金融危机，立刻就风雨飘摇，各种问题都暴露出来。毫无疑问，希腊债务危机就是欧元的危机。

捷克总统的四大证据让我都惊出一身冷汗。这可是刀刀见血，毫不留情。要反驳他真不容易。

坐在他右手边的法国前财长 Edmond Alphandery 曾经为欧元区创立立下过汗马功劳，怎能容忍他人如此贬低欧元!？没有等 Vaclav Klaus 把话说完，他就开始大声反驳。①10年来，欧元区经济增长表现没有您说的那么差。欧元诞生后各国经济增长强劲。只是2007年金融危机以来，好些国家出现负增长，才将整体平均增速拉下来。金融危机导致负增长，也并非欧元区独有的现象。②欧元诞生之前，许多国家财政政策约束更差，财政赤字与GDP之比、债务总额与GDP之比例很高。欧元诞生后有了约束机制，各国财政状况总体得到改善，不是恶化。③我不认为欧元区经济竞争力大幅度下降，相关的数据如何得到的我不清楚。但我自己的观察，欧元区经济依然充满活力，尤其是德国和法国的经济。上午有朋友提到人均风险投资和创业投资的数额，欧元区很高，甚至是全球最高的。这很能说明问题。④希腊债务危机并不等同于欧元危机。历史上许多国家都出现过债务危机，它们的货币并没有崩溃。我们怎么能够将希腊债务危机与欧元危机画等号呢？中国朋友的问题提得很好。我们确实需要澄清。债务危机绝不意味着欧元危机。相反，我想告诉朋友们。一个货币是否成功，有一个关键指标，那就是它被接受、被使用、被交易和流通的范围。欧元诞生10年来，它的流通范围和流通量迅速上升，周边国家和世界许多国家都使用欧元作为重要国际储备货币。我想捷克也不例外吧（他望着捷克总统说）！金融危机以来，欧元的国际储备货币地位并没有削弱。怎么能说欧元对美元汇率下降就是危机？这不过是市场的过度反应，包括投机炒作。

两人发言之后，大家争先恐后，各抒己见。下午会议火药味和情绪化十足。蒙代尔几次反问 Vaclav Klaus：譬如美国加州或纽约州出现债务危机或财政危机，我们能够说那就是美元危机吗？Vaclav Klaus 表情严肃，沉默许久，蹦出一句话：反正捷克不打算加入欧元区，至少现在不会！

欧债危机=欧元危机吗

很少见到如此激烈的争辩，而且是发生在两个重量级的德国人之间。

时间：2011年7月12日中午

地点：伦敦金融城最著名的阿莫斯大厅

人物：

正方——德国驻英国大使、充满激情的欧元捍卫者布隆嘉登（H. E. Georg Boomgaarden）

反方——德国联邦工业协会主席、曾经坚定的欧元支持者、如今坚定的欧元怀疑者和反对者汉斯·汉克尔教授（Prof. Hans－Olaf Henkel）

反方率先发难："我曾经是欧元的坚定支持者，如今却是欧元的怀疑者和反对者。我对欧元深深失望和悲观，我对欧元区和欧盟领导者深深失望甚至愤怒。你问我为什么？我有三个最充分的理由。其一，自从1999年欧元诞生以来，几乎没有一个成员国遵守《马斯特里赫特条约》所定下的规则。几乎所有国家都突破了财政赤字占GDP3%和公债规模占GDP60%的红线，欧元区的中流砥柱德国和法国也没有模范遵守规矩，我对此非常震惊和绝望！其二，无论是《马斯特里赫特条约》还是欧元区其他协议和规则，都没有规定成员国有义务拿钱去救助另外的成员国，我们没有所谓的救助条款（Bailout Clause）。如今却要成员国纳税人出钱去挽救希腊或其他陷入债务危机的国家，法律依据何在？纳税人凭什么要同意？难怪德国纳税人要愤怒。希腊人会领我们的情吗？绝对不会。我告诉您们，希腊债务危机爆发以来，德国人竟然成为希腊民众最憎恨的人！其三，希腊根本就没有资格加入欧元区。为了鼓励希腊加入欧元区，我们的领导人几乎不顾一切，容忍希腊操纵数据、造假账。毫无疑问，希腊债务危机就是欧元危机，欧元区自毁长城，自我误导。欧元区的设计确实有重大缺陷，没有任何退出机制和惩罚机制。欧元区各国经济增长率差异如此巨大，通胀水平非常不同，经济政治政策哲学各异，文化心理差异亦有天壤之别，怎么可能实施一刀切的货币政策呢？错误的设计和不遵守规矩让金融市场形成错觉，以为希腊债券和德国债券一样优良、一样安全。危机爆发之前，像希腊这些国家的债券收益率竟然和德国不相上下，如果不是同处一个欧元区，这怎么可能呢？他们确实有搭便车、吃免费午餐的嫌疑。然而天下没有免费的午餐，至少没有永远免费的午餐。如今真相大白，我们目瞪口呆！我们束手无策！我们手忙脚乱！欧元区的出路何在？我的答案非常明确，那就是让希腊和其他不符合条件的国家退出欧元，或者迅速建立退出机制，让各个成员国自己选择是否退出欧元区，或者允许各国退出欧盟。退出欧盟就算是自动退出欧元区了。与此同时，政府不能慷纳税人之慨去救助那些深陷债务困境的国家，应该让市场机制发挥作用。大量购买希腊债券、不知道区别风险和收益的金融机构，为什么不能自我承担损失？欧元区领导人长期一意孤行、背离市场机制，是导致欧元区今日困境的主要原因。”

正方：“昨天晚宴上我就说过，以前我也多次说过，欧元是一个伟大的政治工程，欧元关乎欧洲的战争与和平，它是德法两国乃至整个欧洲为了避免战争重演而构建的伟大工程。欧元是德法永久和好的产物，是欧洲政治整合的产物，是欧洲经济整合的产物，是整个欧洲大大陆和解的产物。尽管它不完善，却取得了巨大成功。您能够告诉我世界上哪里有完美无缺的工程和事情？任何事情都需要不断改进，不断完善，世界天天都在发生变化，欧元从诞生那天起，就一直面临挑战和考验。但我必须提醒各位注意，欧元诞生初期是非常稳定的货币，是非常成功的货币。欧元极大地推动了欧洲贸易、金融、劳动力市场的进一步整合，极大地扩展了欧洲金融市场的规模和深度，极大地提升了欧洲金融市场的国际地位。欧元今天失败了吗？欧元区必定要解体和崩溃吗？欧元丧失前途了吗？没有，完全没有！您们为什么要将希腊和其他成员国的债务危机完全归咎于欧元？欧元为什么要为一切经济问题承担责任？英国没有加入欧元，不是照样出现房地产泡沫，不是照样陷入金融危机，不是照样债台高筑、难以为继吗？过去几十年来，全球出现那么多次金融危机、货币危机和银行危机，我们有拉美债务危机、美国储贷机构危机、亚洲金融危机、俄罗斯债务危机、美国次贷危机和金融海啸，它们可没有欧元啊！它们为什么会陷入危机呢？美国加州和其他州也深入债务泥潭难以自拔，甚至濒临破产，难道也要它们脱离美元，发行加州货币吗？您们将希腊债务危机等同于欧元危机是完全错误的类比。您们似乎提出了一个非常强有力的理由，那就是假若希腊有自己的独立货币，它就可以将自己的货币贬值，从而提升经济竞争力，度过债务危机。我想提醒各位，世界上有哪一个国家能够单凭货币贬值来提升竞争力？汇率贬值顶多是一个短期解决之道。不错，我承认欧元区领袖们不是十全十美，甚至犯过严重的错误，我们需要改进决策机制和治理结构，需要提升领导力，但不能把这些都归罪于欧元。我深信欧元前途光明。欧元的出路不是放弃，不是崩溃，不是解体，不是分裂，而是坚持，是整合，是团结，是协作。我们需要一个更加强大和紧密整合的欧洲和欧元区，而不是一个分裂和弱小的欧洲和欧元区！”

汉克尔和布隆嘉登的激烈争论，是欧洲主权债务危机各个方面重要问题的全面展示。自2009年希腊债务危机爆发以来，关于欧洲主权债务危机之根源，大体上有五个说法或假说：①欧元危机说；②危机传染说；③竞争劣势说；④美国打压说；⑤全球失衡说。深入分析各个说法或假说，有助于我们理解欧债危机和国际货币体系面临的基本困境。

“欧元危机说”将欧债危机等同于欧元危机，认为是欧元或欧洲货币联盟机制设计之内在缺陷导致了希腊和其他欧元区国家的债务问题。

“欧元危机说”的基本推论和结论是：①欧元压根儿不应该产生，欧元区不具备最优货币区条件。欧元诞生纯属政治工程，没有经济、金融和货币可行性，迟早会陷入困境乃至解体。早在1970年代，围绕是否加速推进欧洲货币联盟，就有“货币学派”和“经济学家派”之争。货币学派认为货币联盟是促进经济政治整合最有力的推动力量，应该先建立单一货币区。经济学家派则认为经济和政治整合是货币整合之前提，应该先推动经济和政治整合，最后才是货币联盟和单一货币区。②欧元区有三个难以解决的矛盾：“一刀切”货币政策与各国独立的财政政策相冲突；“一刀切”货币政策与各国经济发展不平衡和竞争力差异巨大相冲突；“一刀切”货币政策永久取消汇率调节机制或货币贬值机制，货币政策独立性之丧失反而恶化经济结构刚性，延缓经济结构调整。

譬如欧元诞生初期，德国尚未摆脱国家统一导致的巨大财政负担，需要货币市场低利率以刺激经济。然而当时爱尔兰、西班牙等国家却面临经济过热，需要紧缩货币政策和上调利率。德国主导的“一刀切”货币政策直接诱发了一些成员国的房地产投机和资产价格泡沫（以爱尔兰和西班牙最甚），泡沫破灭就是危机来临。“一刀切”的低利率货币政策，让希腊等国能够以非常低的利率或成本大肆发行债券，国际金融市场竟然将希腊债券与德国债券等量齐观。希腊等国债台高筑怎么可能持久？危机爆发势在必然。

“危机传染说”不同意将欧洲主权债务危机等同于欧元危机，最有力的反驳理由是：英国、冰岛以及世界许多国家不属于欧元区，不属于单一货币区，却依然遭受全球金融危机冲突，深陷债务危机、银行危机或经济危机。“危机传染说”认为，希腊、爱尔兰和西班牙等国面临的债务危机是2007~2008年次贷危机和全球金融危机的传染效应和后续反应。危机之前，全球整体消费需求和投资需求旺盛，南欧诸国的旅游业和房地产业非常繁荣，经济前景良好，投资者愿意购买希腊等国债券实属情理之中，恰如2002~2006年之间，全球投资者愿意大量购买美国次级按揭债券一样。希腊等国能够大量发行公债，并非欧元单一货币的低利率政策所诱发，它是一个全球性的现象。格林斯潘不是早就说过吗，自1980年代后期起，全球就进入了低利率时代，怎么能够将欧元区的低利率归咎于欧元诞生呢？

美国次贷危机和全球金融海啸爆发之后，在挽救经济危机、避免债务危机方面，与美国相比，南欧诸国有许多劣势：①南欧诸国市场规模难以与美国匹敌，旅游业和房地产业又最容易遭受消费锐减、利率飙升、投资下降的多重打击。次贷危机以来，美国消费持续疲软，房地产市场持续萎靡。美国尚且如此，希腊等国如何可以独善其身？因此，希腊债务危机只不过是全球金融危机的一部分，归罪于单一货币区实在牵强。②与美联储相比，如果说欧洲中央银行挽救希腊危机有什么不足，那就是没有像美联储那样，直接入市大量购买债券。假若欧洲中央银行直接入市购买希腊债券，根本就不会发生债务危机。这是不是欧元单一货币区的错误呢？非也。假若没有单一货币，希腊拥有独立货币，希腊早就破产，债务危机要比现在严重得多。

“竞争劣势说”将注意力从货币金融层面转向真实经济层面，认为希腊等国深陷债务危机是咎由自取，寅吃卯粮必然破产，债台高筑必然崩盘。南欧诸国的产业层级、企业竞争力、技术水平和人力资本，皆无法与德国等北欧诸国相抗衡，消费水平、福利开支、最低工资等等，却非要与德国看齐。政客们为了取悦选民，总是许诺高福利、高工资、低劳动。税收收入无法兑现承诺，就只好诉诸借债。

世界上的道理其实很简单。天下哪有免费的午餐？天上哪里真能掉下馅饼？既要养尊处优、奢侈享乐，又不想努力工作，三岁小孩都知道那是不可能的事。为什么德国民众强烈反对政府慷纳税人之慨去救助希腊？理由很简单很充分。金融危机之后，德国劳动者主动降低工资应对危机，南欧诸国却天天罢工要求涨工资！同属一个欧洲，差别怎么这么大呢？经济毫无竞争力，消费享受却要力争上游，靠债务来维持海市蜃楼，早晚是梦幻一场！单一货币确实让希腊人吃了免费午餐，但那不是单一货币的错。

“美国打压说”很简单，那就是美国始终希望搞垮欧元以维护美元的霸权地位。事实上，美国主流政经界一直对欧元不冷不热。1999 年欧元诞生之前，美国政界不断地给欧洲领导人泼冷水，学术界努力发表著作论证欧元不可行。1999 年欧元问世前夕，笔者还记得美国经济学界重量级人物、里根总统经济顾问委员会主席、美国国民经济研究局主席马丁·菲尔德斯坦曾经在《华尔街日报》发表文章《欧元必将欧洲创新拖入战争深渊》，预言欧元必然解体，并因此导致欧洲混乱、纷争乃至战争！1999 年欧元呱呱坠地，而且相当时间里异常坚挺，美国精英们的反对和怀疑之声日渐式微，甚至销声匿迹。

自 2009 年希腊债务危机爆发，美国政经大佬们自然而然地站到“欧元危机”一边，公开场合，他们尽管大声呼吁欧元区尽快采取措施结束危机，私下却偷着乐，希望看欧元的笑话越闹越大。身为美国财长的盖特纳毫不掩饰他对欧元的悲观失望。2011 年 3 月，盖特纳到国会听证，直言不讳地说："欧元区的问题极端困难，困难程度简直难以置信，我甚至怀疑他们能够搞定。你们应该明白，你们已经给自己挖了一个极深的坑，要爬出来有那么容易吗?"

前美联储高官、现任华盛顿彼特森国际经济研究所高级研究员的特德·杜鲁门直言欧元区处于十字路口，必须做出痛苦的抉择："单一货币其实制造或加剧了欧元区内部的严重失衡。消灭汇率和实施低利率货币政策，极大地提升了德国经济和出口竞争力，德国经常账户盈余迅速飙升。然而，德国人民和政治家们没有认识到，这种似乎一夜之间天上掉下来的利益是昙花一现，他们终将付出代价。欧元区必须做出抉择，要么继续前行，推进经济政治整合，直至建立欧洲财政和政治联盟，要么退回来，建立某种较为紧密的欧洲邦联，并重新引入独立主权货币和汇率机制。"

对于华盛顿的许多重要人物来说，他们最希望看到的结果或许就是欧元区解体。欧元区解体是否能够大幅度提升美元已经拥有的强大霸权地位？尽管答案充满不确定性，然而，确凿无疑的是，维持美元的霸权地位或者依照美联储主席伯南克的说法，维持"美元在全球货币金融市场上的特殊地位"，乃是美国国际货币金融战略的头等大事！

美元霸权地位或者"美元特殊地位"，对美国究竟有多么重要？或者说对美国真的就那么重要吗？坦率地说，中国人民对此没有太多感觉，更谈不上系统深刻认识和详尽研究，因为我们传统上对金融是嗤之以鼻乃至深恶痛绝的，我们喜爱的是直接管理，坐地征税、"既无内债也无外债"，对于金融投机、货币债务一类的玩意儿，只是最近一些年才开始有所感觉。

关于美元霸权地位对美国的极端重要性，我只想提及滔滔历史长河里几朵精彩的浪花。一是1965年法国总统戴高乐将军对美元霸权的著名批评："美国享受着美元所创造的超级特权（Exorbitant Privileges）和不流眼泪的赤字。它用一钱不值的废纸去掠夺其他民族的资源和工厂"。超级特权（Exorbitant Privileges）一词从此不胫而走。

二是1961年法国著名的国际经济学者、国务活动家和戴高乐的经济顾问雅克·鲁夫（Jacques Rueff 1896～1976）对美元霸权货币体系的尖锐批评："当代国际货币体系已经沦落为小孩子的过家家游戏。欧洲各国辛辛苦苦赚回美元和英镑，然后又毫无代价地拱手返还给发行这些货币的国家，就好像小孩子们玩游戏一样，赢家同意将赚回的筹码奉还给输家，游戏却继续进行。"

三是对欧元诞生具有重大意义的德国《根舍报告》三目标。1988年2月，长期担任西德外长的根舍从国际战略角度极力推动西德创建欧元。他给西德政府提交一份秘密报告（史称《根舍报告》），明确指出创建单一货币，旨在实现三大目标：①降低欧洲对美元的依赖；②永久性强化欧洲货币汇率机制；③扩张欧洲货币单位之运用范围。

四是2011年6月美联储主席伯南克呼吁美国两党尽快就提高美国国债上限达成一致："如果国会两党真想就美国财政的未来找到好的出路，就必须尽快及时就提高债务上限达成一致，否则就是自取失败。如果不能按时支付美国财政债券的本金和利息，哪怕只是延期很短时间支付，都必将严重扰乱金融市场和支付体系，导致美国公债信用级别下降，削弱人们对美国信用的信心，极大地损害美元的特殊地位，严重影响美国财政债券的未来发行或供给。"

五是美国著名国际货币学者、加州大学伯克利分校教授依成格林2010年出版小册子《全球失衡和布雷顿森林体系之教训》，结论是：今天国际货币体系与布雷顿森林体系最基本的区别，乃是有一个美元的替代者——欧元。

考虑到以上的分析，美国努力打压欧元或阴谋颠覆欧元，似乎顺理成章！难怪每当美国信用评级公司调低欧元区成员国主权信用级别之时，欧元区领导人都要大为光火，猛烈反击。不过，即使从理论逻辑上相信"美国打压说"，现实的可靠证据依然不足，难以定论。

"全球失衡说"试图从大历史角度和全球视野来理解欧洲主权债务危机和其他金融危机。该学说有如下基本要点：

（1）所谓全球失衡不是新现象。全球经济、金融和货币从来没有真正"平衡"过，失衡才是常态。失衡需要调整，调整就意味着危机。即使是人们今天时常怀念的19世纪国际金本位制和1950～1971年之间的布雷顿森林固定汇率时代，也有多次危机发生。一国金融货币体系具有内在和天然的不稳定性，全球金融货币体系亦复如是，且尤甚之。

有名的经济危机历史学家金德伯格和经济周期学者明斯基皆写过大量文章和专著，来论证一国和国际货币金融体系的内在不稳定性。依成格林等许多学者的研究成果亦证明，金本位制和布雷顿森林体系并非像人们所想象的那么稳定和美妙，它们最终不可避免的垮台或崩溃，本身就证明了两大体系是不稳定的货币体系。假若从这样一个大的历史背景出发，我们自然无法将欧洲主权债务危机归咎于单一货币，即使没有单一货币，即使汇率完全浮动的许多国家，照样发生债务危机、货币危机、银行危机和金融危机。危机是金融货币体系内在不稳定性的必然结果。我们所能够做的，只是探索货币体系内在不稳定性和金融危机的基本规律，并据此设计一些规则和制度安排，将危机的损失降低到最小。

（2）笔者曾经提出金融货币体系乃至一般经济体系之“风险递增定律”。与任何自然有机体系一样，人类的经济体系和货币金融体系亦是一个复杂系统，是一个“熵增”系统，是一个秩序与混乱相伴相生的体系，是一个复杂性持续递增的体系，是一个风险不断累积和扩大的体系。从无序到有序，从混乱到规则，从增长到衰退，从萧条到复苏，从崩溃到重建，循环往复，以至无穷，此是天地宇宙自然生命之最根本规律，任何体系概莫能外。以此观之，人类经济系统、货币金融系统出现危机，乃是最自然不过的现象，不值得大惊小怪，甚至亦不需要救助。

今日人类自作聪明，相信财政政策、货币政策和其他多样政策可以挽救金融危机，可以抹平经济周期，可以降低货币金融体系的风险和不确定性，甚至可以完全防止金融危机和经济周期之爆发，所以，一旦危机发生，各国和国际金融机构犹如救火队一般，手忙脚乱地充当着救世主的角色。然而，人们并没有停下来仔细思考一个最简单、最有意思的问题：假若放任危机不管，世界将会怎样？理论模型难以模拟，历史经验却有线索，那就是不采取救助措施或许更好！

这不是说笑，而是一个非常严肃的政策话题。7月9～10日到意大利西耶那参加蒙代尔一年一度的国际货币圆桌会议。今年日子特别，是布雷顿森林体系崩溃40年，亦是蒙代尔发起圆桌会议40年。当年参与解决拉美债务危机的多位重量级人物到会发表感想，为欧洲债务危机把脉，包括当年直接牵头商业银行与拉美各债务国谈判的比尔·罗德斯，当年身处危机漩涡之中的墨西哥前中央银行行长多明戈，当年任职国际货币基金组织、直接参与解决拉美债务危机（后任以色列中央银行行长和摩根大通国际主席）的雅各布·弗兰克尔等等。

会议辩论正酣之际，我突然提问：可不可以不救助希腊，让它自生自灭或干脆宣布破产？听众起初愕然不解，接着吵闹一片，后来大家似乎达成结论：完全不去救助也许是一个办法，还可能是最好的办法！几天后到伦敦，拿到货币金融机构官方论坛（OMFIF）的内部刊物，赫然看见该组织顾问委员会主席、伦敦经济学院资深教授、英国贵族院议员梅格拉德·德赛的文章《希腊如何向冰岛学习?》，他建议不要救助希腊，让希腊举行全民公决来决定如何处理债务，最佳办法就是宣布破产。

不要忘了，今天各国和国际货币金融体系最大的麻烦之一，就是政府天天充当救火队所产生的“道德风险和逆向选择”，就是所谓的“大而不能倒”（Too Big to Fail），就是金融机构和债务人知道一旦惹出麻烦，濒临倒闭和破产，政府就会拿纳税人的钱来给他们埋单，所以就有恃无恐、肆无忌惮地任意借债、扩张、高杠杆消费、高杠杆投资、高杠杆玩儿风险游戏、高杠杆玩儿衍生金融产品。德国人民为什么郁闷？为什么强烈反对政府救助希腊？理由很简单。以前国内金融机构出了问题，纳税人掏钱挽救自己国内的金融机构也就罢了，现在还要求实现国际人道主义或国际共产主义，让纳税人掏钱去挽救其他国家和其他国家的金融机构，如何想得通呢？国际货币基金组织是当今世界最大的国际性救火队，时常自鸣得意，权力日益膨胀，其实反躬自省，脚踏实地去思考，它多年来汲汲挽救金融危机，可能反而大幅度增加了“逆向选择风险和道德风险”，大幅度提升了国际货币金融体系之整体风险。

（3）与40年之前相比，或者与以往任何时候相比，今天的全球失衡有许多崭新特点。坦率地说，我们对全球经济、金融和货币的运行机制和内在规律还知之甚少，我们对今天全球失衡的根源、规律和后果还知之甚少。谈到全球失衡，美国财政部和美国学术界主流的意见就是美国的贸易逆差和经常账户逆差，与此相对应，自然就是美国的财政赤字、国际收支赤字和国债规模不断扩张。美国人经常在算账，算美国经常账户赤字与GDP之比，算美国国债与GDP之比，算美国国债利息支出与财政总支出之比，等等。目的是要判断，美国的经常账户赤字、国际收支赤字和居高不下的国债能否持续下去，或者能够持续多少年。

当我们批评希腊寅吃卯粮、挥霍奢侈之时，千万不要忘记，全球真正能够长期寅吃卯粮、挥霍奢侈的国家是美国。依照国民收入恒等式，美国长期维持经常账户逆差和国际收支逆差，意味着美国的投资和消费长期超过其国民产出，长期依靠借债来消费和投资。事实上，数十年来，美国的国民储蓄率整体为负。

谁借钱给美国呢？1960～1990年代主要是德国、日本和其他国际收支顺差国家，2000年之后，中国很快成为给美国借钱的大户，成为美国的主要债主。穷国为富国融资，穷国借钱给富国消费和投资。穷国以辛苦汗水和资源消耗为代价给富国生产真实商品和服务，富国只需要开动印钞机印刷一些纸钞或者大量发行国债，就可以几乎无限度购买穷国辛辛苦苦生产的产品。

这就是前面提到的雅克·鲁夫（Jacques Rueff 1896～1976）所说的"小孩子过家家游戏"："欧洲各国辛辛苦苦赚回美元和英镑，然后又毫无代价地拱手返回给发行这些货币的国家，就好像小孩子们玩游戏一样，赢家同意将赚回的筹码奉还给输家，游戏却继续进行。"你只要把鲁夫说的欧洲各国换成中国，就完全可以明白所谓全球失衡对中国意味着什么，对我们每一个辛苦工作的劳动者意味着什么。然而美国并不领情！美国人享受免费午餐之余，却高声指责中国制造了全球失衡，抱怨中国抢走了美国人的饭碗。

须知美国债务与希腊债务有一个最大的区别。美国债券甘心有人购买，甘心有人为美国赤字融资，甘心为美国寅吃卯粮埋单；美国要偿还债务易如反掌，开动印钞机就可以了，无需像希腊那样到处磕头，求爷爷告奶奶。最近一段时间里，许多人谈论美国债务危机，将美国债务危机和希腊债务危机相提并论，似乎美国马上要陷入到与希腊同样的命运。天真幼稚，糊涂犯傻，莫此为甚也！

这样的全球失衡，这样的国际经济、金融和货币体系史无前例。我们经常说19世纪英镑的地位与今天的美元地位相似，其实不然。当年英镑是金本位制，为了维护英镑的国际地位，英国必须维持贸易顺差。假若英国长期贸易逆差和国际收支逆差，黄金就会从英国大量流失，金本位制就会崩溃。所以，我们看到19世纪的英国，长期是贸易顺差、经常账户顺差和国际收支顺差，长期是资本输出国。易言之，金本位制下，要维持全球主要储备货币地位，就必须实施审慎财政、稳健财政、尽量少借债或不借债、尽量维持贸易和国际收支顺差。

1971年布雷顿森林体系崩溃之后的国际货币体系，是人类有史以来最奇特的一个货币体系，那就是一个国家的信用货币成为最主要的国际储备货币，一个国家的中央银行成为“准”世界中央银行，一个国家必须始终保持贸易逆差、经常账户逆差和国际收支逆差，才能为全球经济供给储备货币和流动性，一个国家始终维持“寅吃卯粮”、持续借债、债台高筑，不仅不是世界的“灾难或麻烦”，反而是世界经济运行的“前提或福音”！

所以，连英国《金融时报》首席评论员马丁·沃尔夫也承认：“作为一个国家，美国是全球最大的对冲基金、最大的风险投资公司和最大的私募基金，而且他不需要任何资本金。它具有近乎无限的融资或创造信用的能力。美元长期贬值符合美国根本利益。”

这样的美元货币体系才是真正的全球失衡，或者说，才是全球失衡的真正根源。美元本位制和浮动汇率是当今国际金融国际货币体系的两大主要特征，是过去40多年来全球金融危机和货币动荡持续频繁爆发的总根源。

世界银行2003年的统计研究结果显示，1970～2000年，全球93个国家共发生了117次金融危机。根据美国经济学家依成格林和波多的研究结果，1973～1997年，全世界总共发生139次金融危机，其中发达国家44次，发展中国家95次。与此形成鲜明对照的是，1945～1971年，全球总共只发生38次金融危机，而且都是规模和影响程度很小的危机。

因此，美国次贷危机也好，全球金融海啸也好，希腊债务危机也好，它们皆同出一个根源。

欧洲没有救世主

左翼领导人奥朗德当选法国总统；希腊议会选举左翼赢得多数；西班牙政府多次宣称无法实现欧盟规定的赤字削减目标；意大利蒙蒂政府财政改革措施饱受非议，举步维艰；“反紧缩、保增长”似乎成为欧洲经济政策主旋律。“向左走”、“反紧缩”真的是拯救欧洲的良药吗？

的确，紧缩与增长如何实现妥善平衡，已经成为欧元区经济政策乃至政治方针争论的焦点。欧债危机以来，欧洲各国政府更替，基本都是围绕这个核心主题展开。希腊如此，法国如此，西班牙、葡萄牙、意大利亦如此，德国总理默克尔内阁之间的政策分歧也在此，连英国也不例外。具体可分为三个问题：一是要不要紧缩；二是紧缩到什么程度；三是紧缩的方向和结构是什么。

我曾经将德国总理默克尔挽救欧债危机的政策概括为“八字真言”：紧缩、减债、修约、放权。紧缩，就是深陷危机的各国必须采取切实可行的财政紧缩措施；减债，就是危机各国必须制定可行的减赤和减债计划；修约，就是修改欧元区经济货币联盟（EMU）的一系列条约，以强化欧元区内部的财政和政治整合，尤其是要制定严厉的惩罚措施，对那些肆无忌惮的高赤字、高债务国家施以铁腕处罚；放权，就是欧元区成员国必须大幅度放弃财政主权，以建立欧元区统一的财政转移支付机制、惩罚机制和危机救助机制。

从根本原则上看，默克尔的八字方针尤其是坚决要求财政紧缩是对的，道理很简单，除此之外别无选择。现实是非常残酷的，无法逃避。南欧诸国的债务规模占GDP的比重早已超过100%，远远超过马斯特里赫条约规定的60%上限。截至2011年底，欧元区债务与GDP之平均比例超过90%。其中意大利122%，法国80%，希腊接近170%，意大利

122%，葡萄牙超过 100%，西班牙接近 80%。

如此高的债务，不削减赤字、紧缩财政怎么能降下来呢？简单的算术就可以揭示事情的真相。欧元区各国必须经历三个痛苦的调整过程。第一步是遏制财政赤字增速，尽量放缓债务累积速度，先要把当年的财政赤字降下来。目前危机各国年度财政赤字占 GDP 的比重都在 6% 以上，少数国家甚至超过 10%，不大幅度削减赤字，债务规模怎么能降下来？第二步是要逐步实现财政盈余，以便降低整体债务规模。第三步是将国家财政政策调整到安全可控的正常轨道上来。像希腊连第一步都不愿意迈出去，怎么能够给市场以希望呢？

欧元区各国政府开支大体分为三类。第一是社会福利开支，包括退休金、医疗、教育、失业保险等，大约占 60% 上下，是最大头，也最难削减。第二是政府自身开支，包括公务员工资、行政管理费用和军事国防开支，要降低也非常困难。只要看看希腊、意大利、西班牙、葡萄牙和英国的经常上演的大罢工就明白了。第三是政府为了刺激经济增长，要做点事儿，就需要花钱。希腊、法国大选结果表明，选民对于福利和工资的大幅度削减、生活水平的急剧下降，极度不满，才有左翼的奥朗德的当选。希腊一些政府部门要关门，要裁掉 12 万公务员，剩余的公务员工资也要大幅度削减，政府管理开支要大幅度下降，没有谁愿意接受现实，总希望“免费午餐”一直吃下去，谁还会继续供应免费午餐呢？

欧元区各国政府其实早已拿不出钱来刺激经济增长了（德国自然例外），只能想别的办法，比如减税。经济学原理告诉我们，长期而言，减税可以刺激投资，恢复增长，增加政府收入，然而短期内政府收入可能进一步下降，财政赤字和债务可能继续上升。所以减税是非常痛苦的决策，一般很难成为政客的选项。所以法国的奥朗德竞选策略不提减税，反而要增税，向年收入超过 100 万欧元的人征税 75%。法国个人所得税的税率已经很高了。左翼执政，劫富济贫，却难以刺激经济增长。

欧债危机爆发以来，欧元区共有 11 个领导人下台，都是削减财政惹出来的祸，都是紧缩政策的牺牲品。具有讽刺意味的是，2011 年 11 月 2 号戛纳 G20 峰会期间，萨科奇和默克尔把希腊总理帕潘德里欧叫到密室严厉训话，严令希腊执行严格的财政紧缩计划。没有想到半年之后，萨科奇自己却因为民众不满紧缩政策而下台，永远退出了法国的政治舞台。欧元区政治领导人的工作实在不容易做。

欧洲没有救世主。“向左走、反紧缩”不是万应灵丹，反而可能是加速欧洲衰落的慢性毒药。欧洲要真想摆脱债务危机，实现经济增长，就必须学习当年瑞典和施罗德时期的德国，以强硬政治手段，果敢实施减税，降低工资和福利，削弱工会力量，增加劳动力市场的弹性，延长劳动者工作时间。

欧债危机呼唤有远见、有魄力的政治强人。遗憾的是，2012 年的法国和希腊选举也许预示了欧元区政治走向了一个极度不稳定或动荡时期。民众连短期的紧缩之痛都不想承受，政治领导人可能都非常短命。法国新总统奥朗德如果真要兑现竞选承诺，增加税收和提高最低工资，法国经济可能更糟，选民可能再次失望，政治领导人被迫下台。未来一段时间内，欧洲有可能向过去 20 年的日本那样，不管哪个政党上台，选民都不满意，政权更替很频繁，像走马灯一样。

欧元真的会崩溃吗

2010年2月28日~3月4日，货币金融机构官方论坛（Official Monetary and Financial Institutions Forum，OMFIF）召开创始年会，我作为该机构顾问委员会和学术委员会成员应邀与会。主人是大名鼎鼎的德意志联邦银行（Deutsche Bundesbank，曾经是世界上最受尊重的中央银行之一，现在是欧洲中央银行系统成员），地点自然是欧洲金融中心法兰克福。与会者多数是欧洲各国中央银行行长和主权财富基金掌门人，英格兰银行、爱尔兰银行、印度央行、马来西亚央行以及非洲多个央行皆有高官应邀出席，旨在共同研讨全球金融危机对金融监管和主权财富基金管理之挑战和应对。

时机真是凑巧，恰好撞上希腊债务危机最热闹的一周，各种消息漫天飞舞，大字标题触目惊心，外交斡旋夜以继日，希腊政府一日三会，对冲基金杀声震天，欧元走势江河日下。我看出好些人都想多知道一点儿关于希腊债务危机和欧元前景的“内幕消息”，自己也满怀期待。3月2日下午会议主讲人是德国联邦银行行长 Alel Weber 教授，3月3日上午会议主讲人是欧洲中央银行副行长和葡萄牙中央银行行长 Victor Contancio 先生，毫无疑问是如假包换的“内幕人士”。当他们开腔发言时，听众无不凝神静气。主持人有言在先，是闭门会议，没有记者在场，大家可以畅所欲言。失望又奇怪的是：二人绝口不提欧元那档子事儿，其他央行高官一如既往，对欧元三缄其口，只字不提。2日晚宴时，我问德国最大资产管理银行 DZ Bank 的全球资本市场负责人 Scheidig 先生：“为什么不谈谈希腊债务危机和欧元的前景呢？”他说：“大家觉得不值一谈！”

Scheidig 的答案似乎是欧洲人尤其德国人的“共识”：希腊债务危机

不足以对欧元伤筋动骨！3月1日出席英国—德国商会之午餐会，我坦率询问多位知名企业家和金融家对欧元的判断，他们几乎异口同声且斩钉截铁：欧元没有问题！荷兰ING集团前任总裁甚至对我说：欧元不会因为希腊债务危机受到削弱，反而会越来越强大，暂时贬值无伤大雅！

我想他们用不着对一个书生耍“外交辞令”吧。会场之外数天的坦率交流，我得到异常清晰的印象：欧洲人尤其是德国人对欧元充满信心，乐观非常，与外间有关欧元的各种揣测、担忧、预言甚至建言简直判若天壤。看看同期美国《华尔街日报》和英国《金融时报》的报道和评论，还有世界其他各地的纷纷议论，有说欧元可能崩溃，有说欧元即将崩溃，还有人干脆建议希腊暂时退出欧元区（退出欧元区的建议还扩展到葡萄牙、西班牙和意大利）。

同一个世界，同一个市场，为何产生如此天壤悬隔之判断？欧元到底会不会崩溃？是前途光明还是前路茫茫？是有趣的问题，亦是不简单的问题。

谁都承认：1999年欧元诞生，实乃人类货币历史上最重大的事件之一，亦是古老欧洲大陆历史上最辉煌最伟大的故事之一。可不是吗？欧元刚一诞生，立刻成为世界第二大货币。欧元区拥有足以与美元抗衡的经济规模（欧元区GDP占全球五分之一强，与美国相若）、工业能力、技术基础和市场规模（欧元区人口达3.2亿，超过美国）；它极大地降低了欧元区内部资本、人力、商品流通的成本，瞬间提升区域经济整合制度；位于法兰克福的欧洲中央银行迅速崛起成为全球第二大最具权势的中央银行；欧元区拥有全球七大经济体的三个（德国、法国和意大利），涵盖了发展程度差别很大的几个经济体：从富裕强大的德法到相对弱小欠发达的希腊、西班牙和斯洛文尼亚；它具有无限广阔的扩张前景，27个欧盟成员国皆有可能加入欧元区（甚至包括雄极一时的英镑）。欧盟周边许多国家业已将货币与欧元挂钩。没有人能够完全否认这种可能性：有朝一日，欧元取代美元成为全球第一大货币。

我以为欧元之成功还有一层深远的重大意义，却少为人提及，那就是在浮动汇率似乎逐渐成为世界潮流之时代，欧元反其道而行之，成为支持固定汇率之中流砥柱，亦可能成为未来真正世界货币之先驱。事实上，欧洲领袖们为创建欧元矢志不渝，重要原因就是要消除欧洲内部的“浮动汇率之害”。1971年布雷顿森林体系之崩溃，客观上加快了欧元创始之步伐。“欧元之父”蒙代尔说得好：“欧元有一个非常重要的示范作用，它改变了人们对浮动汇率和货币区的思维方式。要知道，过去数十年来，国际货币基金组织和美国一直不遗余力地向世界各国游说汇率不稳定的重要性，鼓吹不让汇率浮动就会带来什么灾难。可是欧元从天而降，将汇率浮动连根拔起。如果欧元适合世界上最发达的十多个国家，为什么就不适合世界其他国家？如果取消各国货币对整个欧洲有利，为什么世界其他国家这样做就不利？”

当然，反对、嘲讽、警告欧元乃至幸灾乐祸之声音，从来就没有停止过。每当欧元区有重大事件出现，总有人立刻“唱衰”欧元，或者干脆宣称欧元即将崩溃。英美一些重量级的经济学者充当了“唱衰派”或“崩溃派”的急先锋。君不见，1999年欧元诞生前夕，《华尔街日报》发表美国学界大佬马丁·菲尔德斯坦的文章，标题绝对耸人听闻：“欧元必将再次将欧洲拖入战争漩涡”。此君曾经担任里根总统经济顾问委员会主席，现任美国国民经济研究局主席，影响非同小可。他算得上是唱衰欧元的第一把手。近几年炙手可热的克鲁格曼，亦是坚定的欧元唱衰派。时值希腊债务危机如火如荼，据说克氏正在为欧元设计退出机制，至少他多次呼吁欧元区要有退出机制。

英美学界唱衰欧元，我以为原因主要有二。其一，英美主流经济学秉持完全错误的货币理论和汇率理论，浮动汇率早已成为他们的金科玉律或“宗教般信条”，欧元断然否决浮动汇率，他们怎能心甘？欧元若轰然垮台，恰好可以“证实”他们的浮动学说。马丁和克氏皆是浮动汇率最有力的鼓吹者。浮动汇率怎么会成为英美主流经济学之基本信念？经济思想史学家大有文章可做。其二，美国政经界精英不愿意看到有一个货币真正挑战美元霸权地位。加州伯克利大学国际货币专家 Barry Eichengreen 2009年秋季号《外交》杂志之文章“美元悖论”，说得明确：“欧元创生的第一动机，就是以欧洲货币取代美元。”战略家布热津斯基亦多次说过：美元是美国全球战略最重要的支柱之一。

纵观世界，我们衷心希望一个多元化的国际货币体系，一个汇率稳定的国际货币体系，一个国际资本流动正常有序的国际货币体系，一个鼓励真实经济创新发展，避免资产价格泡沫大起大落的国际货币体系，一个有利于资金和资源流向发展中国家的国际货币体系。站在这个制高点上，我们才能深刻理解欧元成功的重大深远价值；站在这个制高点上，我们就不会对欧元区的风吹草动幸灾乐祸，我们就应该旗帜鲜明地欢呼欧元的成功，关心它，鼓励它，支持它。

欧债危机和西方的没落

欧债危机标志着欧洲经济整体陷入长期低速增长或长期衰退，标志着欧洲整体社会陷入停滞或衰落。欧洲（欧元区）面临的根本问题不是货币金融和经济危机，而是人口老化、人口出生率持续下降、移民政策日趋保守、社会福利制度日趋僵化、整体社会意识右倾和排外、经济和产业创新活力不足。换句话说，欧洲主权债务危机只是欧洲整体社会问题的一个具体表现。

荷兰前首相 Ruud Lubbers 说："欧债危机冰冻三尺非一日之寒。自1970 年代起，欧洲整体经济似乎就在走下坡路。我们努力寻求各种新的制度安排和政策，试图摆脱走下坡路的趋势。共同市场和货币联盟（单一货币欧元）是两个最重要的里程碑式的成果。回首往事，我们对两大设计的效果还是高估了。尤其是高估了单一货币的效果。荷兰人历来支持货币联盟的基本思想，相信货币统一会有力促进欧元区乃至整个欧洲的经济整合，我现在依然对此乐观。不过，货币联盟不是解决所有问题的万应灵丹。欧元区各国政治、经济、社会乃至意识形态里面有许多深层次的问题，单靠货币联盟是无法解决的。货币联盟只能解决货币的问题。主权债务危机是欧洲历史的一个转折点，是一次重大的机会，迫使我们反思欧洲各种长期政策，迫使我们面对现实。我们有没有能力或魄力实施真正重要的改革，以重新焕发欧洲的活力？这才是欧洲政治家和所有民众最应该思考的大问题。"

德国联邦工业协会主席汉斯·汉克尔教授（Prof. Hans – Olaf Henkel）说："主权债务危机让越来越多的人对欧元失望和悲观，我本人则对欧元区和欧盟领导者深深失望甚至有些愤怒。自 1999 年欧元诞生以来，没有一个成员国真正遵守了《马斯特里赫特条约》。所有成员国都突破了财政赤字不高于 GDP3% 和公债规模不高于 GDP60% 的红线，欧元区的中流砥柱德国和法国也没有模范遵守规则。尽管我对此非常失望和愤怒，然而我们需要反思的是，大家都不能遵守谨慎的财政规则，要不说明我们的规则设计本身不对，要么是欧元区的经济基础已经发生根本变化，导致大家都没有能力去遵守规则。主权债务危机所揭示的不仅仅是货币和金融难题，推动欧洲整合的许多制度安排，包括我们与世界各国的关系，都是需要重新思考和定位的。”

德国财政部欧洲部主管 Dirk H. Kranen：“未来欧元区能否生存，取决于四个基本条件：第一，欧洲能否建立真正可行的财政联盟或财政转移支付机制；第二，欧洲各国竞争力的差别能否有效及时地反映在各国福利水平和可支配收入水平之上。譬如希腊和德国的竞争力差距很大，社会福利水平和人均工资之间的差距却并不是很大，结果让希腊民众、政府和国际金融市场都产生错觉，酿成债台高筑和目前的危机。第三，各国能否改革目前日趋僵化的工资、福利和社会保障制度，让经济体系和竞争机制更加灵活。第四，欧洲中央银行能否始终维持其独立性，确保欧元货币稳定和金融稳定。德国多数人主张让私人部门参与希腊债务救助，坚持希腊必须实施严格的财政紧缩政策，反对欧洲中央银行大量购买希腊债券或其他债券，都是基于上述基本立场。”

瑞典国家债务管理总署公债部主任 Thomas Olofsson：“希腊债务危机爆发初期，欧洲人的注意力主要是技术层面，以为通过一些救助措施或一些技术性的融资安排，就可以终结债务危机。现在看来，我们确实低估了欧洲整体面临的根本性问题。回顾历史，欧洲长期以来是坚守谨慎财政哲学的。财政收支平衡曾经是我们的信条。即使是举债，也会维持在一个可以管理的限度之内。最近数十年，欧洲经济整体出现非常重大的变化：人口老化、经济结构僵化、竞争力下降、福利水平却上升。尤其是亚洲新兴市场国家的快速崛起，让欧洲竞争力相对快速下降。债务危机或许告诉我们：未来我们欧洲人很难维持目前的生活福利水平了，除非有勇气开启重大改革。”

其一，欧洲主权债务危机不是一个短期问题，它已经变成一个长期问题。最终出路只有三条：①债务国宣布破产（公开赖债或部分赖债）；

②少数或个别国家退出欧元区；③欧洲中央银行将债务部分货币化。最大的可能性是三者都会发生。

美国花旗银行高级顾问、1980 年代参与救助拉美债务危机的主要银行家代表 Bill Rhodes："欧债危机与 1980 年代的拉美债务危机有许多方面不同，但在一个最基本的方面却是相同的，那就是债务人没有能力偿还全部债务，至少是没有能力按期偿还本金和利息。债务国宣布破产或部分破产（部分赖债）是无法避免的结果，所谓债务重组是一个客气的说法。问题是谁将承担损失。解决主权债务危机，本质上就是决定由哪些人来分担损失，是私人机构承担，还是纳税人（政府）承担，还是各自承担一部分？现在看来，德国人比较趋向第一种方式，即鼓励私人机构参与债务重组。法国人比较趋向第二种方式，即由政府承担债务重组重任，最终当然是纳税人来承担损失。我看最终结果还是私人部门和政府共同承担损失。拉美债务危机的本质就是如此。"

英国资深金融专家、1980 年代初期香港联系汇率制度的主要设计者之一 John Greenwood："常言说得好，太阳底下没有新鲜事！许多人认为，单一货币区之内发生债务危机，似乎解决办法就会有什么不同。其实没有那么回事。假若希腊有自己的主权货币，可以将货币贬值来减轻政府的债务负担，但损失就要由普通纳税人来承担；货币贬值也可以促进希腊等国的出口，或许可以刺激经济增长，增加财政收入，但货币贬值本质上是通货膨胀。希腊主权债务危机与以往债务危机的本质不同的是，它绑架了欧元区其他成员国，或者说是搭了欧元区的便车，迫使欧元区其他国家的纳税人来救助希腊，这就让问题变得非常复杂了，而且是政治上极为敏感的复杂问题。我以为欧洲主权债务问题已经长期化，没有短期的解决办法，也许 10 年也解决不了。"

美联储前主席 Paul Volcker："尽管欧洲中央银行具有超越成员国主权管辖的独立性，然而，面临主权债务危机危及欧元的信用和稳定，危及欧元区的利率水平和通胀预期，欧洲中央银行能否完全避免入市干预债券市场，已经是一个巨大疑问。许多人批评伯南克救助美国银行体系和量化宽松货币政策，就是将美国债务部分货币化。欧洲中央银行或许也不得不采取这个办法。"

其二，许多欧洲人相信美国刻意打压欧元，刻意削弱欧元的地位，以继续维持美元的特殊地位或超级霸权。

德国联邦金融管理总署（German Federal Finance Agency）总裁 Dr. Carl Heinz Daube："我不能说美国人蓄意搞垮欧元，没有理由如此直接说。不过债务危机爆发以来，美国政要对欧元的态度总体非常冷淡、悲观甚至直接唱衰欧元。譬如美国财长盖特纳说，欧元区的问题极端困难，困难程度简直难以置信，我甚至怀疑他们能够搞定。欧洲人应该明白，他们已经给自己挖了一个极深的坑，要爬出来有那么容易吗？

譬如前美联储高官、现任华盛顿彼特森国际经济研究所高级研究员的特德·杜鲁门说，单一货币其实制造或加剧了欧元区内部的严重失衡。他们终将为此付出代价。欧元区必须做出抉择。要么继续前行，推进经济政治整合，直至建立欧洲财政和政治联盟；要么退回来，建立某种较为紧密的欧洲邦联，并重新引入独立主权货币和汇率机制。当然，我们需要虚心听取各方面意见，也需要辨别哪些声音是为了唱衰欧元。"

欧洲中央银行理事、卢森堡中央银行行长 Yves Mersch："对于华盛顿的许多重要人物来说，或许他们最希望看到的结果就是欧元区解体。如果欧元逐渐壮大，美元的特殊地位就会相应下降，这是国际货币竞争的必然结果。我们都知道，维持美元在全球货币金融市场上的特殊地位，是美国国际货币金融战略的主要任务。欧元诞生之前，美国人是怀疑态度，诞生时是怀疑态度，现在依然是怀疑态度。"

荷兰财政部金融市场局局长 Klaas Knot："欧洲和美国在金融监管理念上有很大分歧。我们主张监管跨境资金流动尤其是对冲基金的投机活动，主张监管信用评级机构的评级业务，主张金融活动不能与实体经济脱节。美国对这些建议非常冷淡甚至反对。我不能说美国的信用评级机构不公正，不过信用评级的模型和指标应该完全公开透明，应该真实反映一个国家长期的经济增长和偿债能力。短期内持续下调一个主权国家的信用级别，只有加剧市场混淆和动荡，并不是建设性的行动。"

其三，欧洲渴望与中国深入展开全方位的货币金融合作。

法国前财长 Edmond Alphandery："我从来不怀疑欧元区会继续扩大，从来不怀疑欧元会更加强大。欧元的成功是毋庸置疑的。我们有许多问题需要解决，财政整合、金融市场整合、欧盟治理结构的改革和完善、欧元区内部惩罚机制等等，都是非常麻烦的大课题。我以为欧元区最重要的一项任务，就是加强与中国和其他国家的货币金融合作。我多次建议欧元区和中国之间建立经常性的货币金融对话平台，加强相互沟通和理解。最近一段时间，中国领导人表示要支持欧元，还购买了一些欧元区国家的债券，我想这对欧元区很重要，也符合中国自己的长远利益。我和欧元区许多领导人交换过意见，他们也认为需要采取更加积极主动的措施来密切欧元区和中国之间的货币金融合作。”

土耳其中央银行理事 Turalay Kenc：“如果欧元区能够和中国建立紧密的货币金融合作关系，那将是国际货币体系的一个划时代的转变。也必将吸引更多欧洲及其周边国家加入欧元区。”

欧债危机：没完没了的痛苦

天下受困欧债危机久矣，至今看不到希望曙光；天下聪明智慧之士为之献计献策者可谓多矣，至今未有锦囊妙计可奏奇效。危机爆发两年来，欧盟领袖会谈多达数十次，至今没有设计出可靠路线图。欧债危机成为一场没完没了的痛苦，我们大大低估了欧债危机危机的严重性和长期性。

从实体经济观之，欧元区陷入衰退无疑。欧央行最新下调了欧元区GDP增长预期。2012年欧元区预计负增长0.3%，2013年增长亦将非常缓慢（0.6%），2014年增长有望恢复到1.4%。2012年欧元区失业率将高达11.2%，2013年将进一步上升到11.4%，2014年有望降低10.8%。不确定性弥漫的时代，预测非常不靠谱，实际结果很可能糟糕得多。

上半年意大利GDP负增长1.1%，是连续第四个季度负增长，全年预计负增长超过2%。西班牙上半年负增长0.4%，陷入二次衰退。希腊2季度GDP负增长6.2%，1季度负增长6.5%，近5年累计负增长超过30%。德国是欧元区最重要的经济引擎，近期亦显著减速。自2011年1季度以来，德国经济年增长率从4.9%急剧下降到1%。2012年2季度环比增长只有0.3%，同比增长只有1%。1季度同比增速1.2%。对欧元区以外的出口是德国经济主要动力，下半年增速将继续放缓。法国连续两季零增速，失业率上升愈10%。

深深困扰欧元区的仍是希腊这个乱摊子。5月份希腊失业率飙升到23.1%，年轻人失业率（15~24岁）高达54.9%，仅次于西班牙。整个国家382万人工作，115万人没有工作，过去1年就有320540人丢掉饭碗。希腊GDP是2090亿欧元。需要直接救助资金就高达1730亿欧元！9月份，希腊马上就要还本付息310亿欧元，“三驾马车”是否拨付“救命钱”尚在未定之天。经济增长连续5年为负，2012年负增长将超7%，2013年必定继续负增长，经济下滑和企业破产导致财政收入剧减，希腊几乎看不到恢复财政健康的任何希望。

尽管希腊两次避免被“踢出”欧元区的命运，尽管2012年年初“三驾马车”艰难达成金额巨大的救助希腊协议，希腊似乎陷入债务危机泥潭越来越深，包括花旗银行在内的多家国际金融机构已经再度将希腊“退出”欧元区的概率提升到80%以上！据外电报道：IMF正在要求欧元区成员国继续为希腊减轻债务负担，否则将不愿意发放之前承诺的330亿欧元救助贷款。IMF的要求自然遭到德国政府强烈反对，因为德国政府任何新的危机救助条款必须得到德国议会批准。迄今为止德国已经为希腊贷款1270亿欧元。另一个方案是欧央行和欧元区政府再度为希腊减免30%债务。目前欧央行和欧元区政府对希腊债权总额是500亿欧元，减免30%就是150亿欧元。还有一个方案是让ESM承接该500亿欧元债务。无论采取哪个方案，都将遭到德国议会和民众的强烈反对。无论如何，希腊岌岌可危，我们应该为希腊退出欧元区做好准备。

西班牙和意大利同样不容乐观，它们的国债收益率连创新高。西班牙10年期国债收益率多次突破7%，意大利10年期国债多次逼近7%。假若西班牙步希腊后尘，全面寻求救助，欧元区将力不从心。仅西班牙一国就可能需要救助资金6420亿欧元（5420亿欧元国债到期+1000亿欧元银行救助资金），而目前ESM资金总额只有5000亿欧元，何况ESM尚未正式生效。即使很快生效，救助资金火力亦严重不足。

欧元区还出现一个前所未有的奇特现象，即包括瑞士、丹麦、德国、荷兰和法国在内的欧元区多国出现名义利率为负的极端流动性恐慌和陷阱。最近，ESM以-0.0217%的名义利率发行3个月期限债券14.3亿欧元；丹麦政府以-0.59%的利率举债7000万美元；德国以-0.06%的利率发行两年期债券41.7亿欧元。瑞士国债利率（2年期）长期为负。比利时、芬兰、荷兰甚至法国均时常出现负利率。丹麦中央银行开始对商业银行存款收费，据说欧央行也打算向商业银行存款收费，目前隔夜拆解利率已经为零。

让我们简要回顾一下欧盟6月30日峰会之后的进展吧。那是2010年危机爆发以来的第20次欧盟峰会，发誓要彻底终结欧债危机。表面上，此次峰会缓解了北欧阵营与南欧阵营之间的严重对立，前者赞同长期解决方案，后者则首先坚持要求采取紧急措施，以缓解其债务市场压力。两大阵营相互妥协，短期必要性和长期整合需求达成平衡，是6月30日峰会的主要政治成果。然而，会议结束快两个月了，成果却并没有得到很好落实。

峰会协议内容主要有：第一，授权欧洲金融稳定基金—欧洲稳定机制（EFSF－ESM）购买周边国家政府债券，以期降低国债收益率和融资成本，降低危机各国的流动性风险。一个多月来的效果非常有限。第二，授权ESM直接重组欧元区银行。主要成果是西班牙获得1000亿欧元银行救助贷款，不过私人投资者信心远未恢复。第三，峰会扩大ESM的授权同时，还通过了所谓1200亿欧元新增长方案。新增长基金的新增金额其实只有区区150亿欧元，至今没有产生任何实质效果。第四，峰会明确倡议建立欧元区银行业联盟，但要真正建立欧元区银行联盟却是遥遥无期。第五，峰会倡议创立统一的欧洲监管机构，设立共同存款保险机制，但具体如何实施却分歧严重。第六，南方阵营极力希望发行欧元统一债券，德国坚决反对，没有达成协议。铁娘子总理默克尔甚至放出狠话："只要我活着，就别想发行欧元统一债券。"作为过渡措施，近期可能创建欧元票据或债务赎回基金。第七，峰会原则同意强化欧洲委员会和欧洲理事控制成员国预算的权利，首先是确定并协商所有欧盟国家的债务上限。此事说来容易做来难，对缓解债务危机毫无作用。第八，峰会没有采纳全面征收金融交易税的建议，法国最近却开始单方面征收金融交易税，此举可能重新加剧了成员国之间的意见分歧。

思来想去，目前挽救欧债危机还有五招：其一，欧央行（ECB）实施第三轮长期再融资操作（所谓3年期以上的LTRO）。由于头两期LTRO对降低国债收益率效果有限，此举效果如何难以确定。其二，欧央行直接入市购买国债。两周前，欧央行行长德拉吉明确宣布要采取这个动作。不过没有明确说明打算购买多少？前提条件是什么？市场对此信心不足。其三，允许ESM直接贷款给欧元区银行。ESM已经出手救助西班牙银行，问题是ESM弹药不足。其四，为解决上述问题，法国总统建议给

ESM 颁发银行牌照，从而让 ESM 直接从 ECB 借钱，获得无限流动性，但是德国和 ECB 激烈反对，欧盟规则亦不允许。其五，欧央行继续维持低利率政策，不幸的是，低利率货币政策收效甚微，只能算聊胜于无。

欧债危机是当前全球经济的主要风险，持续时间可能超过 5 年，坏消息会不断传来，苦日子才刚刚开始，我们必须准备应对最坏结果。

为什么希腊不会退出欧元区

2012年6月17日，希腊大选结果解除了希腊退出欧元区的警报，全球投资者缓了一口气。此次希腊政治领导人动作还算迅速，不到一周时间（6月22日）组阁成功，新政府宣誓就职。“新官上任三把火”，新总理第一把火就是将所有内阁部长工资削减30%，显示了新政府削减政府开支、实施财政紧缩、重塑市场信心、重整国家经济的决心。当然，冰冻三尺非一日之寒，希腊问题绝非一朝一夕可以解决，前路漫漫，艰难曲折。新政府是否能够凝聚民众意愿，真正实施漫长痛苦的财政紧缩和结构改革，尚在未定之天。外部援助自然必不可少，内部改革才是治本之策。未来日子里，地中海畔那个美丽的国家，是否还会再次传来令世界人民大惊失色的消息？我以为可能性不低于50%。

希腊大选之前，许多朋友斩钉截铁地预言希腊会退出欧元区，大选结果让诸多“欧元预言家”大跌眼镜。为什么会失算呢？主要是他们只算经济货币账，不算政治账。从法律角度说，没有哪个欧元区成员国可以要求或迫使另外成员国退出欧元区。我赴法兰克福参加德意志联邦银行会议，就此问题亲自询问德国中央银行行长魏德曼，他的回答毫不含糊：德国人不能要求任何成员国退出欧元区，更不能迫使某个成员国退出欧元区（尽管魏德曼强烈反对欧洲中央银行“放水”挽救欧债危机）。欧元区协议或章程也没有任何具体规定，说明成员国如何可以依照某种程序申请或自动退出欧元区。所有关于希腊退出欧元区的预测，都是基于一个假定：那就是希腊拒绝执行“三驾马车”（欧盟、欧洲中央银行和国际货币基金组织）的财政紧缩条件，三驾马车则拒绝支付救助资金，希腊于是被迫宣布无力按期偿还到期债务本息，宣布国家破产。然而，就算是走到如此极端的最后关头，也不意味着希腊就要退出欧元区，重新启用过去的货币德拉克马。某种意义上，这好比美国纽约州或加州宣布无力还债或破产（纽约州历史上曾经多次破产），绝不意味着纽约州或加州就要抛弃美元、自主发行本州钞票一样。

即使只算简单的货币经济账，也很难得出希腊退出欧元区的结论。根据许多国际银行和智库的分析，截至目前，三驾马车和私人投资者为希腊债务危机已经付出的直接成本接近1500亿欧元（包括债务本金减免、利息减免、债务延期、利息返还等等）。大选之前，希腊就已经宣布要和三驾马车重新谈判救助条件，估计三驾马车还会让步或减免600亿欧元。也就是说，挽救希腊留在欧元区的直接成本大约为2100亿欧元。间接损失（经济衰退、股市财富蒸发、资金外逃、失业痛苦、社会动荡等等）当然无法计算。

然而，希腊退出欧元区的直接损失要远远超过2100亿欧元，最保守估计也超过2600亿欧元，一般估计至少超过4500亿欧元。希腊退出欧元区的间接损失难以估量。有机构估计，希腊退出欧元区对全球金融和经济的冲击，至少相当于2008年雷曼破产诱发金融海啸的一半或三分之二，欧元对美元汇率可能跌破1∶1水平，全球经济肯定陷入二次衰退之深渊，欧元区经济衰退速度可能超过-4%。

其实，即使在希腊国内反对三驾马车紧缩措施最“疯狂”的日子里，民意调查显示，差不多85%的希腊人民仍然不愿意退出欧元区！既不想要紧缩措施，又不想退出欧元区，鱼与熊掌，二者可兼乎？预言希腊退出欧元区或欧元区解体的主要依据，就是此“鱼与熊掌”之二律背反终究无解，所以希腊退出或欧元区解体只是时间问题。2011年9月笔者在德国慕尼黑开会期间，一位英国资深经济学者与我们五位力挺欧元区的与会者打赌，说2012年9月之前希腊必定退出欧元区，赌注是一瓶价格不低于300欧元的红酒。

鱼与熊掌，果真不可兼得乎？非也。宣称希腊退出欧元区是挽救困局唯一出路之人士，他们的逻辑其实很简单，那就是坚信浮动汇率或所谓独立货币政策是最有效的经济调节机制。浮动汇率有效论或独立货币政策优先论的鼻祖算是凯恩斯，后来弗里德曼和约翰逊等人发扬光大。此派理论认为：希腊加入欧元区，就相当于与其他成员国实施永久固定汇率，货币政策烟消云散。危机袭来，除了紧缩财政，别无选择。然则民众极力反对，紧缩无法实施，堕入两难深渊难以自拔。假若壮士断腕，愤然或断然退出欧元区，抛弃固定汇率，采用自己国家货币德拉克马，实施浮动汇率，汇率自然直线贬值，可以立刻刺激出口和经济复苏，出口增长和经济复苏增加财政收入，所有问题就迎刃而解，奈何死守单一货币和固定汇率？

弗里德曼是浮动汇率有效论最有力的鼓吹者，却也是著名格言“天下没有免费午餐”的发明者。然而，上述汇率贬值解决一切问题之逻辑，其实还是免费午餐之逻辑。试问：假若汇率贬值能够解决一切问题，那还需要经济学者和政治家绞尽脑汁设计那些复杂的政策措施干嘛？一有经济困难，将汇率贬值不就万事大吉了吗？殊不知，天底下确实是没有免费午餐的。假若希腊重新启用德拉克马，汇率急剧贬值必然造成严重通货膨胀，名义汇率固然可以大幅度贬值，真实汇率则可能大幅度升值，所谓刺激出口增长的效果将是“水中月，镜中花”。殊为麻烦的是，一旦启用新货币，大规模资金外逃、银行挤兑在所难免（最近一段日子里，仅仅因为希腊退出欧元区的预言甚嚣尘上，希腊和西班牙银行体系就已经面临存款流失的巨大压力了）。银行体系一旦崩溃，经济复苏的前景将愈加暗淡。就算退出欧元区可以赖掉全部债务，国际金融市场将长期对希腊关门，谁还会为希腊经济融资贷款？谁还敢到希腊投资兴业？

的确，最近数年围绕欧元前途和欧债危机的辩论里，好些论者很容易走向两个极端。尤其是以英国《金融时报》为代表的一些英美媒体，经常大肆传播的一派论点就是：“生存还是毁灭？”欧元单一货币区只能选择一条出路。他们心目中的所谓“生存”就是实施完全的财政整合，并最终走向“欧洲合众国”；所谓“毁灭”，就是欧元解体，重新回到各国使用主权货币之时代。他们以为，完全的财政整合或“欧洲合众国”几乎是天方夜谭，所以欧元区解体就是唯一出路。

历史经验证明：上述极端派论点失之偏颇，甚至完全误导。鱼与熊掌可以兼得，单一货币区和固定汇率并不必然排斥结构改革和财政紧缩。经过两年多的痛苦折腾和反复争吵，我想希腊人民、欧元区人民乃至世界人民都越来越深刻地明白了一个最浅显的道理：寅吃卯粮是无法持续的，免费午餐是不可能永远吃下去的。赤字高企、债台高筑和债务危机是某些西方国家民主制度、福利制度和工资制度走向极端的结果。仅仅依靠减免债务、多印钞票或者期望“玩弄”汇率，最多可以止血，却不能造血；可以终止危机蔓延，却不能根本走出危机；可以防止经济崩溃，却不能唤醒经济活力。解铃还需系铃人，基本制度造成的问题，只能依靠基本制度的变革来解决，时间可能长达 10 年以上。希腊如此，西班牙如此，欧元区如此，某种程度上，英美日亦如此。

欧洲合众国：欧债危机的最终出路

观察欧债危机有三个角度，或者说有三个令人困惑不解的难题。第一，为什么欧洲人总是低估危机的严重程度？第二，为什么危机爆发三年，欧洲人至今也拿不出一个决定性的解决办法？第三，为什么欧洲人总是把注意力放在纠缠货币金融政策上面，却似乎很不情愿去谈论根本性的改革？

2012 年 7 月 6 ~ 8 日，我到意大利北部美丽小城西耶那参加蒙代尔一年一度的国际货币圆桌会议。与会者包括美联储前主席沃尔克，美国国务院前副国务卿、哈佛大学教授科伯、法国前财长阿方德利、前以色列中央银行行长弗兰克、花旗银行前任高级副行长、拉美债务危机时代的风云人物罗德斯……还有许多国际经济学领域的著名教授。会议期间，我将上述三个疑问提出来，还是没有得到满意的答案。问题实在太大，本文略谈前两个，有时间再谈第三个。

先说第一个问题：为什么欧洲领导人总是低估欧债危机的严重程度、传染程度和恶化速度？是有意为之还是人类真的无法预估和评估债务危机和任何金融危机？这不仅是一个重要理论问题，而且是一个更加重要的决策难题。

以希腊为例。希腊主权债务危机爆发之初，不仅希腊自己，就连欧盟和德法领导人也都异口同声否认希腊需要救助。可不到半年就撑不住了，才正式提出救助。此时又说救助资金只需要区区百亿欧元规模，没有什么大不了，还宣称希腊危机三个月之内就会结束。到了 2011 年 7 月，希腊和欧盟领导人信誓旦旦，宣称一旦希腊救助方案达成，主权债务危机就将成为历史。殊不知，到 2011 年 11 月初，G20 戛纳峰会期间，形势急转直下，希腊威胁要搞全民公投决定是否接受所谓“三驾马车”紧缩救助方案。德国总理默克尔和法国总统萨科奇紧急将时任希腊总理帕潘德里欧召到戛纳训话。希腊和欧债危机顿时成为G20峰会压倒一切的首要话题。世界投资者似乎如梦方醒，知道希腊危机远远不是欧洲领导者们信誓旦旦乐观宣称的那样简单。“三驾马车”软硬兼施迫使私人投资者给希腊削减债务高达1060亿欧元，依然无济于事。2012年5月希腊议会大选，反对紧缩措施和退出欧元的呼声甚嚣尘上，全球为之震惊。6月17日再次大选，反对紧缩和威胁退出欧元区的政党没有赢得多数，人们总算缓了一口气。然而，焦点很快就从希腊转向西班牙。6月初，西班牙和欧盟领导人还坚称西班牙无需救助，可不到一个月就撑不住了。时至今日，西班牙问题究竟有多么严重，银行究竟需要多少资金，整个欧元区银行体系受银行危机的打击和传染程度究竟会有多么严重？这些基本问题也没有答案。所谓不确定性笼罩欧洲和世界，绝非虚言。问题搞不清楚，决策者就像无头苍蝇，只好到处瞎转。

第二个问题尤其困惑。为什么欧盟领导人至今拿不出一个清晰的、透明的、决定性的、可以让世界人民信赖的危机救助方案？此问题确实很难回答。

蒙代尔圆桌会议上，当我提出此问题之后，科伯老教授主动要求回应。依照他的说法，有四个原因导致欧盟领导人提不出一个清晰、明确、有效的债务危机解决方案。

其一，大家对债务危机根源和严重程度的分析估计意见纷纭。既然达不成一致意见，自然也就很难或不可能设计一个真正的解决方案。有人认为危机重点是政府财政危机；有人说是银行体系危机；有人说是竞争力和欧元区内部经济失衡导致危机；有人说是外部经济环境恶化导致欧债危机；有人说是欧洲中央银行没有履行责任才导致危机；有人则说只有统一货币政策却没有统一财政政策必然导致危机；有人说欧元从一开始就是一个错误，本来就不该诞生，危机来临是必然结果，无法避免；有人则说《马斯特里赫特条约》设计的欧元有天生缺陷，无法弥补；有人说是2003年德国和法国率先违背《马约》对政府债务和赤字规模的限制，埋下了危机的种子；还有人说是德法两国争夺权力才导致危机深化和蔓延。当然，还有人说是国际投机资金和评级机构刻意抛售欧债、打压欧元导致危机，甚至还说是美国阴谋要消灭欧元……各说各话，各有诉求，没有一家之言可以形成共识，于是乎救助方案就只能一拖再拖，至今也没有一个清晰的路线图和基本方针。6月底欧盟峰会形成三条重要决议，但是离真正解决危机还有很远的距离。

科伯教授说的第二个理由可能最重要。就算是欧元区各国领导人对危机根源和救助方案能够形成一致意见，对于如何分担危机损失和救助负担却分歧巨大。一旦涉及利益分享和成本分担，大家就互不相让，总是谈不到一起去，所以救助方案久拖不决。

譬如，是否发行欧洲统一债券就是一个突出的例子。欧洲统一债券究竟按照什么比例来分摊还本付息的责任？按照GDP的比例吗？按照人均收入高低确定一个比例吗？按照目前国债规模设计某种比例吗？谁也说服不了谁。再譬如，是否允许欧洲中央银行无限度入市购买危机国家的主权债券？北欧国家和南欧危机诸国各执己见。以德国为首的北欧各国坚决不同意，不愿意承担未来欧洲中央银行可能出现的巨大损失。南欧危机国家则反唇相讥，说德国等北欧国家是单一货币最大受益者，理应承担危机损失代价。评级机构穆迪大幅度下调意大利主权信用级别，意大利国债融资成本可能大幅度飙升，甚至无法进入市场融资。如此严酷背景下，欧洲中央银行就是救世主了。救世主是高坐云端笑看世界，还是果断出手力挽狂澜？我们只好拭目以待。

其三，欧元区各国对未来欧元发展前景看法非常不统一。德法之间分歧尤其严重。德国坚定主张要尽快迈向财政一体化和政治一体化，甚至最终迈向欧洲合众国。法国既要单一货币，却又不想放弃财政主权和国家主权，担心一旦放弃财政主权和国家主权，就将完全受制于德国。其实这才是欧元单一货币区最具有讽刺意义的矛盾。当年密特朗总统决定全力推进单一货币工程，核心目的就是要用“欧元”单一货币制约德国，不让德国重新崛起成为欧洲新主宰。殊不知，人算不如天算，单一货币结果适得其反。德国不仅成为单一货币最大受益者，而且成为单一货币最重要的主导者，法国始终居于“小兄弟”地位。法国民众和领导人心里总不是滋味。奥朗德就是以反对紧缩、修改财政条约为口号赢得总统大选的。

其四，国内党派之争让危机救助方案不仅难产，而且难以执行，严重损害了市场信心，损害了欧元区的公信力。希腊如此，西班牙如此，意大利如此，某种程度上法国也是如此。党派利益经常凌驾国家利益之上。为了党派选举成功，往往不惜迎合选民非理性诉求，当选后却又无法履行承诺。既失信于本国选民，又失信于全球人民，形成信心危机恶性循环。

上述问题概括起来，就是思想不统一、利益不统一、愿景不统一、行动不统一。

如何解决上述问题呢？换成经济学者惯用的术语来说，欧元区内部的协调成本太高，交易费用太高，执行成本太高。解决办法听起来简单之极，做起来却难比登天：那就是欧元区各国以联邦制方式，成立欧洲合众国。

不是说笑，欧洲一些人正在抓紧研究美国模式、瑞士模式和阿拉伯联合酋长国（UAE）模式。2012 年蒙代尔圆桌会议上，与会者也花了很长时间辩论“欧洲合众国”的可行性。据说欧盟内部也在紧锣密鼓制订具体方案。然而，正如一位历史学家所说：对于欧洲的命运，我们所能说的唯一正确的话，就是你真的不知道她会走到哪里去。

迈向国际化

鼓励区域金融合作，增强流动性互助能力，加强区域金融基础设施建设，充分发挥地区资金救助机制作用。改善国际货币体系，稳步推进国际货币体系多元化，共同支撑国际货币体系稳定。

——胡锦涛

人民币国际化，意味着人民币将成为重要的国际储备货币，国际货币体系将呈现美元、欧元、人民币等多元货币相互竞争的格局，美元霸权地位将衰落和终结，人类有望创建真正“公平、公正、包容、有序”的新国际货币金融体系，将极大地提升中国在国际经济金融货币秩序中的话语权和主导权，彻底改变发达的西方世界主导人类经济体系的格局，真正实现全球经济和政治“东西南北”的相对均衡，真正实现自1970年代以来、所有发展中国家所渴望的“全球经济新秩序”。

——本书作者

以大战略推进人民币国际化和金融改革

全球金融大变局

从2007年次贷危机算起，全球金融危机爆发已经是第六个年头了，总体来看，人类经济体系还远远没有从此次危机的巨大冲击里缓过劲儿来。2011年几乎所有经济体的增长速度都下滑，中国也不例外。我的判断，2012年主要发达经济体经济增速肯定不能复苏到危机之前的水平，美国在好转，欧洲整体可能接近零增长甚至负增长，英国和日本情况也非常不乐观。发达国家不好，拖累新兴市场经济体，所以温总理政府工作报告将2012年我国经济增速目标调低到7.5%，是客观正确的判断。当然，我们所面临的调整远远不止增速放缓。

欧债危机还在持续，有一点儿好转的迹象，但不确定性还有很多，希腊的问题一时半会儿解决不了，西班牙、葡萄牙和意大利要实现财政健康稳定，绝非易事。欧债危机将欧洲事实上变成了一个分裂的欧洲。北欧可以说没有危机，南欧危机非常严重。欧洲的改革和复兴非一朝一夕可以建功。美国债务还在累积，从2009年算起，美国每年联邦财政赤字都在1万亿美元以上。国会两党还要围绕债务问题吵架，何况大选在即。我多次说过，从长远看，全球经济的主要威胁是美联储为首的量化宽松货币政策。这个问题的严重性还没有得到广泛重视，但我们需要高度重视，采取对策，尤其是要制定长远战略。

金融危机以来，所有发达国家都搞量化宽松，美联储为首，英格兰银行、日本中央银行甚至是急先锋。欧洲中央银行原本坚守德国人的哲学，反对无休止的量化宽松，但次贷危机、金融海啸尤其是债务危机持续冲击，欧洲中央银行顶不住压力了。2011 年年初我写文章就说，欧洲中央银行肯定顶不住。下半年欧央行掌门换人，意大利的德拉吉取代特里谢，市场普遍预计，此公上台就会量化宽松，果不其然。德国人非常恼怒，担任欧央行首席经济学家的德国人愤然辞职。我们看看，欧央行两次量化宽松就向市场释放了超过 1 万亿欧元。当然，他们用的词儿是“长期融资操作”，不叫量化宽松，本质上一样。欧美人最爱创造一些稀奇古怪的名词，搞得外人莫名其妙。譬如什么次级贷款，其实就是垃圾贷款或高风险贷款，什么量化宽松，其实就是印钞票。创造一个新名词，外人不知道是何方神圣，高深莫测。其实就是滥用货币特权。

量化宽松恶果累累

全球性量化宽松产生什么恶果呢？一是虚拟经济加速与实体经济背离。现在时髦的口号是货币金融要支持实体经济，但事实上，虚拟经济正在加速脱离实体经济。著名咨询机构麦肯锡有一个测算：2010 年，全球虚拟经济的规模已经是实体经济差不多四倍了。美国是四倍多，欧元区和英国都接近四倍了。10 年前也才两倍，1980 年时代虚拟经济规模大体与实体经济相当。这是一个大麻烦，我认为这是全球经济金融货币动荡的基本根源。

虚拟经济自己搞一套，自我循环，恶性膨胀，所以许多人大骂“投机赌博资本主义”，却也毫无办法，怎么解决？找不出好的办法。

譬如说，2009 ~ 2011 年三年间，美国四家最大银行（花旗银行、美国银行、摩根大通和富国银行）税前利润总额，超过六成都来自金融交易，相互之间炒来炒去，大搞衍生金融交易，大搞国债买卖赚钱、赚利差、赚佣金等等。你看美国、欧洲、英国这几年给实体经济的信贷增长很慢，甚至负增长。银行赚钱更多依靠金融交易，自我炒作。全球金融衍生品名义价值说不清有多少，起码数百万万亿美元。外汇市场日交易量超过 4 万亿美元，全年超过 800 万亿美元。其实全球每年真实贸易额不过 20 万亿美元左右，全球 GDP 每年也只有 60 万亿美元。

大宗商品成为金融投机对象

量化宽松引爆的另一个大变局就是将大宗商品变成彻头彻尾的金融投机商品，大宗商品的价格波动与实体经济之供需关系不大了。有些外国经济学者动不动就说大宗商品价格上涨，是因为你们中国人需求增加太快，全球性通胀是你们中国人搞起来的。我告诉他们，这是胡扯，不符合事实。我们看看最近这些年，大宗商品的总供给和总需求大体持平，甚至还超过总需求，为什么会出现价格暴涨？主要就是金融投机。2011年11月法国戛纳G20峰会上，胡锦涛主席提出要建立“合理透明的大宗商品定价和调控机制，扩大产能、稳定供求、加强监管、抑制投机”。大宗商品的金融投机确实已经是全球金融稳定尤其是新兴市场国家输入性通胀的巨大威胁。

国际货币体系本质：转嫁危机、转移财富

为什么美联储、欧央行、英国等发达经济体能够放胆大搞量化宽松？很大程度上，它们以此来转移金融危机的负担和成本。你看这三个地方有什么共同特点？那就是它们都是世界储备货币发行国，都是世界金融中心所在地，都是老牌的金融帝国主义国家，是垄断资本也就是金融资本和产业资本相结合的发源地。

我们今天的国际货币体系是一个什么体系呢？我经常讲，可以用美元本位制加浮动汇率来概括当今国际货币体系。也可以用“两个75%、一个80%、一个90%”来概括当今国际货币体系。就是说，美元和欧元加起来，占全球外汇交易总量的75%；占全球债券发行量的75%；占特别提款权（SDR）货币篮子的80%；占全球中央银行外汇储备总量的90%（美元64%，欧元26%）。英国和英镑仍然不可小视。英镑储备货币地位比不上美元和欧元，但伦敦是世界主要金融中心，某些指标甚至还超过纽约，为世界第一。我看到最新的统计数据，英国银行体系存款与GDP的比例高居世界第一，为什么会如此之高呢？主要就是英国银行

体系吸收了大量全球资金。我们国内银行竞争存款已经白热化，其实国际上争夺存款也非常激烈。英国凭借金融中心的地位，能够吸引全球资金到伦敦去，创造利润、创造财政收入、创造就业，一举多得。伦敦金融中心给英国带来的利益实在太大了。

美国、欧元区和英国：全球金融三巨头

如果你看看这些国家的资产负债表，美国、英国、欧元区完全就像是世界的银行，它们凭借储备货币和金融中心地位，以极低的利率或成本吸收全球资金或存款，然后再拿到世界各地去投资高收益资产。最新统计数据显示，美国海外资产是20.315万亿美元，负债是22.786万亿美元，但海外资产的收益率超过负债成本至少5个百分点。因为美国海外资产都是高收益的直接投资，负债则主要是国债和公司债，收益率极低。现在美国短期国债收益率几乎为零。全球资金依然趋之若鹜，相当于世界免费把资金给美国人使用。天底下哪有这么爽的事情啊，事实却真有！

欧元区和英国也差不多。欧元区海外资产高达21.971万亿美元，负债高达23.620万亿美元。英国海外资产高达14.539万亿美元，负债高达14.857万亿美元。英国GDP排名落到世界第七了，金融却依然高居世界第二，仅次于美国。我时常想起法国历史学大师布罗代尔的一句话：货币金融霸权总是非常长久！

储备货币地位给美国带来多大利益？很难测算，单凭他们可以随意印钞票救银行、救企业、救政府、大肆为赤字融资，单凭超过5.5万亿美元的外国资金以极低代价借给美国人使用，替美国人的军事开支埋单，你就可以想象储备货币和金融中心利益有多大。假若美国不是世界主要储备货币国家，2007、2008年那样的金融危机，美国早就破产了，许多金融企业早就完蛋了。但伯南克可以坦然肆意滥发货币来应对危机，全世界的资金还忙不迭去买美国国债。2011年8月标准普尔下调美国主权信用级别，举世哗然，结果美国国债收益率不升反降，到11月、12月期间，美元甚至变得比黄金还牛，比黄金还“安全”！奇哉怪也！

通过滥发钞票、制造通胀、创造信用、操纵汇率、掌控国际货币体

系话语权，美国将金融危机的负担和成本转嫁到其他国家，主要是新兴市场国家。假若下一波危机到来，美国还会故伎重演。因为全世界还没有找到一个替代美元的货币，还没有办法约束美联储。

争夺全球货币金融制高点

国际货币体系的本质是一般购买力的创造机制，是全球财富的分配机制，掌控国际货币体系，意味着你可以创造一般购买力去购买全世界，意味着你可以将全世界的真实财富据为己有。所以当年法国总统戴高乐谴责美国："用一钱不值的废纸去掠夺其他民族的资源和工厂"，"美国的赤字是不流眼泪的赤字。"

过去我们主要从汇率制度安排、货币政策、储备多少合适等角度去看国际货币体系，那是很不够的。金融危机教会我们从国际战略角度、从国际财富分配和收入分配角度、从国家兴衰角度、从大国竞争角度去观察国际货币体系。所谓价格体系，无论是国内价格体系还是全球价格体系，从来不是一个什么公平公正的价格体系。经济学教科书上讲的东西，给人的印象似乎是：白菜萝卜、鸡蛋韭菜的价格与石油、铁矿石的价格没有什么两样，与货币、公司股权和债券的价格没有什么两样，好像经济世界和价格"世界是平的"，大错特错。

世界价格体系从来就是一个金字塔体系，谁能占领货币金融制高点，谁就能掌控和操纵全球价格体系为自己利益服务。全球经济金融制高点就是储备货币和金融中心。谁掌握这两个东西，就能够立于不败之地，起码数百年可以立于不败之地。17 世纪的荷兰阿姆斯特丹、18 ~ 19 世纪的英国伦敦，20 ~ 21 世纪的美国纽约，皆是如此。

中国急需金融大战略思维，急需金融战略家

我有时非常感慨，中国人真的比较缺乏金融思维，尤其缺乏国际金融大战略思维。你说中国人害怕风险，害怕冒险，不喜欢金融创新，似乎不对。全世界赌场上到处都是中国人的身影，要是真怕风险，去豪赌

干吗？但回到金融创新上，就是畏首畏尾，前怕狼后怕虎。股市也要涨停板，亏钱就要找政府，就要上街。

从阿姆斯特丹到伦敦再到纽约，全球金融中心演变历史其实就是大国演变历史。金融对大国崛起、国家兴旺发达的重要性怎么强调也不过分。我国改革开放的总设计师小平同志讲得好："金融是现代经济的核心！"但怎么深入理解这句话，我认为我们做得非常不够。从阿姆斯特丹到伦敦再到纽约，最重要的经验是什么？就是不要怕风险，鼓励金融创新。这些世界金融中心都是在风险和危机的惊涛骇浪里成长起来的。破产、倒闭、亏钱、跳楼何足道哉，浴火重生之后的金融中心更加强大。要不是有那么多丰富多彩的金融创新产品，伦敦和纽约怎么能够将全世界资金都吸引到那里去呢？

人民币国际化是大战略

这就回到我国人民币国际化和金融改革开放的大问题上来了。现在全世界都在谈论中国，关心中国，中国人民银行一下调存款准备金率，全球股市应声上涨，温家宝总理政府工作报告调低中国经济增长速度，全球股市马上下跌。所以许多外国朋友讲，现在全球货币权力掌握在华盛顿、法兰克福和北京三角手里，了不得，也应该如此，很正常。

为什么？中国GDP世界第二、出口世界第一、进口世界第二（很快会第一）、外汇储备世界第一、潜在市场规模（人口）世界第一、吸引外商直接投资世界第二、许多产业产量世界第一……，你还可以说出很多来。这样的考试成绩，不可能不引起世界高度关注。所以中国要搞人民币国际化，全世界就热烈辩论，到处开会讨论，问七问八，尤其是中国是否有雄心壮志要取代美元，中国是否要取代美国成为全球新的金融货币霸权。这是自然的反应，你那么大经济体量，货币不可能永远躲在后台不出来，经济总量那只脚站到第一排最前面位置了，货币金融那只脚还能够永远站在后排观望、裹足不前吗？那迟早要翻跟头，站不稳。

事实上，现在人民币在全球市场上"相当火"。到巴黎、罗马、法兰克福，机场免税店热烈欢迎以人民币结算，著名奢侈品牌LV法国总店也是欢迎人民币结算，要是用我们中国的“银联卡”，还可以打10%折扣。瑞士苏黎世最著名的奢侈品一条街——巴恩霍夫大街上，到处是“银联卡”的牌子。欧洲已经有许多直接兑换人民币的店子，周边国家使用人民币早就不是什么新闻了。许多央行愿意储备人民币，许多国家鼓励人民币贸易结算，许多人希望直接以人民币到中国投资，还有许多中国企业希望直接拿人民币到海外投资。这些发展都是令人鼓舞的。

人民币国际化的利益毋庸置疑，不需要讨论了

当然，问题仍然在？国内有许多人问：干吗要搞人民币国际化？有什么好处？风险可控吗？坦率地说，全世界有资格谈论货币国际化和储备货币的国家没有多少个，不到10个吧。小国无论多么发达，都难以成为最主要的储备货币国家和金融中心。譬如瑞士很厉害，经济最发达，国家最美丽，瑞士法郎也是储备货币之一，瑞士金融发达举世闻名，但论国际影响力，无法和美、欧、英相提并论。

中国如此之大，有可能成为全球第一大经济体，货币国际化和成为储备货币国家，其实是不用质疑的，可以讨论怎么办，如何才能办得更好。但人民币为什么要国际化，人民币为什么要成为重要国际储备货币？我们为什么要参与国际一般购买力的创造和分享？我们为什么要削弱美元、欧元和英镑利用储备货币转移世界财富的霸权？我们为什么要防止这些国家以货币金融手段掠夺我们的大量财富？这些问题，历史早有借鉴，彰彰在目，是不需要去质疑的。

人民币国际化要过三道关

核心问题是如何尽快推进人民币国际化，同时将潜在风险尽可能降低。必须明确，人民币国际化，需要跨越三道重要难关。其一是资本账户自由兑换，其二是利率市场化，其三是资本市场和金融行业的对内放开和对外开放，尤其是国内金融业的自由公平市场准入和自由竞争。这些问题经过这么多年的辩论和等待，其实已经形成共识了。最近中国人

民银行高调发布有关资本账户开放的报告，事实上确立一个路线图和时间表，全球震动，是里程碑式的事情。

要实现人民币国际化，金融对内放开比对外开放要紧迫和重要得多。没有充分开放、多层次、大规模、流动性、收益性和安全性良好的资本市场和金融体系，人民币的国际化就会半途而废，最多能够成为一个重要的国际贸易结算货币。要建立充分开放、多层次、大规模的资本市场和充分竞争的金融体系，最核心和最关键的改革就是对民营资本和私人资本实现公平自由的市场准入，鼓励所有资本参与金融业的公平竞争和金融创新。

拿出魄力来，每年至少新批准100家金融企业

“两会”期间，围绕金融对内放开尤其是私人资本进入金融业，展开了热烈讨论。我很同意一些代表委员的意见：私人资本和民营资本进入金融行业，参与金融创新，与国有资本不应该有任何区别对待。现在从法律法规上看不出有什么不同的待遇，但关键是落实。

政府应该拿出更大魄力来推进金融多元化。譬如可以提出具体要求，每年新增加中小型金融机构（包括银行）100家或多少家。将新设金融机构之要求明确公示，透明、公开、简化审批。我们不要那么害怕风险。这么多年打来打去，民间融资或者非法集资依然打而不倒，甚至越来越兴旺。说明经济金融的内在规律挡不住，只能疏，不能堵。疏的办法就是法律、规范、公开、公平、公正、透明，同时监管跟上。

如果我们真想清楚了，要真的推进人民币国际化，我们就应该高瞻远瞩，深刻认识到人民币国际化远远不是一个货币的事儿，它意味着我国经济增长方式、产业结构、银行体系、货币信贷政策导向、资本市场监管都要发生革命性变化，是一场真正意义上的“金融革命”。我们是否有足够的勇气和魄力开启和完成中国的金融革命，才是人民币国际化进程面临的最大挑战和不确定性。

中国金融业国际化的机遇与挑战

金融机构走出去实施跨国经营是大势所趋

2012 年 6 月，国务院转发了八大部委《关于加快培育国际合作和竞争新优势的指导意见》，其第九节专门强调“稳步推进金融国际化”。《意见》明确提出：“稳步推进金融机构国际化。在商业可持续、风险可控的前提下，支持符合条件的金融机构通过设立境外分支机构、并购等多种渠道，到境外开展业务，为我国企业国际化经营提供金融服务支撑。”

八大部委联合发文，明确鼓励中国金融企业走出去实施跨国经营，顺应历史大势，意义重大。

金融企业尤其是银行走出去实施跨国经营，是我国经济和贸易飞速发展的客观内在需要。中国已经跃居世界第二大经济体，已经成为美国、欧洲、英国、日本和众多新兴市场国家最重要的贸易伙伴之一。目前我国出口总量世界第一，进口总量世界第二。保守估计，到 2014 年，我国进口总量亦将跃居世界第一，届时我国进出口总量自然雄踞世界第一。

世界贸易总量第一意义非凡。它意味着我国企业的贸易网络覆盖了地球每个角落。从实体经济贸易角度看，我国毫无疑问已经成为一流大国和强国。然而，我国货币金融的全球化与实体贸易的全球化很不相称。

我国贸易结算绝大部分（接近 90%）依靠美元、欧元和其他货币。尽管 2009 年以来我国政府全力推进人民币贸易结算并取得巨大进展。（截至 2012 年 1 季度，人民币贸易结算量占到我国贸易总量的 12% 左右，未来趋势令人乐观），然而，我国贸易结算依赖外国货币、银行和金融机构提供清算和相关服务的格局还没有根本改变。

我国企业实施贸易结算，绝大多数需要在其他国家银行开设账户，或者通过国内银行的海外代理行完成结算和贸易融资服务。这在客观上产生三大不利。其一，我国企业完成贸易结算和贸易融资服务，需要为外国银行和金融机构支付服务费，将贸易融资和中介业务拱手让与外国金融企业。其二，随着人民币汇率幅度加大和全球主要货币汇率日益动荡，利用外币和外国银行进行贸易结算，加大了我国贸易企业的汇率和金融风险。其三，我国越来越多企业到海外设立分公司、研究基地、销售网络甚至总部，如果依赖外国银行提供金融服务，则必然要面临交易费用高、法律和语言不熟悉、融资条件苛刻乃至歧视等诸多问题。

因此，我国企业尤其是已经和正在实施跨国经营的企业，迫切需要我国银行和金融企业能够跟进，为它们提供便利的贸易结算、贸易融资、资金汇兑、本币和外币贷款、投资理财等全方位金融服务。最近几年，我和很多企业家谈到我国银行和金融走出去战略，企业的需求非常急切。从亚洲到欧洲、到北美、南美和非洲，我国企业的业务范围越来越广，影响越来越大，它们对跨国金融服务的需求自然越来越强。

我国金融机构的跨国经营才刚刚起步

然而，我国银行和金融企业的跨国经营还非常滞后，可以说才刚刚起步。企业走出去跨国经营的步伐和速度，大大超过了银行和金融机构走出去跨国经营的步伐和速度。

目前，我国大型商业银行中，由于长期历史积累和不断发展，海外网点最多者是中国银行，中行在31个国家和地区拥有900个左右分支机构。但是工行、农行、建行和其他商业银行的海外分支机构数量还不多，主要分布在伦敦、纽约、香港、新加坡等几个金融中心，国际化和跨国经营才刚刚拉开序幕。从收入和利润指标看，几乎所有中国商业银行都是本土银行，一家跨国银行都没有。中国银行比较接近一家真正的跨国银行。截至2011年，中国银行海外资产占比上升至22.39%，海外机构税前利润贡献上升至21.23%。海外商业银行客户存贷款分别比上年末增长 26.12% 和 32.36%。其他商业银行各项经营指标中，海外业务占比就非常低，甚至可以忽略不计。要创造我国真正的跨国大型一流银行集团，还有很长的路。

单纯从经营指标看，我国已经有三家银行进入全球前十名，进入全球 100 家或 1000 家大银行之列的数量已经不少。然而严格来讲，我国还没有一家真正的国际性银行。我们所面临的挑战非常严峻。欧美银行，特别是英国和美国的大银行，才是真正的国际性银行，譬如花旗、汇丰、渣打、JP 摩根。这些国际性银行的收入和利润少则 50% 来自海外市场，多则 80% 以上。欧洲一些银行譬如德意志银行、UBS 等等，国际化程度也非常高。与这些跨国银行相比，我国银行业的国际化程度还有非常巨大的差距。

还应该指出，即使是我国银行的海外分支机构，多数也还没有进入当地银行金融服务业的主流，还没有成为当地银行金融业的重要角色。为了推进人民币国际化和实施金融国际化战略，我国银行必须成为主要国际金融中心的重要角色。

当然，我国大型商业银行成功改制上市之后，加快了走出去和跨国扩张的步伐。譬如工行上市后收购了南非标准银行和其他一些银行，农行于 2012 年先后开设了伦敦和首尔分行，还有其他分行正在筹备中。我们应该看到进步，肯定成绩。

我国银行金融跨国经营进展缓慢的基本原因

我国银行金融跨国经营起点较晚，主要原因是我国银行金融业真正开始朝市场化方向发展的时间非常短。

1980 年代后期，我国银行金融业才开始部分市场化改革和发展。招商银行、民生银行和其他一些股份制银行的诞生算是标志。新世纪前后，越来越多的银行完成改制上市，进入资本市场。直到 1990 年代，中国银行业的主流机构，即所谓工农中建交“五大行”，都还没有脱离计划经济管理的模式和思维。中信、光大等其他绝大多数银行也不例外。计划经济思维和行政管理模式，没有实现市场化经营，自然谈不上跨国经营和走出去。

直到2003年之后，我国国有银行才逐步完成改制上市，开始从根本上转变为市场化经营模式。2004年，交通银行率先开创了三步走（重组、改制、上市）的国有银行改革模式，国有大行成功迈进资本市场。随后，中国银行、建设银行、工商银行、农业银行的改制上市都取得巨大成功。我国国有银行市场化改革取得里程碑式的伟大成就。只有当市场化改革成功之后，国际化、走出去、跨国经营才能真正提上议事日程。

当然，成功改制上市，进入资本市场，并不意味着我国银行已经完全成为真正市场化的金融企业。市场化改革可能最多只完成了百分之六七十。我国大型国有商业银行管理模式、人才选拔和任用制度、激励机制等等离真正市场化国际化一流金融企业还有非常远的距离。所以，中央和国务院领导一再强调，我国银行业还要进一步深化改革，尤其是如何彻底摆脱行政化管理，完全实现市场化管理模式和激励机制。

行政化管理的金融机构当然没有多少动力到海外扩张。我国银行改制上市之前，可以说基本没有动力走出去实现跨国经营。另一方面，我国企业也是到1990年代后期才开始快速走向国际市场。新世纪之后，才真正开始大踏步走出去。所以我国银行金融业跨国经营进展缓慢是有内在客观原因的。

理念变革和制度创新：我国银行金融实现跨国经营的主要挑战

中央政府明确提出稳步推进金融国际化，激励中国银行金融业走出去实现跨国经营，这是根据我国经济金融发展新阶段、国际金融危机大变局、全球化新趋势，高瞻远瞩、审时度势所做出的重大决策，是我国国际金融总体战略最重要组成部分之一。

需要我们系统思考的重大问题是：我国银行金融跨国经营所面临的最大挑战是什么？个人之见，主要有四个方面的重大挑战。

第一个是思想理念方面的挑战。首先要解决的大问题是：我国银行金融要不要走出去实施跨国经营？这个思想认识问题并没有完全解决。政府决策层、学术界和银行界有些人认为，现在国内钱好赚，外资都争先恐后要到中国来赚钱，我们自己干吗要丢掉肥肉跑到国外去？再说国外人生地不熟，经营非常困难，干吗要去受那个洋罪？把国内经营做好就非常不容易了，占领国内竞争制高点就难能可贵了，不需要跑到国外去。这种思想意识不仅银行和金融业存在，其他行业同样存在。我自己同一些企业家朋友谈到跨国经营，他们就会如此反驳，道理似乎也很充分。

要改变这个思想意识，我们就必须放眼世界，胸怀全球。全球化时代的竞争本身就是全球性竞争。既要努力占领国内市场制高点，也要努力占领全球经济制高点。你不走出去跨国经营，别人却早就进入中国来和我们竞争了。美国也好，欧洲也好，日本也好，天天嚷着要中国进一步开放银行金融服务业。事实上，我国银行金融业的开放程度比别人对我们开放程度要大很多。

最重要的是，人民币要真正成为重要的国际货币，我国要真正成为国际货币金融的主导者，没有银行金融业的国际化是根本不可能的。上海要建成国际金融中心，没有真正国际性的跨国金融企业也是不可能的。

我到欧洲和其他国家开会，当讨论到人民币国际化的时候，外国朋友问我一个十分有趣和重要的问题：你们是否真心希望推进人民币国际化？这个问题的答案绝不简单。要真心推进人民币国际化，就必须义无反顾地走出去和请进来，就必须全力实施我国银行金融的全球化和跨国经营，同时将我国金融市场真正开放成为一个全球性市场。

所以说，第一个挑战也是最根本性的挑战就是思想认识问题。如果从中央领导到银行家，不能就此形成基本共识，我国银行金融业的走出去和跨国经营就是一句空话。

第二个挑战既是思想理念方面的，也涉及到制度机制方面的问题。那就是国际化、走出去、跨国经营能不能允许失败，愿不愿意交学费？银行和金融企业走出去，或者别的企业走出去，不可能立马就成功，肯定要栽跟头、吃大亏、交学费。然而，我国的银行金融企业，不管是大银行还是小银行，绝大多数都是政府控股。政府是大股东，董事长、行长和高官，严格意义上讲都是国家干部，都有行政级别，本质是政府官员。他们领导的银行金融企业走出去跨国经营，如果面临巨大损失，政府主管部门能够容忍吗？这是很现实的问题。

我们看看花旗、高盛、摩根和其他许多金融企业，董事长和 CEO 上台，都会给他时间，一段时间试验和亏损可以允许。1980 年代初期，日本企业到中国、到海外扩张，曾经提出过著名口号“三年不赚钱”。不仅不赚钱，还准备亏钱，交学费，以便理解和培养海外市场。我们有没有这样的心态准备？有没有这样的制度机制？有没有这样的容忍态度？

事实上，我国政府和社会给金融企业尤其是国有银行里的银行家压力太大了。不仅不允许失败，而且不允许出事儿。不管出什么事儿，董事长、行长和高官好像都脱不了干系。这个氛围是不行的。

第三个挑战是激励机制，如何吸引和留住国际化人才。当年日本银行和证券公司到全世界各地扩张，都是以高薪吸引当地人才。譬如他们在纽约设分行，就请退休的纽约联储主席当行长，基本工资就是 1000 万美元。到伦敦设分行，就请英格兰银行退休高官做行长，年薪数百万英镑。

我国银行和金融业走出去，面临的最大问题就是如何建立国际性激励机制吸引人才。一个优秀的金融人才在华尔街的年薪是百万美元级别，如果我们聘请他担任中国某家银行的纽约分行行长，当然至少要付同样的工资。否则，你怎么可以吸引到优秀人才呢？然而，现在国内金融业高管的工资与国外差距太大。董事长和行长不过百万人民币，还饱受非议，在这种情况下，我们能够大规模海外经营，让海外员工特别是高级员工都拿数十万乃至数百万美元的年薪吗？这是一个很现实的挑战。

第四个挑战是如何培养一大批忠诚于国家利益，又具有国际战略眼光和人脉网络的银行家。金融企业要走出去，最急需的是复合型金融人才。中国进出口银行的董事长李若谷先生曾经说，银行金融业走出去的关键是如何让本土人才中国化，中国人才本土化。这确实非常困难。譬如，我们从国内派一些人到伦敦和纽约去，他们不仅要懂英语，还要熟悉当地的法律、风俗和经营环境，还要建立当地的人事网络。

概括起来，银行金融业走出去面临的最核心挑战就是一个字：人。具体一点讲是理念变革和机制创新。没有理念变革和机制制度创新，跨国经营就是一句空话。

金融机构跨国经营，政府如何保驾护航

首先，中国需要确立明确的国际金融战略。面临异常复杂的国际竞争环境，我国银行和金融企业要走出去，必须组建一个特混舰队，协同作战。政府的作用就是保驾护航。

第一是建立国家级的货币、金融和经济信息网络，为我国企业和银行走出去提供服务。

第二是从国家主权层面，真正做到与所有国家实现对等开放，为我国企业海外投资经营创造一个公平的国际环境。譬如，美国和欧洲已有很多银行在中国设了分支机构和独立法人机构，但中国银行和金融企业到美国设立分支机构，却面临各种障碍和不公平待遇。其他企业也面临类似问题。如何为我国企业和银行金融业走出去扫除政治障碍，是我国政府的重大责任和挑战。

第三是如何妥善保护我国企业在海外的投资利益。这是我国未来面临的巨大挑战。美国企业在海外扩张如鱼得水，一个重要原因是美国军事势力遍布全球。中国企业在海外的投资利益，如何得到妥善的法律保护，不受到额外歧视？这是政府的重大责任。概括起来说，政府支持我国银行金融业走出去，主要作用是两个，一是扫清政治障碍，二是提供权益保护。

金融机构跨国经营与人民币国际化相互促进

金融机构跨国经营与人民币国际化是什么关系？是相互促进、互为条件、互为结果的关系。

什么叫相互促进？金融企业走出去，必然会促进人民币国际化，人民币国际化必然要求金融企业走出去，否则，人民币结算都依靠外国金融机构，肯定不行。

什么叫互为条件？没有人民币的国际化，银行要走出去，终究是不可能的。为什么美国金融企业在全世界纵横驰骋？主要因为美元是全球

货币。什么叫互为结果？如果人民币国际化成功了，自然就为我国银行金融国际化创造了巨大机会和广阔的业务空间。与此同时，银行金融企业跨国经营成功，必然带动人民币国际化。

最后一个问题是：银行金融企业走出去采取什么途径？金融机构走出去采取什么方式？是完全依靠收购兼并，还是靠独立设立的分支机构？收购兼并应该怎么做？两者之间怎么配合？这是大文章。

建议香港尽快实施人民币化的五大理由

自从1983年2月港币实施与美元的联系汇率制度以来，围绕联系汇率制度利弊优劣之争论就从来没有停止过。最剧烈的争议发生于1997～1998年亚洲金融危机期间，适逢金融大鳄索罗斯一干人等肆意猛攻港币，必欲摧毁联系汇率制度而后快。在朱镕基的直接指导下，特区政府和香港金融管理局果断出击，以著名“任一招”大幅度提高利率、斥巨资购买香港股票，投机者知难而退，香港获得全胜。捍卫联系汇率战斗最激烈时期，“香港美元化”、“废除联系汇率制度”等呼声一浪高过一浪。

2008年全球金融危机尤其是美联储实施量化宽松货币政策以来，关于香港联系汇率制度之利弊和存废又起波澜。无论如何，面对今天国际货币金融体系急剧动荡和人民币国际化浪潮日益高涨之大势，我们确实应该深入详细研究香港联系汇率制度之优劣利弊与何去何从。

我曾经明确提出“香港应该尽快研究，尽快取消港币，尽快直接采用人民币，实现完全的人民币化。”此议绝非心血来潮。2011年6月，我到香港参加一个人民币国际化会议，明确提出香港应该尽快研究改变美元联系汇率制度，实施完全的人民币化。

我以为，香港改变与美元联系汇率制度，直接采用人民币、全面实施人民币化，至少有五大重要理由。

第一大理由：从维持香港物价水平稳定角度看，香港直接采用人民币比美元联系汇率制度要优越得多。

一言以蔽之，港币与美元联系汇率制，就是所谓的货币局制度（Currency Board），本质就是香港加入美元货币区，香港不能有独立的货币政策或者根本不能有任何货币政策。金融管理局的利率政策必须完全跟随美国。1970 年代之前，港币与英镑实施货币局制度，港币属于英镑货币区。1960 年代后期英镑开始极度动荡，香港物价和经济亦随波逐流。为摆脱英镑动荡之恶劣影响，1974 年开始，港币开始实行浮动汇率，事实证明也不行。国际经济学著名的蒙代尔—弗莱明模型早就从理论上证明：小型开放经济搞浮动汇率是自讨苦吃。

此所以 1983 年港币决定与美元实施联系汇率。道理非常充分：美元是全球第一大国际储备货币，是最稳定的货币之一。尤其是沃尔克 1979 年执掌美联储之后，以稳定通货为己任，1980 年代之后的美元总体相当稳定，再加上香港是主要转口贸易中心，贸易绝大多数以美元结算，所以那时港币与美元的联系汇率制度总体而言非常合适。即使是 1997 ~ 1998 年亚洲金融危机期间，许多人仍然极力主张维持港币联系汇率制度不动摇（我也不例外）。

然而，进入 21 世纪尤其是 2008 年金融危机以来，国际货币金融格局和香港经济局势发生了重大变化，迫使我们重新思考联系汇率制度。

首先，香港经济几乎所有主要产业均已依赖祖国大陆，无论贸易、旅游、地产，还是一般服务业、金融业和整体物价水平，大陆经济局势和货币政策皆成为左右香港的首要力量。此重大格局变化之后，港币继续与美元挂钩，就算是美元继续维持稳定，香港物价水平也难以稳定。因为对香港经济而言，以美元计价和结算的商品、服务、地产、金融所占比例越来越小，以人民币计价、交易和结算的经济活动量占比越来越高。换句话说，大陆经济和人民币已经取代美国经济和美元，成为香港物价水平的主要决定力量。港币继续与美元实施联系汇率制度，再也无法确保香港物价水平稳定了。

其次，自 2005 年 7 月 21 日开始，人民币持续相对美元升值，意味着人民币相对港币升值或港币相对人民币贬值。港币相对人民币贬值，成为加剧香港通货膨胀的重要乃至主要因素。美国实施量化宽松货币政策，全球通胀局势恶化，美元开始极度不稳定。此种局面下，港币其实饱受内外夹击之痛。特区政府和金融管理局又无法实施独立的货币政策，没有稳定物价之能力和工具，尤其是没有办法防止房地产和资产价格泡沫，只能望洋兴叹。难怪今天论者一致认为，香港房地产价格泡沫已经成为制约香港经济发展的头等难题。这与美元联系汇率制度关系极大。

废弃联系汇率制度，直接实施全面的人民币化，港币就可以摆脱美元持续贬值的剧烈影响。面向未来，由于欧债危机和美国债务问题旷日持久，美元相对全球大宗商品和实体经济持续贬值是大势所趋，美元早已不是一个稳定货币了，尽管它依然是全球最主要储备货币。港币与美元联系汇率制度的主要基础已经完全丧失了。

第二大理由：从刺激和维持香港经济长期持续发展角度看，港币与美元联系汇率制度已经弊大于利，应该尽快废除。

香港经济依靠四大支柱产业：贸易、旅游、地产、金融。众所周知，此四大产业主要依靠大陆经济增长和大陆消费者来推动。最近数年，人民币贸易结算发展极其迅猛，目前人民币贸易结算量已经超过我国贸易总量的12%，未来将继续保持快速增长势头。最迟到2014年，中国将成为全球第一大进口国、出口国和第一贸易大国。一方面，香港转口贸易中心地位日渐式微，另一方面，大陆进口商和出口商会越来越多地采用人民币。如果香港继续坚持使用港币或美元，无异于自找麻烦，增加交易成本，肯定会继续严重削弱香港的贸易地位，得不偿失。

旅游购物自不用说，现在大陆客超过访港游客一半以上，商家使用人民币习以为常，港币退居二线，事实上边缘化了，未来地位只会越来越低。顺应大势，香港直接采用人民币是上策。至于地产、金融和资产价格，下文谈到人民币国际化和金融中心时再一起说。

第三大理由：为应对国际金融危机，摆脱国际炒家攻击港币之噩梦，香港唯一出路只能是全面实施人民币化。

自从1983年香港实施联系汇率制度以来，国际炒家攻击港币联系汇率，始终是香港金融管理当局面临的最大挑战和最大麻烦。1997年与索罗斯的对攻之战震惊世界。每当国际对冲基金屯兵香港之时，香港金融市场的神经就开始高度紧张，特区政府和金融管理局立刻风声鹤唳，草木皆兵。譬如2010年听说索罗斯基金到香港设个办事处，媒体一片哗然，谣言纷纷。可见香港市场是多么担心或害怕货币投机者攻击联系汇率制度。

原则上，香港对付货币投机者的攻击只有两招，即著名的“任一招”

（金管局大幅度提高利率）和“曾一招”（特区政府直接斥资购买股票）。客观而言，此二招风险极大，代价极大，对经济伤害极大，一次成功绝不意味着未来一直可以运用，一直可以成功。尽管目前香港外汇储备高达近3000亿美元，不过未来要真是和国际炒家较上劲儿，谁胜谁负殊难预料。从今天形势判断，将来国际货币金融局势会越来越动荡，对冲基金势力会越来越大，处于国际货币金融汹涌浪涛之中的港币，必然是投机者反复攻击的理想目标。釜底抽薪之计，就是完全彻底的人民币化。何况从实体经济角度看，联系汇率制度已经弊大于利，何必要继续设一个赌局，邀请投机者来肆意赌博呢？

第四大理由：从加强和提升香港国际金融中心地位角度看，从推进人民币国际化基本战略角度看，废除港币与美元的联系汇率制度，实施完全的人民币化不仅完全必要，而且时不我待，要尽快推进。

加强和提升香港国际金融中心地位，是香港经济未来发展的基本立足点和战略制高点，是深化我国金融对外开放的内在需要，是成功实现人民币国际化最重要条件和基础之一。港币和香港金融中心发展必须服从我国总体金融战略。思考港币的未来和香港金融中心地位，必须以此为基本出发点。这才是香港金融发展和港币前途的大局观。

香港国际金融中心最强大的基础是祖国大陆经济，是人民币国际地位的日益提升。中国是全球第二大经济体，对全球经济和亚太经济之影响力日益强大。香港金融中心正好是中国增强其金融实力、金融辐射力、国际金融话语权和影响力的最佳平台。纵观世界，未来有望成为真正全球性金融中心的地方其实不到5个，也就是纽约、伦敦、法兰克福、东京、香港。巴黎、莫斯科、新德里、里约热内卢等是可能的候选城市。

目前真正意义上的全球金融中心其实只有纽约和伦敦。伦敦是数百年历史演变留下的遗产，20世纪之前依靠英镑的国际货币地位，长期位居全球金融中心之首，20世纪后期则主要依靠伦敦金融城的金融创新激情、欧洲美元崛起和英语垄断全球经济金融的独特优势，伦敦至今得以维持最主要国际金融中心之一，充分证明了历史学家布罗代尔的一句名言：货币金融霸权总是那样长久！

美元霸权和纽约国际金融中心地位则是一对孪生兄弟。加强和维护美元霸权，必然要加强和维护华尔街的国际金融中心地位。伦敦和纽约的历史雄辩地说明：一个真正强大的金融中心必须依靠一个真正强大的国际货币。

今天香港国际金融中心地位难以与纽约和伦敦相比。面向未来，要加强和提升香港金融中心地位，只能依靠人民币的崛起。人民币国际化和香港国际金融中心地位之提升相辅相成，相互促进，缺一不可。依靠一个弱小的港币，如何可以建立起一个真正强大的国际金融中心呢？这是香港特区政府需要尽快研究废除港币、实施彻底人民币化最重要、最基本的理由。有谁能够否定这个最基本的理由？

第五大理由：从理论上说，香港和祖国大陆是真正意义上的最优货币区，香港采用人民币从货币金融和实体经济上是明智之举，是必然选择。最优货币区最核心的条件是生产要素自由流动，包括产品服务、货币资金、劳动力等等。从要素流动角度看，香港与祖国大陆经济整合程度已经非常高，完全符合一个最优货币区最重要的条件。从这个意义上说，香港人民币化是经济规律内在发展的必然选择。我们必须顺势而为，绝对不能逆势而动。抗拒历史潮流，必将铸成大错。

理论新思维

经济学家和政治哲学家之思想，无论是对是错，影响力总比我们通常所想要大得多。确实，正是那些微不足道的小人物思想，主宰着世界。那些从事实务的人士，尽管他们自己坚信可以不受任何知识和思想之影响，实际上却是早已过气的某个经济学者理念的奴隶。那些位高权重的狂人，以为自己的想法来自天启，事实上他们那些疯狂的想法却是源自几年前某个三流学者的陈词滥调。我深信，与思想理念潜移默化的逐渐侵蚀相比，既得利益的能量确实被极度夸大了。当然，思想理念的侵蚀不能立刻见效，而是要经历相当长时间。因为，在经济学和政治哲学领域，只要是年龄超过 25 岁或 30 岁的人，很少能受新理论的左右，因此，政府公职人员、政治家，乃至那些狂热的煽动者，他们用于解决当前事务的思想和理念肯定不是最新的理论。然而，无论如何，我始终相信，或迟或早，真正最具威胁的不是既得利益，而是思想和理念。

——凯恩斯《就业、利息和货币通论》

如果没有理论在手，你什么辩论也赢不了。

——佚　名

人类为什么选择自我毁灭的经济制度

民主扼杀了经济增长

2010 年 7 月 8 日，我和家人从北京飞往罗马，打算再转火车前往意大利北部美丽小镇西耶那，参加蒙代尔教授著名的国际货币圆桌会议。傍晚 7：30 飞机抵达罗马，一出海关就快速奔向火车站，却被告知自当晚 9 点开始，意大利全境火车罢工 24 小时，所有公共汽车同时罢工。无奈之下，只好坐高价出租车（350 欧元）深夜赶往西耶那。6 天后的 7 月 14 日，我们又从欧洲飞往美国芝加哥大学，参加科斯教授和王宁博士主持的“生产的制度结构”研讨班。漫步在芝大校园，却发现好些路段乱七八糟，凸凹不平，显然是整修工程尚未完成。我忍不住问研讨班秘书小姐怎么回事。她反问我：“你不知道吗？芝加哥全市建筑工人罢工两个月。现在才过去 20 来天啊。我真的搞不明白，他们每天工资比我高那么多，还要经常罢工！”

是的，秘书小姐没有搞明白的事情，经济学家们也不一定搞得明白。可不是吗？今天全球经济乱象丛生，举世都在辩论如何恢复经济增长，提振经济活力，却苦于找不到良策，注意力竟然都集中滥发货币和操纵汇率上，连量化宽松和竞争性贬值这样的怪招都派上了用场。美联储主席伯南克还宣称那是现代中央银行的伟大创新，呼吁全世界中央银行家都要有创新的胆魄和勇气。

然而，意大利和芝加哥的罢工故事，虽然只是冰山之一角，却恰好深刻揭示了发达国家经济制度的基本问题，让我愈发相信一个并不十分愉快的结论：那就是民主制度扼杀了经济活力和经济增长。许多人可能对这个结论相当吃惊，甚至反感。其实，它不过是人类经济制度演变一般规律的推论而已。人类经济制度演变的一般规律是：任何制度安排最终都要走向它的反面。研究货币制度演变历史的大师级学者，都曾经发现或感受到这个真理。譬如欧元之父蒙代尔、法国政治家和银行家李斯特就说，是民主制度扼杀了金本位制。我将他们的高超见解推演一下，说民主制度扼杀了经济增长。

二战之后，西方民主制度有三大支柱：充分就业成为政府最高目标，最低工资和高福利成为法律制度，工会和压力团体勃然兴起，成为社会主流和权势阶级。西方经济学的政策辩论风起云涌，热闹非凡，说到底无非是如何实现充分就业和经济增长。

稍微思考一下，我们就会发现三大支柱或三大目标完全是自相矛盾。最简单的供求价格机制分析就可以告诉我们：最低工资、高福利、工会和压力团体，本身就是对价格机制的极大扭曲或价格机制的消亡，怎么可能同时实现充分就业呢？1960～1970 年代，整个西方宏观经济学完全围绕所谓菲利普斯曲线展开，现在大体成为一个笑话了。发达国家微观层面的制度安排和价格机制越来越僵化，就开始大肆扩张货币，希望用通胀来实现充分就业。前不久，基金组织首席经济学家布兰查得建议美国和发达国家将通胀控制目标提高为 4%，中国的厉以宁和吴敬琏先生最近也发出类似的呼声，背后的理论似乎还是脱不了那个菲利普斯曲线的阴魂。

1970 年代以来，美国首先摧毁布雷顿森林体系，随后持续增发货币，大搞通货膨胀政策，资产价格泡沫一浪高过一浪，金融危机频繁爆发。须知 1970 年代以来全球基础货币或国际储备货币从 380 亿美元激增到接近 9 万亿美元，增速超过 200 倍，而真实经济增长不过 5 倍。要不是 1980 年代之后，以中国为首的发展中国家纷纷加入世界竞争，为全球提供廉价产品，西方发达国家的通货膨胀至少是今天的数倍。即使如此，蒙代尔、卢卡斯、麦金龙、甚至包括格林斯潘和伯南克在内都承认，1970 年代以来，西方世界和全球的平均通货膨胀超过以往一切世纪的总和。货币的泛滥导致信用的泛滥，信用的泛滥导致高杠杆经营的泛滥，货币泡沫、信用泡沫、资产价格泡沫越吹越大，势不可挡，终于酿成全球金融海啸和经济衰退。可悲的是，以美国为首的西方发达国家竟然还希望再次用货币泡沫来刺激真实经济复苏。

西方国家宏观经济政策总体上陷入了三个两难困境。第一个困境是财政政策困境。财政赤字和政府债务那么高，一方面必须削减赤字和降低债务规模，另一方面却还要依靠赤字开支和增发债务来刺激经济。怎么才能够两全其美？看来还没有找到出路。美国政府自己的预测，到2020年，公开债务规模肯定超过GDP100%。欧洲和日本好些国家早就超过100%了。从私人到政府全部都是高杠杆、高负债、寅吃卯粮，这样的经济制度怎么可以长期维持下去呢？

第二个基本困境是货币政策困境。全球货币已经那么多，美国银行体系超额储备早就超过1万亿美元，大宗商品和资产价格早就恢复到金融危机之前的水平，发展中国家通货膨胀已经相当严重，发达国家却还要继续长期维持低利率，还要大搞量化宽松货币政策。难道基本的货币数量理论真的完全错了？难道大家真的都要像伯南克在欧洲中央银行行长会议上所宣称的那样：中央银行可以不顾一切大胆创新？

第三个基本困境是汇率政策困境。“汇率战”、“货币战”甚嚣尘上，汇率操纵愈演愈烈，汇率走势完全脱离经济基本面。问题是：如果大家都希望利用汇率贬值来短期刺激出口，有什么办法可以让每个国家都达到汇率贬值的目标呢？一方面高喊要恢复国际贸易和出口，要稳定世界经济环境，要稳定国际金融市场，要避免国际投机资金冲击和汇率危机，一方面却大肆鼓吹汇率浮动和竞争性相互贬值。难道最基本的经济规律完全失效了？奇哉怪也！

三大政策困境源自经济制度安排。民主制度在许多方面已经走向它的反面，成为经济活力和经济增长的最大杀手。当然，我绝没有反对民主的意思。然而，我们需要怎么样的民主制度？民主制度如何才能促进持久的经济活力和经济增长？充分就业、僵化的最低工资和福利、工会和压力团体、既得利益集团，所有这些难道是民主制度的必要组成部分吗？如果不是，它们与真正的民主制度应该是什么关系？目前在中国，许多人正在积极倡导最低工资和工会制度，他们相信那是民主制度和民主权利的核心。有鉴于此，寻找上述问题的答案显得尤为迫切。

《中国的经济制度》的一般性贡献

张五常《中国的经济制度》是我们寻找上述问题答案的灵感之源。2005 年，我将自己研读张五常经济学的体会整理成书，出版《张五常经济学》，认为张五常开辟了独特的制度经济学发展之路，那就是从合约的角度看制度的安排和转变。它经历了四个发展阶段。第一个阶段是从合约角度看佃农制度，代表作当然是《佃农理论》。第二个阶段是从合约的角度看一般性的价格机制，代表作是《价格管制理论》。第三个阶段是从合约的角度看公司，代表作是《公司的合约本质》。第四个阶段则是从合约的角度看国家，代表作就是我们今天讨论会的主题：《中国的经济制度》。

众所周知，《中国的经济制度》最主要的发现是“地区竞争”，最主要的理论贡献之一是该书第三节“合约的一般概念”，大家对这些内容非常熟悉，用不着我来重复。不过，我以为《中国的经济制度》和张教授其他著作里，有一个特别深刻的话题被大家忽视了，那就是合约的选择，哪怕是完全自由的选择，也不能保证制度朝着降低交易费用的方向转变。也就是说，合约的自由选择只是良好制度安排的必要条件，不是充分条件。

“以合约安排来约束竞争，一种合约取代另一种合约，是制度转变的正确含义”。张五常说得很透彻。然而，张五常接着说：“很不幸，制度的转变或合约安排的转变，不一定是朝减低交易费用或增加租值的方向走。亚当·斯密认为土地使用安排的转变是朝改进效率那方向走，不一定对。灾难性的安排单是 20 世纪就出现过多次了。有时我想，人类可能有一天会因为自己的选择而毁灭自己。在个人争取利益极大化的假设下，人类自取灭亡的理论难以构想，虽然我尝试过好几次。”

每当我阅读这一段的时候，我都有一种仿佛触电的感觉！我觉得，新制度经济学乃至整个经济学最大的问题之一，就是要解释人类经济制度为什么会朝向交易费用增加或自我毁灭的方向走。从经济增长的角度看，今天人类的许多经济制度安排，包括前面提到的最低工资和福利制度、工会和利益集团、浮动汇率和毫无约束的货币制度，等等，都是大幅度增加了人类经济活动的交易费用或不确定性或风险。即使我们不从租值增加或经济增长的角度看，也有数之不尽的经济制度和政治制度安排没有朝着减低交易费用的方向。

任何制度安排必定要走向它的反面

如果我们从大历史角度和全球角度来观察人类经济制度和其他制度的演变历史，我们会看到一个非常重大甚至惊人的现象：任何制度安排最终都必定走向它的反面。许多伟大的政治家和学者都高度注意此一重大事实，都希望找到能够确保国家长治久安的制度安排，可是永远也没有找到。

且让我举出两个例子。

第一个是《罗马帝国衰亡史》。那是西方世界研究国家文明和制度兴衰最有名的著作之一。作者爱德华·吉朋（1737～1793）曾经这样描述他撰写巨著的动机和灵感："我踏上罗马广场的废墟，走过每一块值得怀念的地方——罗莫洛站立过的、西塞罗演讲过的、恺撒倒下去的。这些景象顷刻间都来到眼前。1764 年 10 月 15 日，当我坐在卡皮托山冈废墟之中沉思冥想之时，赤足的托钵僧人正在朱庇特神庙中歌唱晚祷辞，撰写一部这个城市衰亡历史的念头第一次涌上我的心头。"还有一次，吉朋对着罗马古城废墟，回响着罗马帝国往日的辉煌，发出深深的感叹："好景总是不久长!"好景为什么总是不长久呢？好的制度安排为什么总是昙花一现呢？

第二个例子是毛泽东和黄炎培的著名对话，他们探讨了国家兴衰循环之谜。1945 年 7 月 4 日下午，毛泽东专门邀请黄炎培等人到他家里做客，整整长谈了一个下午。毛泽东问黄炎培，来延安考察了几天有什么感想？黄炎培坦率地说："我生 60 多年，耳闻的不说，所亲眼看到的，真所谓'其兴也勃焉，其亡也忽焉'。一人、一家、一团体、一地方乃至一国，不少单位都没能跳出这周期率的支配力。大凡初时聚精会神，没有一事不用心，没有一人不卖力，也许那时艰难困苦，只有从万死中觅取一生。继而环境渐渐好转了，精神也渐渐放下了。有的因为历时长久，自然地惰性发作，由少数演为多数，到风气养成，虽有大力，无法扭转，并且无法补救。也有因为区域一步步扩大了，它的扩大，有的出于自然发展；有的为功业欲所驱使，强求发展，到干部人才渐渐竭蹶，艰于应付的时候，环境却越加复杂起来了，控制力不免薄弱了。一部历史，'政怠宦成'的也有，'人亡政息'的也有，'求荣取辱'的也有。总之，没有能跳出这个周期率。中共诸君从过去到现在，我略略了解的，就是希望找出一条新路，来跳出这个周期率的支配。"。

毛泽东说："我们已经找到了新路，我们能跳出这周期率。这条新路，就是民主。只有让人民来监督政府，政府才不敢松懈；只有人人起来负责，才不会人亡政息。"当然，毛泽东对他心目中的民主新路，却是语焉不详，他自己后来的探索，与其说是成功，倒不如说是完全失败。

当然，中国历史上朝代更替或制度转变还有一个著名的规律，那就是历史学家黄宗羲总结出来的"黄宗羲定律"：一个起初非常良性的制度安排，随着时间的推移，最终会彻底葬送自己！

制度经济学研究需要崭新思维

或许这是一个令人困惑或灰心丧气的主题，或许朋友们认为上述问题超越了经济学或制度经济学的范围。不过，我多年研究国际货币制度演变历史所得到的一个最基本的教训是，假若不采取一般均衡和动态演化的思维，就不可能理解一项制度的演变。我这里所说的一般均衡和动态演化思维，就是考察制度的转变，必须要将文化、思想、宗教、价值观、信念、精神、必然性和偶然性、挑战和机遇等许多因素包含进来，我们也必须承认我们可能根本就无法推测制度的演变，至少无法全面推测制度的演变。事实上，这也正是张五常一贯倡导的思维，因为他将交易费用定义为制度费用，其内涵比通常所说的交易费用要深远得多。

人类为什么无法征服金融危机

2012年5月16日，我到东京参加英国《经济学家》杂志举办的一个国际金融研讨会，原计划主要讨论亚洲货币金融合作和日本银行海外扩张，话题却很快转向欧债危机及其救助方案。小组讨论期间，主持人高声问台下听众：有多少人相信今天的救助措施和监管改革会防止未来金融危机发生？台下百多位银行家和经济学者竟然没有一个人举手！主持人又问：有多少人相信未来人类会面临更加频繁和更加严重的金融危机？举手者超过90%！

到欧美各国开会，主持人经常玩儿现场提问游戏。上述问题听过多次，答案意料之中。然而东京再听一次，感受颇为不同。

可不是吗？日本自1990年代初期资产价格泡沫破灭，至今20年没有缓过劲儿来，所谓“失去的20年”、“日本经济病”、“日本经济大衰退”成为经济学者经常辩论的话题，也是决策者颇感头痛的大难题。为医治“日本经济病”、为协助日本摆脱经济衰退，所有招数都用上了：结构改革、量化宽松、财政刺激、汇率贬值、国际扩张……日本却再也无法再造1950～1970年代高速增长之辉煌。

放眼全球，积极帮助日本出谋划策的顶级经济学者大有人在，包括格林斯潘、伯南克、克鲁格曼、麦金龙……，伯南克大胆建议日本人开动印钞机大撒钞票而赢得“直升机伯南克”的外号。克鲁格曼则老调重弹，反复抱怨日本货币政策不够宽松。日本佬是“零利率货币政策”始作俑者，央行利率10多年来一直维持零水平，还要怎样宽松呢？经济学之贫困，于斯为甚也！

从日本近20年的痛苦经验和教训，我们所得到的结论非常悲观。人类面对金融危机和大萧条，几乎毫无办法。那些看起来精妙无比、宏大无比、深奥无比的各种刺激办法，实际上似乎毫无作用，或者是负面作用超过正面效果。

看看 2008 年全球金融危机和已经肆虐两年的欧债危机吧。办法也都想到了，用尽了，却仍然无法实现全球经济稳健复苏。众所周知，2008 年金融危机以来，人类所实施的量化宽松货币政策和财政刺激政策规模绝对史无前例，货币供应量扩张之猛，令人叹为观止。具体数据不再说了。然而，为什么我们还是看不到经济强劲复苏的影子呢？为什么我们反而担心未来金融危机只会更频繁、更严重呢？

这就要回到最基本问题：人类经济体系为什么会有金融危机和经济危机？金融危机和经济危机的机制究竟是什么？从哲学层面说，也许一句话就够了。中国哲学智慧里面，类似警句多的是：物极必反、否极泰来、周而复始、天道循环、一阴一阳……事务从来不是直线前进，总是循环往复，存在不可抗拒的周期律。这些思想极为重要，不可轻视。

然则，号称“科学”的现代经济学又如何解释金融危机和经济危机呢？个人浅见，经济学解释金融危机和经济危机，主要有五派理论。

第一派理论是凯恩斯—明斯基的“不确定性—预期—投资周期理论”。凯恩斯《通论》历来号称难读，我觉得很奇怪：为什么大家说它难读。其实，凯恩斯《通论》关注的核心问题就是如何解释经济危机和经济周期。撰写《通论》时，凯恩斯心中萦绕的主要问题就是 1930 年代的大萧条。《通论》22 章起首第一句话就说：“前面各章里，我们已经声称弄清楚了就业总量的决定因素。如果我的理论正确，我就必须能够解释经济周期。”可见，凯恩斯将能否解释经济周期当做检验他理论正确与否的试金石。凯恩斯理论由四大支柱构成：投资函数、消费函数、利率理论和资本边际效率理论。仔细分析下来，发现上述每一个“函数”或变量皆是主观变量，皆取决于人们的信心、预期、心理、感觉、牛群效应、群体跟风、关键事件、乐观还是悲观、兴奋还是郁闷……《通论》最核心、最关键的理念只有两个：资本边际效率和主观预期，资本边际效率反过来又取决于主观预期。

后来明斯基直接将凯恩斯的经济周期理论概括为“不确定性—预期—投资周期理论”。既然经济周期主要或完全取决于人们的主观预期和信心，我们能否找到抹平经济周期的办法，实在很难说。“人心惟危，道心惟微”，古代圣哲说得真是透彻。

第二派理论是弗里德曼和卢卡斯领衔的一派学者所主张的“货币波动理论或货币供应量理论”。依照弗里德曼和卢卡斯的理性预期学说，经济体系是不会出现金融危机和经济周期的。因为市场总是自动迈向均衡，怎么会有经济周期呢？然而现实生活确实有金融危机和经济周期，他们又如何解释呢？他们的解释是：之所以有金融危机和经济周期，就是因为货币供应量突然变动。以前是因为突然发现黄金或贵金属，后来是中央银行行长们发神经瞎搞一气。大体上，奥国学派也是这么看。按照他们的想法，只要维持货币供应量稳定不变（譬如弗里德曼著名的4%增长法则），或者干脆取消中央银行的货币政策（譬如哈耶克著名的人人自发货币主张），那就天下大吉，不会出现金融危机和经济周期了。理性预期学派和有效市场假说误人不浅，现在大体只有书斋学者当做智力游戏来玩儿了，实战派的市场人士（譬如索罗斯们）是从来不相信什么理性预期和有效市场的。

第三派理论是费雪的债务—通缩理论和 Richard C. Koo 的“资产负债表衰退理论”及“经济阴阳周期学说”。费雪“债务通缩理论”强调过度负债、资产泡沫和泡沫破灭之后的债务——通缩过程，极具启发性。但是，费雪却没能解释经济体系何以会“发神经”似的经常出现过度借债和资产泡沫。当然，作为顶级货币理论家，他指出了货币扩张和信用膨胀是造成过度负债和资产泡沫的主要原因。

华裔经济学者 Richard Koo 的“资产负债表衰退”极有新意，伯南克亦有类似思想，譬如伯南克等人长期研究的“金融加速器机制”，主要是基于资产负债表调整机制。Koo 的“经济阴阳周期学说”之灵感直接来自中国哲学思想原典《易经》。

Koo 的资产负债表衰退和经济阴阳周期理论，起点都是人类的“过度自信、过度乐观、过度兴奋、过度投资导致过度借债和过度泡沫”。人类为什么会出现“过度自信、过度乐观、过度投资、过度借债、过度泡沫”呢？说到最后，还是归结到人类的心理、预期和主观愿望。我们还是找不到一个消灭或抹平经济周期的办法。

第四派理论是所谓“真实经济周期理论”，强调经济周期之根源是人类技术创新。该理论源远流长，康德拉季耶夫和熊彼特等大师级人物都深入研究过。当代有名的真实经济周期倡导者是诺贝尔奖得主普雷斯科特等人。但是，客观而言，真实经济周期理论很难解释为什么人类会如此频繁地出现资产价格泡沫兴起和破灭的金融危机和经济周期，很难解释为什么随着经济体系日益全球化和日益复杂，金融危机和经济周期就愈加频繁。

笔者自己尝试提出过一个新的宏观经济理论，以解释金融危机和经济周期。算是第五派吧。我的理论基于从逻辑上严格区分对虚拟经济和真实经济活动，严格区分货币和信用，以及对人类财富理念演变历史的精心探求。

不过，我的结论却非常悲观：随着人类经济体系日益复杂，随着人类财富日益积累，人们的财富理念不断发生巨大变化，导致虚拟经济相对真实经济日益膨胀。虚拟经济形成一个自我循环、自我膨胀的体系。虚拟经济自身是一个完全基于人们主观预期和信心的经济体系，是一个极度不稳定的体系。它随时可以出现资产价格兴起和破灭的剧烈调整周期，反过来对真实经济体系造成剧烈冲击。

人类货币体系和信用体系之演变，客观上火上浇油，助长了虚拟经济体系之恶性膨胀。此所以我反复列举和论证美元本位制和浮动汇率体系的“七宗罪”。然而，人类货币体系和信用体系之演变，又是基于人类财富理念之变迁和演化，经济政策很难扭转这个大趋势，至少短期内无法改变。

之所以我们看到过去40多年来，人类遭遇了愈来愈频繁的金融危机和经济周期，表面原因是过度借债、过度消费、过度投资、过度杠杆化、全球失衡，稍微深层次的原因是全球货币体系、美元本位制和浮动汇率，最深层次的原因则是人类经济体系演变的内在规律，是不可抗拒的历史规律，它源于人性最本质的特征或弱点。人类经济体系日益复杂，系统性风险日益上升，我称之为“风险递增原理”。我们不要指望经济直线增长、直线前进，不要指望可以消灭金融危机，抹平经济周期，不要奢望货币政策和财政政策是“万能良药”，可以搞定一切。人类应该面对现实，谦虚一点。我们只能与金融危机共舞，同呼吸共命运，舍此可能别无选择。

“占领华尔街”和西方经济思想的没落

“占领华尔街”运动席卷整个美国，且有迅速蔓延世界之势。原本是三三两两或数十人的小规模静坐抗议，很快发展成为数万人乃至数十万人热烈响应和积极参与的全国性运动；原本美国和国际主流媒体不屑一顾，懒得报道，如今却成为各大媒体争相报道、评论和预测的头条新闻；原本只是曼哈顿南部华尔街附近小小公园的星星之火，如今已经成为左右美国政局和世界多国政治走向的燎原之火。

普通民众游行、静坐、抗议、愤怒、谴责的理由千千万万，归结起来无非是找不到工作、谋不到饭碗、收入急剧下降、生活朝不保夕、人生的价值难以实现、做人的尊严日益丧失，反观华尔街那些金融大亨大佬们，弹指一挥间，收入千千万。华尔街大亨们的收入动辄以百万美元、千万美元乃至上亿美元计，美国制造业员工的年均收入不过四五万元。早在1990年代，华尔街就进入了疯狂的金融投机和交易时代（美国著名金融史学家和金融传记作者荣·切尔诺曾经将1980年代之后的华尔街称为“赌博时代的降临”），从事金融交易的人士，收入少则数十万美元，多则数亿美元。华尔街最有名的格言之一就是：“如果你还明白自己在做什么，你每年只能赚5万美元；当你不明白自己在交易什么的时候，你每年就可以赚500万美元!”2012年7月，笔者在伦敦参加美联储前主席沃尔克的一个主题演讲，他认为华尔街金融行业从“产业服务模式”转变为“金融交易模式”，是过去四十年金融业最大的转变，也是最不幸的转变，直接导致了过去几十年的金融危机和金融动荡。

华尔街令人眼花缭乱、叹为观止的金融交易和金融衍生产品创新，创造了数以百万亿美元计的虚拟金融财富。譬如CDS（所谓债务保险合约或债务违约掉期）的名义市值就曾经超过62万亿美元；金融市场每天的外汇交易量高达4万亿美元（与此相对照，全球真实贸易每年不过20万亿美元）；利率衍生金融产品则更是以数百万亿美元计算。再加上股市、债市（全球债市市值超过90万亿美元）、商品期货、金融期货及其相关的复杂之极的金融衍生产品，难怪华尔街金融行业已经演变成为一个外行无法理解的“高科技”行业，每年有无数顶级大学的数学、物理和工程博士到华尔街就职，为金融家们计算和预测无限复杂金融产品的价格走势。

过去40年来，由于全球货币扩张失去约束，再加上浮动汇率体系推波助澜（笔者曾经证明：浮动汇率体系是国际货币无限扩张的一个内在机制），华尔街金融投机行业恶性膨胀，金融投机经济活动或者虚拟经济活动与真实经济（制造业和普通民众的就业）之背离日趋严重。1980年，美国虚拟经济与GDP之比例还不到100%，如今已经超过500%，这还是不完全的统计。英国、欧洲和日本大同小异。虚拟经济与真实经济的严重背离成为过去40年华尔街最伟大的“创新”，成为人类经济体系过去40年最显著的特征，成为人类经济金融体系最危险的“定时炸弹”。股神巴菲特2003年就预言，CDS和衍生金融产品将是摧毁美国和世界金融体系的“大规模杀伤性武器!”

果不其然！2007年次贷危机爆发，2008年金融海啸席卷世界！当时大多数华尔街大佬、美国政府官员和国际货币基金组织高官全都相当乐观地宣称，尽管金融海啸是数十年以来最严重的危机，甚至是1930年代“大萧条”以来最严重的金融危机，不过我们现在对处理金融危机有了更加丰富的经验，我们手中有了更多的货币政策和财政政策工具，所以不用担心，金融危机将在两三年之内结束，经济增长很快就会回到2007年危机之前的水平。美联储主席伯南克、财政部长盖特纳、美国总统奥巴马以及许多国家领导人，信心满满，一方面打破人类货币政策历史上的一切惯例，史无前例地推出多轮“量化宽松货币政策”；一方面不顾财政赤字持续高涨和债台越筑越高，拼命实施凯恩斯式的财政刺激措施，同时大慷纳税人之慨，奉行“大而不能倒”的哲学，不遗余力救助华尔街巨型金融机构。他们原本希望如此石破天惊的政策组合，能够挽狂澜于既倒，迅速摆脱金融危机的魔掌，迅速提升经济增速和就业率。美国推出的金融危机挽救措施和经济增长刺激措施可以说足够庞大。以美联储为例，2008 年金融海啸之后，美联储资产扩张规模超过 2 万亿（1913 年成立直到2008 年，美联储资产规模不到7000 亿美元!），中央银行资产扩张就是基础货币发行。奥巴马上台之后，为挽救危机和刺激经济，2009 年联邦政府财政赤字高达 1.6 万亿，超过 GDP12%；2010 年超过 1.3 万亿；2011 年将超过 1.5 万亿。

光阴似箭，日月如梭，4 年岁月转眼过去。美国、英国、欧洲和日本却几乎同时陷入“二次探底”或“二次衰退”的泥潭，失业率依然居高不下。只要看看各国失业率，我们能够很容易理解“占领华尔街”运动为什么像燎原之火般迅速蔓延。西班牙：21.3%；意大利：8.1%；爱尔兰：13.1%；希腊：16.2%；葡萄牙：12.4%；法国：9.2%；英国：7.8%；美国：9.2%。

于是，一个最关键的问题就摆到我们面前：为什么如此史无前例大规模的货币扩张和财政刺激措施不起作用？我以为当代主流西方经济思想无法回答这个最重大的问题。数十年来的西方主流经济学，无非是在数学模型的海市蜃楼里面孤芳自赏，无非是在凯恩斯主义和货币主义的框架里面修修补补，无非是数学公式更复杂一些、统计数据更完善一些。西方主流经济学者们没有静下心来思考人类经济体系过去四十年所发生的根本性变化，没有从最基本的经济、金融、货币制度层面去思考金融危机的深层根源，没有从全球经济权力格局的巨变里去理解发达国家次贷危机、金融危机和债务危机的发生机制，没有从西方民主制度、福利制度、就业制度的内在缺陷里去寻找危机的深层根源和变革途径。一句话，他们普遍没有大历史视角，无法从人类经济制度动态演化角度去理解今天的世界经济。易言之，金融危机及其挽救措施的惨败，充分说明西方经济思想的没落，借用马克思 19 世纪后期对西方经济学的批评，那就是西方经济学在数学模型和诺贝尔奖的光环笼罩下，已经日益“庸俗化”、日益浅薄和贫乏。

早在 2008 年金融危机爆发之初，笔者就写道：

“财政赤字扩张和货币信用扩张无法奏效的根源是人类经济制度安排

存在根本缺陷。

“人类经济体系演变到今天，尤其是人类货币信用体系演变到今天，造就了一个异常奇怪的经济金融货币体系，那就是三个‘两极分化’相互加强的经济金融体系。三位一体的两极分化体系乃是当今整个人类经济金融体系最根本的制度缺陷，是金融危机频繁爆发的根本原因，是财政赤字扩张和货币信用扩张无法启动实体经济复苏的终极原因。

“为什么财政赤字、货币信用之急剧扩张，无法实现实体经济的复苏？要深刻理解此一重要问题，我们必须抛弃传统的宏观经济思维，彻底转向完全崭新的宏观经济思维。”

我由此提出一个新的思想框架来解释人类经济。新的思维模式可以从逻辑上严格证明：以凯恩斯式的财政赤字和弗里德曼—伯南克式的货币信用扩张政策来挽救金融危机，从最根本意义上是错误的政策。

道理并不复杂。我们依照对人类经济行为本质的深刻分析，将人类经济体系分为相互依存、相互协调之三大系统：货币信用体系、真实经济体系和虚拟经济体系。真实经济活动，乃是一切必须经过物质转换过程之经济活动；虚拟经济活动，则是购买资产、单纯等待资产价格变化以获利之经济活动，它无须经过任何物质转换过程；货币则是旨在降低一切交换活动成本（交易费用）之媒介或工具，信用则是现在与未来相互交换之媒介或工具。

逻辑上，人类经济体系可以走向两个极端。假若人类经济体系没有货币和信用，则人类经济活动将蜕变为最原始、最简单的自给自足经济，辅之以极其少量的以物易物活动。此一极端情形下，人类经济活动规模和财富创造能力将退缩至最小规模。假若人类全部经济活动皆致力于虚拟经济，没有人从事任何物质转换和真实财富创造，所有人皆致力于虚拟经济活动，单纯依赖资产价格之变化以牟利。此一极端情形下，人类真实财富之创造亦将完全限于停顿。易言之，人类经济体系必定处于两个极端之间。然而，人类经济体系永远处于动态演变之中，恰如一个永不休止的钟摆，始终徘徊于上述两个极端之间。

新经济思维模式的最基本理念是：真实经济和虚拟经济之需求和供给行为有本质区别。真实经济之需求和供给是生产性需求和供给（或称之为“真实需求和供给”)；虚拟经济之需求和供给则是投机性需求和供给（或称之为“虚拟需求和供给”)。真实需求主要来自占人口大多数之普通百姓（亦即很难获得信用之普罗大众)；投机性需求则主要来自占人口极少数之富裕阶层和各种类型的金融机构或投资机构（亦即最容易获得信用之个人和机构)。

受金融危机打击最剧烈之人群，恰好就是收入相对微薄之普罗大众，他们之真实需求急剧下降（譬如失业和减薪导致收入急剧下降)，导致真实经济或实体经济急剧衰退和萧条。伯南克式的“定量宽松货币政策”所释放的货币和刺激的信用，极少可以到达低收入的普罗大众手中，却可以轻而易举地流入富裕阶层和大金融机构、投机机构或投资机构手中。易言之，“定量宽松货币政策”所释放的货币和信用，可以非常方便地刺激投机性需求，刺激虚拟经济（各种金融资产之价格）快速上涨，与此同时，真实经济却持续萎缩。“定量宽松货币政策”所释放的货币和信用，首先刺激虚拟经济扩张，然而，假若真实经济持续衰退和萧条，虚拟经济亦难以持续增长，资产价格泡沫必将破灭。金融危机之前和之后的世界经济历史，证明了上述结论的准确性。

新经济思维模式最重要的新发现是：人类经济体系演变到今天，尤其是人类货币信用体系演变到今天，成就了一个异常奇怪的经济金融货币体系，那就是三个“两极分化”相互加强的经济金融体系。第一是“货币信用分配的两极分化”。从全球看，货币信用主要集中少数发达国家，尤其是美国可以无限度创造货币信用来分配（或掠夺）全球资源和财富；从各国看，货币信用主要集中到少数大企业和富裕阶层，中小企业和普罗大众极难获得信用。第二是“真实收入分配的两极分化”。第三是“真实经济和虚拟经济的两极分化”。“货币信用分配的两极分化”制造和加剧“真实收入分配的两极分化”，制造和加剧“真实经济和虚拟经济的严重背离和两极分化”。易言之，少数富裕阶层人士、大金融机构、大企业获得信贷资源的绝大部分，他们决定了投机性需求和虚拟经济；占人口95%的低收入阶层或普罗大众极难获得信用，但实体经济之需求却主要是由他们决定。货币信用扩张和财政赤字扩张启动的不是真实需求，而是投机性需求，全球如是，各国大体亦如是。

“三位一体”的两极分化体系乃是当今整个人类经济金融体系最根本的制度缺陷，是金融危机频繁爆发的根本原因，是财政赤字扩张和货币信用扩张无法启动实体经济复苏的终极原因。“占领华尔街”运动最直接的愤怒指向就是“两极分化”。

“占领华尔街”运动还将持续下去，并深刻影响各国政治和政策走向（尤其是美国每年大选）。目前看来，发达经济体系长时期陷入低速增长或衰退已成定局。前几天，以“休克疗法”闻名的经济学者萨克斯宣告，美国经济增长起码要10年之后才有可能恢复到危机之前的水平。笔者以为最快也要等到2015年。当然，从最本质意义上说，经济体系是无法准确预测的。我们只能找到经济体系运行的一般规律。如果我们承认今日人类经济体系已经深陷上述“三个两极分化”，我们就不应该再深深迷恋“量化宽松”和财政赤字的魔力，我们需要最深刻的制度变革。“占领华尔街”已经吹响了变革的号角。

人类经济体系面临六大根本难题

1930 年代，当大萧条蹂躏全球之际，经济学家熊彼特以“究天人之际，通古今之变”的魄力和勇气，废寝忘食，夜以继日，撰写篇幅超过1000 页的皇皇巨著《商业周期》，试图发现经济周期波动之规律，寻求摆脱大萧条和消灭经济周期之药方。历经艰辛的不懈努力，所得答案却令人沮丧。熊彼特写道：“史海钩沉，艰难痛苦难以为外人道。我希望与读者分享的深刻感受，就是人类总是低估经济危机的破坏力和衰退的长期性，却总是高估挽救经济危机和重整经济活力的能力！”

回顾 2008 年全球金融海啸以来的五年历史，熊彼特的深沉感叹总是萦绕脑海，久久难以忘怀。可不是吗？曾几何时，危机爆发之初，无数聪明智慧之士发表种种乐观预言，宣称危机很快就会终结，经济很快就会复苏。然而现实却是残酷无情。尽管各国决策者使出浑身解数，用尽几乎一切政策手段，时至 2012 年，全球经济竟然再度濒临衰退边缘，欧元区已经深陷衰退，英国一筹莫展，日本乱象丛生，美国复苏动力明显减弱，新兴市场国家各有一本难念的经。

我们不禁要问：人类经济究竟发生了什么事情？人类经济究竟得了什么病？

经济衰退阴霾再次笼罩全球

先看欧元区。2012 年 9 月，欧央行再度下调了欧元区的经济增长预期。2012 年欧元区预计负增长 0.3%，2013 年增长亦将非常缓慢（0.6%），2014 年增长有望恢复到 1.4%。2012 年欧元区失业率将高达

11.2%，2013 年将进一步上升到 11.4%，2014 年才有可能降低到 10.8%。不确定性弥漫的时代，预测非常不靠谱，实际结果很可能要糟糕得多。

迄今为止，2012 年意大利 GDP 负增长 1.1%，连续多个季度负增长，全年预计负增长超过 2%。西班牙上半年负增长 0.4%，早已陷入二次衰退。希腊 GDP 负增长达到 6.2%，近 5 年累计负增长超过 30%。德国是欧元区最重要的经济引擎，近期亦显著减速。自 2011 年一季度以来，德国经济年增长率从 4.9% 急剧下降到 1%。2012 年二季度环比增长只有 0.3%，同比增长只有 1%。一季度同比增速 1.2%。对欧元区以外的出口是德国经济的主要动力，下半年增速将继续放缓。法国已经连续两季零增速，失业率超过 10%。

与此同时，美联储将 2012 年美国经济增速从之前的 2.4% 下调到 1.9%。最近，美国国会预算办公室公开警告：美国经济将再次陷入衰退。有三大问题困扰和制约着美国经济复苏：一是失业率依然居高不下；二是住房市场依然萎靡不振；三是“财政悬崖”逼近，以财政手段刺激经济增长的空间非常有限。

美国和欧元区之外，英国和日本经济亦难有起色，日本三季度负增长 0.9%，大大超出人们预期。包括中国在内的新兴市场国家经济增速皆显著放缓。OECD、IMF、世界银行等许多全球机构，皆大幅度下调 2012 ~ 2013 年的全球经济增长预期，前景相当悲观。

宏观经济政策为何失效

2008 年金融危机爆发初期，许多人预言全球经济将很快复苏，回归正常增长，此类预言彻底破产。直到 2011 年，人们才终于被迫面对现实，承认经济放缓和衰退是长期趋势。然而，金融危机之后，举世皆采取多次财政刺激和量化宽松政策，为什么仍然无法实现经济的稳定较快增长？这是一个十分尴尬的难题。我的答案是：全球经济患上了许多根本性顽症，货币政策和财政政策难以奏效。

其一，政府债务规模和财政赤字居高不下，且日益恶化。2008 年全球金融危机爆发不久，欧元区很快爆发主权债务危机，财政赤字和债务问题成为困扰欧元区经济复苏最严重的障碍。美国奥巴马政府上台之后，立刻面临财政开支方面的多重挑战，既要大笔斥资挽救金融机构，又要大搞财政刺激以挽救经济衰退，还要维持庞大的军事开支、社会福利开支和失业救济支出，财政赤字不断创造新纪录。奥巴马上台四年时间里，美国政府累计财政赤字接近5万亿美元，是美国历史上从来没有出现过的惊人纪录。日本国债规模同样继续攀升，债务总额与GDP之比例超过240%，举世最高，为人类历史所仅见。英国和其他地区异曲同工，大同小异。经济增长放缓或负增长，导致各国财政收入锐减；与此同时，财政开支却维持极度刚性，极难削减。财政紧缩的利与弊、好与坏、正效果和负效果，已经成为当今全球宏观经济政策辩论的核心焦点。众说纷纭，莫衷一是。

其二，尽管货币政策持续维持“零利率或低利率”，却无法刺激经济快速增长或“重新通胀”（Reflate）。2008年爆发的全球金融危机，尤其是危机之后各国反复实施量化宽松货币政策，迫使人们重新思考货币政策之传导机制和效率。目前大体达成一个基本共识，当经济陷入负循环、不确定性笼罩经济活动、投资者和消费者信心普遍疲弱之阶段，货币政策难以奏效。其实日本过去近20年的经验已经证明了经济体系陷入负循环周期之时，货币政策可以完全失去效率。它不仅无法刺激经济回归快速增长轨道，甚至完全无法实现经济的“再通胀”，无法避免经济陷入长期的通货紧缩。

其三，私人消费和投资持续萎靡，个人和家庭“去杠杆化”过程远未结束，个人和家庭对信贷的需求持续下降。经济学者Richard Koo将1930年代世界大萧条、日本1990年之后的大衰退和2008年金融危机之后的全球性衰退，共同概括为“资产负债表衰退”。资产负债表衰退期间，个人和企业之经济行为发生根本变化，他们不再是追求效用最大化和利润最大化，而是追求债务最小化。资产负债表衰退和债务最小化假说确实包含重要真理，是非常具有启发力的假说。2008年，诺奖得主阿卡洛夫和《非理性繁荣》作者席勒共同出版新著《动物本能——人类心理行为如何左右经济运行以及它们对全球资本主义的重大意义》，专门强调信心强弱、悲观乐观情绪、预期稳定和变幻等等心理因素如何决定经济周期波动。我自己也曾经提出一个新的宏观分析视角，以帮助解释经济衰退期间，普通个人和家庭“去杠杆化”过程为什么会如此艰难和漫长，帮助解释为什么量化宽松货币政策难以有效缓解“去杠杆化”过程之痛苦。

其四，银行体系和政府部门“去杠杆化”同样远未完成。银行体系补充资本金是一个漫长的过程，信贷供给短期内没有可能恢复快速增长。各国政府部门（无论是中央政府还是地方政府）则是被迫实施“去杠杆化”，许多政府不得不削减财政赤字和债务规模。财政刺激的削减和退出，至少短期内会恶化经济衰退。

简言之，我们对欧债危机、美债危机和全球经济复苏缓慢及二次衰退的严峻性和长期性估计不足，对全球经济去杠杆化、债务—通缩、资产负债表通缩、虚拟经济—实体经济严重背离的严峻性和长期性估计不足。坏日子可能还在后面。

经济体系陷入负循环　货币政策失去效力

上述几大困难，环环相扣，相互强化，原因产生结果，结果反过来成为原因，形成典型的经济“负循环”。

经济体系“负循环”包括如下内在“负循环”机制。①经济增速放缓负循环。居民收入和政府收入下降，私人消费、投资和政府开支必须相应缩减。私人消费、私人投资和政府开支缩减反过来加剧经济放缓。②失业上升负循环。失业意味着收入减少，收入减少意味着需求减少，需求减少意味着企业开工不足，开工不足则意味着失业进一步增加。③预期收入下降负循环。经济增速放缓和失业持续增加，让人们对未来预期收入前景持续悲观，悲观的收入前景迫使人们进一步收缩消费。根据经济学家弗里德曼和莫迪格利安利著名的“永久收入学说”，消费不是取决于当期收入，而是取决于永久收入和一生收入之预期。削减消费恶化经济前景，反过来进一步恶化预期收入的悲观预期。④信用萎缩负循环。经济放缓、失业上升、预期收入下降，迫使经济所有部门“去杠杆化”，整个经济体系之信用总量（信用需求和供给）持续收缩，真实利率持续增加，社会财富（私人财富和政府财富）持续缩水。

经济体系负循环机制里面最重要的是“信用萎缩负循环”。根据本书提出的“信用体系—真实经济—虚拟经济”一般均衡理论模型，刺激经济增长最主要的决定性力量是信用增长，而不是传统理论所强调的货币供应量。观察经济复苏，我们应该特别注重观察各国信用总量增长速度和结构变化，传统理论所关注的货币供应量和货币流通速度，不是推测宏观经济走势的有效指标。

然而，历史经验一再表明：一旦经济陷入信用萎缩负循环，货币政策则可能完全失效，无法将经济拉出“信用萎缩负循环”的深渊。“信用萎缩负循环”与凯恩斯当年所描述的“流动性陷阱”并不相同。如果经济只是陷入“流动性陷阱”，那么中央银行持续实施量化宽松货币政策和“零利率货币政策”，就完全有可能将经济体系拉出“流动性陷阱”。但是，一旦经济体系陷入“信用萎缩负循环或信用陷阱”，量化宽松货币政策或零利率货币政策就没有办法发挥作用，因为货币创造机制并不等同于信用创造机制，货币供应量的持续扩张，并不等同于信用扩张。日本近20年的“低利率或零利率货币政策”早已证明这个重要论点。全球金融危机两年来的惨淡现实再一次证明：一旦经济体系陷入负循环，量化宽松货币政策就失去作用。货币和信用并不是一回事。

全球经济五大深刻变革

过去四十年来，全球经济体系发生了史无前例的深刻变革。

其一，纯粹美元本位制和浮动汇率体系刺激全球流动性急剧扩张，全球流动性过剩则导致许多国家和地区（尤其是发达国家）出现长期低利率或负利率（实际利率或名义利率为负）。1971年布雷顿森林体系崩溃，纯粹美元本位制取代美元—黄金汇兑本位制（金汇兑本位制），浮动汇率取代固定汇率，成为主导全球货币金融体系的新主角，以美元储备为核心的全球流动性空前大爆炸。

其二，全球流动性大爆炸和长期低利率（或实际负利率）刺激资产价格和虚拟经济恶性膨胀，导致虚拟经济严重背离实体经济。虚拟经济和实体经济严重背离是威胁全球经济金融稳定的动荡根源或定时炸弹。全球流动性大爆炸的必然后果是全球金融市场急剧动荡，汇率危机、银行危机、金融危机频繁爆发，货币市场、外汇市场和衍生金融产品交易规模高达数百万亿美元乃至上千万亿美元，以衍生金融交易和资产买卖投机为核心的虚拟经济成为一个自我循环和自我膨胀的体系。

其三，虚拟经济和实体经济严重背离的必然后果，则是许多国家反复经历资产价格泡沫兴起—破灭周期，资产价格动荡严重威胁实体经济稳定增长，成为政府宏观经济政策决策者最为头疼的重大难题，成为全球中央银行货币政策面临的主要挑战。

其四，全球制造业和实体经济中心与虚拟经济和金融货币中心加速背离。以中国为首的新兴市场国家迅速崛起成为全球新的制造业和实体经济中心，以美国、英国和欧元区为首的发达国家则依然牢牢掌控着全球货币金融中心和全球价格体系。

制造业和实体经济中心与虚拟经济和货币金融中心日益加速背离，乃是过去四十年来人类经济体系最深刻的变革。一方面，许多发达国家（以美国为首）出现制造业和产业空心化趋势，金融服务业取代制造业，成为经济增长的主要推动力量，对产业结构、贸易结构、就业结构、收入分配、财富分化、全球失衡、经济政策都已经产生和必将继续产生深远影响。发达国家凭借掌控全球货币金融中心的超级特权，控制了全球利率、股票债券、大宗商品、粮食石油等战略资源和原材料的定价权。某种程度上，通过操纵和玩弄定价特权，发达国家可以对新兴市场国家予取予夺。早在1970年代，“不公正的国际经济秩序”就曾经引起国际社会尤其发展中国家的高度关切，谋求变革之声浪曾经汹涌澎湃。然而，四十多年以来，国际经济秩序的不公正、不协调、不平衡、不合理、不包容却愈演愈烈。另一方面，尽管新兴市场国家迅速崛起成为全球制造业和实体经济中心，然而，由于绝大多数新兴市场国家货币金融市场规模相当小，发展水平非常低，不足以吸引全球储蓄和投资，远远不是一个真正开放的金融货币体系，所以它们依然没有能力参与制定全球货币金融游戏规则，没有能力参与决定全球经济体系的定价权和资源财富分配权。很大程度上，那些日益崛起成为全球制造业和实体经济中心的新兴市场国家，并不能掌控其制造业和出口产品的定价权。在全球产品和资源定价权体系里，新兴市场国家依然处于被动接受价格的弱势地位，不得不忍受某种程度的财富掠夺和财富转移，不得不忍受“贫困性增长困境”。

制造业中心与货币金融中心加速背离的一个重要后果，就是发达国家能够通过创造发行储备货币、创造各种眼花缭乱的金融资产来维持高消费和高福利。过去四十年以来，发达国家几乎无一例外（德国可能是唯一的例外）地依靠快速增长的借贷和债务来维持消费。财政赤字、贸易赤字、国际收支赤字、债台高筑、债务危机成为发达国家经济生活常态，亦是它们普遍面临的困境。与此对应，新兴市场国家的贸易顺差、国际收支顺差和外汇储备则不断增长。新兴市场国家所累积的巨额外汇储备，却只有大量购买发达国家债券一条出路，被迫为发达国家（主要是美国和欧洲）的财政赤字、贸易赤字和国际收支赤字融资和埋单。

其五，虚拟经济与实体经济严重背离，制造业中心和金融中心加速背离，新兴市场国家深陷贫困性增长困境，乃是当今人类经济体系面临的三大根本性结构失衡，它们共同导致全球收入和财富分配的严重失衡。一方面是绝大多数新兴市场国家的真实收入水平和财富水平与发达国家的差距日益扩大，另一方面则是各国内部收入分配和贫富差距日益恶化。

上述五项重大变革，是全球经济失衡和宏观经济政策日益失效的深层次根源。对于上述重大变革，当代主流宏观经济理论无法给出满意解释。我们需要崭新的经济理论和政策思维。

支配国际金融的十大谬论

过去四十年来，十大错误理论逐渐成为全球经济金融的主流思想，支配了世界许多国家和国际金融机构（譬如国际货币基金组织）的政策思维，决定了全球金融的发展模式和发展方向，导致了2007～2009年的全球金融危机和经济危机。今天，当我们试图全面回顾和反思金融危机、检讨和改革金融监管、探索和构建金融新格局之时，深刻剖析支配全球金融发展的诸般错误理论，实乃当务之急。

谬论之一："浮动汇率至善论"。该谬论之核心思想是：固定汇率为一切金融危机之首要原因，浮动汇率则是消除金融动荡之万应灵丹。过去四十年，国际货币基金组织其实只做了一件事情，那就是不遗余力地向全世界推销浮动汇率。基金组织和美国政府给1980年代的拉美债务危机、1997年的亚洲金融危机以及其他多次金融危机所开的药方完全一样：抛弃固定汇率，采取浮动汇率。2007～2009年爆发空前的金融海啸，东亚各国（尤其是中国）的固定汇率政策再次饱受批评，有些人干脆公开宣称人民币固定汇率导致了全球金融危机（华盛顿的彼特森国际经济研究所极力鼓吹此一论点，国内跟风的学者亦不少）。

"浮动汇率至善论"之谬误起码有三：其一，将浮动汇率逻辑推到尽头，必然是人人各自发行货币然后相互浮动。其二，浮动汇率是货币供应量自动无限增加的一个内在机制。一旦汇率完全浮动，没有人能够控制全球货币供应量。其三，人类历史一再表明：固定汇率时代很少发生金融危机，浮动汇率时代则是危机频频。

笔者最近到法兰克福参加"国际货币金融机构官方论坛"年会，与马来西亚中央银行行长Zeti博士（她也是联合国全球金融体系改革行动小组成员）交流，她认为亚洲金融危机的主要经验教训之一，就是没有哪个国家可以承受汇率的剧烈波动，而浮动汇率体系最主要的特征就是“过度波动”（Overshooting）。

谬论之二：“全球经济失衡论”。该谬论之核心思想是：美国的贸易逆差和国际收支逆差就是全球失衡，美国之所以出现贸易逆差和国际收支逆差，是因为某些国家拥有大量贸易顺差，它们之所以有大量贸易顺差，是因为刻意“操纵或压低”本国货币汇率。1971 年尼克松摧毁布雷顿森林体系的理由是全球失衡和美元弱势，替罪羊则是日本和德国的贸易顺差、日元和马克的汇率低估；21 世纪以来美国贸易逆差和国际收支逆差继续恶化，美元持续贬值，美国政府和基金组织转过来大声谴责人民币固定汇率，最近奥巴马宣称人民币汇率低估是美国面临的一个主要国际挑战。如此这般的政治化言论和政治化举措，皆源自所谓的“全球经济失衡论”。

我不知道谁是“全球失衡”术语的发明人，但我可以肯定，任何人皆可以对全球失衡给出自己的定义和阐释。我更不知道美国政府和基金组织有什么理由将他们对“全球失衡”的定义强加给我们？要说美国的“三大赤字”（贸易赤字、国际收支赤字、财政赤字）长期居高不下，完全是美国政府长期穷兵黩武、货币扩张和美元霸权的直接结果，与他国货币汇率毫无关系。当年与日元、马克汇率无关系，今日与人民币汇率亦毫无关系。我敢向全球任何严肃的经济学者提出挑战，从理论和实证角度就全球失衡问题辩论三天三夜，辩个天昏地暗，看看鹿死谁手。

谬论之三：货币政策万能论。该谬论之核心思想是：若遇到金融危机和经济危机，只要中央银行放胆开动印钞机，向经济体系无限制注入货币或流动性，则经济复苏就指日可待。此乃伯南克“定量宽松货币政策”之理论基础。说来话长，1930 年代大萧条让货币政策威风扫地，“凯恩斯革命”高歌猛进，几乎将货币政策完全扫地出门，财政政策一度独领风骚。1950～1960 年代，弗里德曼和他众多学生发动“货币理论反革命”，关键一战就是重新阐释 1930 年代大萧条。弗里德曼最有名的论断是：1930 年代美联储愚蠢之极，没有及时大幅度放松货币供应量，才酿成惊世骇俗的大萧条。伯南克追随弗里德曼，继续深入研究大萧条，结论大同小异。2007 年金融危机爆发，给伯南克以千载难逢之机遇，定量宽松魔术瞬间席卷全球。时至今日，天量货币扩张已经为下一次全球泡沫和金融危机埋下伏笔，通胀预期恶化早已是尽人皆知。

是彻底全面总结20世纪货币理论的时候了。简言之，货币政策万能论，如同凯恩斯主义的财政政策万能论，皆是谬论。从经济体系最根本的运行机制来分析，弗里德曼极力倡导的货币数量论是一个错误的理论，因为该理论基于古典经济学所谓的“真实经济—货币数量二分法”，是一个完全脱离现实的经济哲学理念。过去四十年来，各国中央银行或多或少就是以货币数量论为基本指导思想，维持货币金融稳定的成绩却乏善可陈。格林斯潘信奉弗里德曼式的货币数量论，照样一手导演了大萧条之后最严重的金融危机。

谬论之四：资产泡沫无害论。该谬论之核心思想是：资产泡沫（包括房地产、股市以及其他各类资产泡沫）乃是投资者理性行为之结果，我们既无法判断什么是泡沫，也没有任何理由去干预资产价格。该谬论最有力的倡导者当属格林斯潘和美国前财长鲁宾，追随者数之不尽。1996年面对互联网股市泡沫的急剧膨胀，格林斯潘除了发表“非理性繁荣”简短演讲之外，什么事情也没有做，结果是2000年股市轰然崩盘，随后的宽松货币政策为次贷危机埋下地雷。当时鲁宾甚至反对格老发表简短演说。2003年之后，美国房地产泡沫愈演愈烈，格林斯潘（亦包括伯南克）视而不见，听而不闻，直至海啸袭来，他们才如梦方醒。

坦率地说，经济学至今没有给资产泡沫之产生和破灭（Boom—Bust Circle）提供有力的逻辑阐释，没有对资产泡沫的危害给出清晰分析，尽管几乎所有人都心知肚明：资产泡沫破灭完全有可能给经济金融体系以毁灭性打击。如果要问金融监管者从2007～2009年全球金融危机吸取的最重要教训是什么，恐怕是未来如何监管资产价格泡沫。

谬论之五：金融市场均衡论。该谬论之核心思想是：金融市场总是自动迈向均衡，市场价格是经济基本面的正确反映，市场价格反映了一切可能相关的信息，资产泡沫只是均衡状态的暂时偏离，不是金融市场的内在特征。该谬论有一个众所周知的名称：“有效市场假说”，倡导者是芝加哥大学著名教授尤金·法玛（Eugene Fama），据说此君多次被提名诺贝尔奖。说起来，有效市场假说算是理性预期学派登峰造极之作。

理性预期假设本来只是弗里德曼货币主义学派的一个脚注，1970年代经过卢卡斯等人大张旗鼓的模型构造和实证演绎，一跃成为英美宏观经济学之主流。追根溯源，理性预期学派依然是继承古典经济学“货币中性”和“二分法”哲学，再加上人的“全知全能”，所以从基础上说是完全错误的。

今天越来越多的人认为“有效市场假说”最多算是经济学者们自娱自乐的一种智力游戏，与真实经济几乎毫无关系。不仅仅是投资家对有效市场假说嗤之以鼻（譬如索罗斯长期不遗余力地尖锐批评有效市场假说），中央银行家们对有效市场假说亦是付之一笑（譬如伯南克多次说法玛的理论对我们理解金融市场的实际运作毫无帮助）。令人难以置信的是：一种完全脱离真实世界的智力游戏，竟然成为英美学术界的主流，倒是值得深思的学术现象。

谬论之六：金融危机外生论。该谬论之核心思想是：市场经济体系总是存在一种自动迈向均衡或自动纠正（Self—Correcting）的力量，如果没有外来干预或冲击，经济体系将永远自动平稳运转，不可能出现金融危机和经济危机这种严重偏离均衡的现象。金融危机外生论是古典经济学“萨伊定理—供给自动创造需求”或“真实经济—货币数量二分法”的简单推论，却对全球经济金融的政策思维有着异常深远的影响。通常所谓的“市场原教旨主义”或“自由放任政策哲学”，理论基础就是金融危机或经济动荡外生论。

纵观西方经济学对经济周期五花八门之阐释，几乎全部基于金融危机外生论。譬如将1930年代大萧条归咎于美联储犯错，将1970年代“滞胀”归咎于石油价格暴涨，将1997年亚洲金融危机归咎于政府干预（裙带资本主义和固定汇率），将2007～2009年金融危机归咎于遥远东方的“储蓄过剩”和固定汇率，等等。西方经济学者至今没有发展出内在逻辑一致的金融危机和经济周期理论，原因就在于金融危机外生论及其哲学理念早已成为他们的思维定式，甚至成为一种牢不可破的“宗教般”信念。

谬论之七：全球储蓄过剩论。此谬论之核心思想是：美国的贸易逆差等于世界其他各国的贸易顺差，贸易顺差则等于储蓄与投资之差（储蓄过剩额)。今日世界，贸易顺差又主要集中于东亚各国（尤其是中国和日本）和石油输出国家，该谬论的鼓吹者们就公开宣称：贸易顺差国家（主要是中国）应该为全球金融危机承担责任。

此谬论可以说荒诞至极，简单之极（无非是摆弄一下全球国民收入恒等式），却是当今最流行、最具政治影响力之谬论。其一，该谬论最有力的鼓吹者是伯南克，美联储主席之影响力自然非同小可。其二，该谬论简单好用，而政客们最喜欢简单教条。其三，该谬论看起来似是而非，要详尽驳斥该理论，却非一般浅薄经济学者所能为。

谬论之八：金融开放优先论。该谬论之核心思想是：全球化对全世界所有国家所有人民皆有益，全球化优先之举就是开放金融市场和金融行业，特别是新兴市场国家要优先对发达国家（主要是美国）开放金融市场和金融业。金融开放优先论是“华盛顿共识”最主要的政策。西方许多学者鼓吹金融开放优先论的时候，对于商品服务市场的自由贸易，尤其是对于全球人民的自由迁徙却只字不提。

为论证金融开放优先论，前述多个谬论都要派上用场，诸如金融市场均衡论或金融市场有效论，等等。目的只有一个，就是要证明一个开放的全球金融市场能够最有效地配置全球资源，全球资源的有效配置自然就能够促进全球经济快速成长，大家皆大欢喜。各国只要大胆开放金融行业，不干预金融市场，市场总会自动迈向均衡和稳定，实现最大多数人的最大利益。

过去四十年的全球经验证明，“华盛顿共识”错得离谱！金融开放必须基于真实经济开放，真实经济开放则必须基于商品服务市场和劳动力市场开放（尤其是全球人民的自由迁徙）。西方学者鼓吹的自由贸易理论，完全忽视全球人口资源分配不平衡的巨大矛盾，金融开放往往成为发达国家虚拟资本掠夺不发达国家真实财富的最佳手段。

谬论之九：系统风险不变论。该谬论之核心思想是：金融体系和经济体系的整体风险恒定不变，因此，市场参与者越多、金融工具越多、金融交易规模越大，每个市场参与者所承担的风险就越小。金融体系总体风险不仅恒定而且可以精确计算，因此，每个金融工具乃至每个市场参与者所承担的风险亦可以精确计算出来。系统风险不变论的巅峰成就，是1997年荣获诺贝尔经济学奖的“金钱公式”。不幸的是好景不长，“金钱公式”获奖之后不过几个月，获奖者参与创建的长期资本管理公司就因为债券衍生工具交易而轰然崩溃，让“金钱公式”名誉扫地。

2007～2009年全球金融海啸再一次给“系统风险不变论”以毁灭性打击。CDS的发明曾经被欢呼为人类风险分散历史上最伟大的发明，将显著降低金融市场参与者所承担的风险，而事实反而证明：CDS极大地加剧了全球金融市场的整体风险。

系统风险不变论是当代金融学最根本的基础。金融创新的理论基础就是分散风险，风险分散的前提则是金融体系整体风险恒定不变。假若系统风险递增，风险分散的整个理论架构就轰然倒下，溃不成军。人类经济金融历史一再表明：正如自然宇宙存在“熵增”原理一样，人类经济体系和金融体系亦存在“风险递增原理”。明确透彻引入风险递增原理，不仅将全面改造经济学和金融学，而且将根本改变货币政策和金融监管的基本理念。

谬论之十：虚拟经济无关论。西方经济学数百年之发展，演绎出数之不尽的“无关论”。譬如李嘉图有“货币面纱论”：货币是真实经济的一层面纱，对真实经济毫无影响，或者说与真实经济无关。莫迪格利安立和米勒有“金融市场无关论”：企业的融资结构或融资方式，与企业经营业绩和市场价值无关。当年斯蒂格勒概括的“科斯定理”亦是一个无关论：交易费用为零条件下，经济组织安排与产权制度无关（当然，科斯本人从来不同意斯蒂格勒概括的“科斯定理”）等等。

然而，西方经济学最重要的“无关论”则是虚拟经济无关论。该理论之核心思想是：虚拟经济不过是真实经济基本面的客观反映，真实经济决定虚拟经济，虚拟经济不会影响真实经济（或者影响极小），因此，我们完全可以对虚拟经济放任不管，任其发展。虚拟经济无关论有一个最有名的推论：股市是真实经济的晴雨表，股市好就意味着真实经济好。

事实与理论完全相反。虚拟经济往往严重背离真实经济，对真实经济产生巨大深远影响。我曾经提出一个崭新的全球经济分析架构：“信用体系—真实经济—虚拟经济一般均衡模型”，依照此理论架构去观察全球经济金融历史，我们发现：所有金融动荡和金融危机，皆源于虚拟经济与真实经济严重背离，根源则是信用体系的剧烈变革或信用总量的过度扩张或过度萎缩。

过去四十年来，金融资产或虚拟经济与 GDP 之比例暴涨，乃是全球金融动荡最根本的原因。1970 年代，全球金融资产与 GDP 之比还不到 100%，今天已经超过 400%！虚拟经济与真实经济相背离（发达国家之虚拟经济规模增速最快），成为全球化最显著特征。与此相应，就是金融危机之频繁爆发。1945 年到 1971 年，全球仅仅发生 38 次小规模汇率危机和银行危机，1971 年至今，金融危机次数超过 150 次！波及全球的金融危机就不下 10 次。

2007 ~ 2009 年全球金融危机对人类思想最大的贡献，或许就是迫使我们彻底抛弃上述十大谬论，构建崭新的经济学和金融学，乃至整个社会科学。

伯南克的货币理论和政策哲学

伯南克货币理论和政策哲学之重要性，约有三端。其一，他是新凯恩斯经济学（New Keynesian Economics）主要代表人物之一。新凯恩斯经济学继承凯恩斯重视真实世界局限条件之优良传统，摒弃古典经济学“真实经济—货币经济二分法”之假设，致力探索市场不完全性（或摩擦）如何左右经济运行，实乃近20年来经济学最活跃、最重要之进展。其二，伯南克多年倾心研究之重点，是资产价格动荡时代之货币政策，易言之，货币政策如何应对资产价格动荡，以实现总体经济稳定持续增长之目标。其研究成果，无论对错或是否完全，皆与今日和未来中国货币政策有绝大关系。其三，伯南克接替格林斯潘为美联储主席，纯粹学院出身之经济学者执掌联储帅印，他是第二人。第一人是阿瑟·伯恩斯（Arthur Burns），哥伦比亚大学教授，1970年1月，由尼克松任命为联储主席，接替担任此职19年之久的比尔·马丁。伯恩斯的联储成绩并不令人满意，遂令后人对纯学者担任联储主席心存疑虑。沉迷学术且有重要贡献之人，一朝执掌大权，其决策不可能不深受其理论之影响。美元本位制时代，美联储乃名副其实的世界中央银行，其一举一动，无不波及世界金融和经济体系的每个角落。因此之故，经济学者之外，世界各国货币政策决策者，必定高度重视伯南克之货币理论和政策哲学。

然而，伯南克学问引我入胜之处，却不尽在此。他始终致力于以识别和量度某种成本来解释现象和行为，才真正令我心折。是的，发现成本局限、设法量度成本以解释现象和行为，是经济科学之本质，亦是一位经济学者之斤两所在。任何理论模型和事实考证，若不是以识别和量度成本为基点，皆是浮泛之论。

识别和量度真实融资成本，给大萧条以崭新解释

伯南克的成名之作，是《金融危机之非货币因素如何加剧大萧条之蔓延》，发表于1983年6月号的《美国经济评论》。透彻理解大萧条，是伯南克长期为之着迷的重要课题。他说："理解大萧条是经济学者一直梦寐以求的高远理想。大萧条不仅催生了宏观经济学，让它成为一门独立独特的学问，而且1930年代的经验依然深深影响着经济学者的信念、政策建议和研究策略。此影响究竟有多么深远，我们还没有完全掌握。撇开实际运用价值不谈，解释1930年代颠覆全世界的大萧条，依然是我们面临的巨大学术和知识挑战，令人激动不已。"

一点儿不错，宏观经济学源自解释大萧条的不懈努力，凯恩斯《通论》应运而生。时至今日，经济学者、历史学者和政治学者对大萧条的根源，依然没有达成共识。以经济学而论，解释大萧条的理论假说层出不穷，不可胜计。仅以导致大萧条的直接原因而言，相关的理论假说就有：①支出的崩溃或急剧下降（凯恩斯学派和计量经济学的观点）；②货币供应量的崩溃或急剧减少（货币主义学派的观点）③1929年股市崩溃的负财富效应；④斯穆特—霍利关税法案，国会通过该法案的消息于股市崩溃的前夜到达股市（朱迪·万尼斯基的观点）；⑤货币紧缩和价格水平下降引起的高额实际利率（梅泽的观点）；⑥战争赔款和债务问题；⑦资本主义最后阶段不断加剧的垄断趋势（马克思列宁主义者的观点）；⑧资本主义走向成熟之后，投资机会的下降和长期停滞的来临；⑨世界大战引起黄金价格低估，后者造成巨大的通货紧缩压力（流动性不足或流动性短缺理论）。

面对众多解释，要提出令人信服的崭新假说诚非易事。科学创新的灵感经常出自对前辈大师著作的深入解读，以及对事实的重新审查。1963年，弗里德曼和施瓦茨发表《美国货币史》，立刻成为货币理论实证研究最权威的经典，亦是解释大萧条最权威的经典。弗里德曼和施瓦茨解释大萧条的重心是银行危机。银行危机经由两个渠道导致总体经济全面萧条：一是银行危机导致股东财富下降，自然降低股东的消费和投资（财富负效应）；二是银行危机导致货币供应量急剧减少，触发严重通货

收缩。

伯南克首先发现二师之“货币主义”解释有重要不足：其一，货币供应量下降影响真实经济之渠道究竟是什么？弗里德曼和施瓦茨没有阐释，亦即他们没有“货币传导机制理论”（Monetary Transmission Mechanism）；其二，伯南克利用统计分析技术，发现货币供应量之下降，数量上不足以解释大萧条期间总产出的持续下降。

很自然，伯南克将透视焦点转向“货币传导机制”。他提出一个新的假说：由于金融市场不完全，好些类型的贷款者和借款者之间，若要完成金融交易，必须借助市场创造（market - making）和信息收集（information - gathering），此类服务所费不菲。1930 ~ 1933 年，金融体系全面崩溃，市场创造和信息收集之效率急剧下降，真实融资成本大幅度上升，许多借款者（尤其是家庭、农场主和小企业）发现融资非常昂贵，获得信贷极其困难。1929 ~ 1930 年的经济下滑不是史无前例，然而，信贷紧缩却将经济下滑转变成大萧条。

伯南克假说之思想来源有三：其一，费雪“债务—通货收缩”机制的启发。伯南克认为，费雪解释大萧条的“债务—通货收缩”机制是非常重要的思想，可惜当时没有引起足够重视。他“复活”了费雪的思想，引以为自豪。其二，假说直接来自“不对称信息经济学”的启发。新凯恩斯经济学的主要开拓者，亦即不对称信息经济学的开拓者，譬如阿卡诺夫、斯蒂格利兹、斯宾塞，三人共同荣获 2001 年诺贝尔奖。他们从信息不对称角度解释宏观经济波动。其三，假说否决新古典经济学（New Classical Economics）的“金融市场完美模型”，即著名的尤金·法玛模型。它假设金融市场完美运转，信息或交易费用被完全忽略。如此世界里，银行和其他金融中介机构仅仅是资产组合之被动持有者。如此完美的、信息或交易费用为零的世界里，银行之资产组合选择行为和银行体系之规模，对总体经济没有任何影响。

假说一旦提出，关键是如何验证。伯南克采取的验证办法是直接或正面验证。第一步，验证金融危机是否大幅度提高真实融资成本；第二步，验证真实融资成本之提高是否能够解释总体经济之萧条。

经济学假说之验证，时常会面临一个困难：那就是相关的成本无法直接准确量度。为尽可能准确验证假说，经济学者必须寻找间接量度或替代量度成本的办法。伯南克的真实信用融通成本（CCI）之定义是："银行将资金从最终储蓄者或贷款者手上，融通到好的借款人手上，所需要付出的成本。它包括识别、监督、会计或审计成本，以及预期坏的借款人所造成的损失。""假若能直接量度 CCI，此成本理念将大有用场，不幸的是，我们没有找到实证上满意的 CCI 量度。"

伯南克的解决办法是替代量度。替代量度 CCI 的指标是"信用等级为 Baa 的公司债券收益率与美国国债收益率之差额"。利用此替代量度指标，伯南克令人信服地完成了第一步验证：即银行危机的确大幅度提高 CCI。

第二步验证理念上简单，方法上复杂。关键是如何凸现出"信用融通真实成本 CCI"与国民产出之关系。影响国民产出水平之变量众多，要计算出每个变量对国民产出的贡献度绝非易事。伯南克通过改进巴罗（Robert Barro）的两步法，成功证实信用融通真实成本之上升的确导致产出水平持续下降。

至此，伯南克完成了解释大萧条之假说的理论分析和事实验证。

然而，验证理论含义最可靠的办法是以事实反证：即若要验证"若 A 发生，则 B 发生"（A→B）之假说，最可靠的办法是反证"若 B 不发生，则 A 必定没有发生"（非 B→非 A）。伯南克的假说是：若银行危机导致真实信用融通成本上升（A），则真实国民产出持续下降（B）。验证该假说最可靠的办法是要证实：若我们没有观察到真实国民产出的持续下降，则必定没有发生银行危机和信用融通成本的大幅度上升。

《金融危机之非货币因素如何加剧大萧条之蔓延》的重心不是反证，而是直接验证。然而，伯南克引述多项观察事实，说明产出下降幅度相对较小的国家，其经历的银行危机或金融危机程度亦相对较小。伯南克和其他众多研究者的深入研究，进一步肯定了上述假说的解释力。1995 年，伯南克发表综述性论文《大萧条经济学：比较研究》，系统总结大萧条之实证研究成果。全球范围的广泛比较研究，再次确认"金融危机—信用成本上升—真实产出持续下滑"之假说，基本厘清大萧条时期各个宏观经济变量的内在逻辑联系。

个人之见，《金融危机之非货币因素如何加剧大萧条之蔓延》是伯南克最重要的论文，决定了伯南克今后学术研究的基本方向。

其一，该文将大萧条根源之考察，从表面的货币供应量彻底转向金融制度安排。“破解大萧条悖论的关键在于：我们必须认识到，经济体系之制度安排，绝非‘一层面纱’，它们深刻影响交易费用，从而改变市场机会和资源配置。正常情况下运转良好的经济制度，一旦外部冲击或政策错误迫使经济脱离正常轨道，经济制度就可能成为经济恢复的制约力量或障碍。”易言之，伯南克否决了古典经济学“货币面纱或货币—真实经济二分法”的老生常谈，直探经济现象背后的制度约束条件。其二，该文启发他从金融制度角度，探讨货币政策传导机制。其三，该文启发他高度关注资产价格波动对真实经济的巨大影响。其四，该文启发他开始探索金融或信用市场摩擦如何改变总体经济，最终发现“金融加速器机制”。其五，该文启发他修改 IS－LM 模型。

修改 IS－LM 模型，凸现信用市场之重要性

1936 年，凯恩斯发表《通论》，开启现代宏观经济学。《通论》立意深远，取材宏富，却绝非易读之书，初读者往往如坠五里云雾，难以体察其精华。《通论》之影响迅速波及世界、宏观经济学急速崛起成为显学，盖得力于希克斯将《通论》“模型化”之功。1937 年，希克斯发表著名论文《凯恩斯和古典经济学》，首次将《通论》简化为 IS－LM 模型，遂不胫而走，迄今依然是经济学最重要、最常用之模型。

希克斯从一般均衡角度看整个经济体系，将其划分为两个市场：产品市场或真实经济市场（IS 曲线）；货币市场（LM 曲线）。此乃经济学古老相传之“货币—真实经济二分法”之运用。自 IS－LM 模型诞生之日起，批评或修正它之努力就从未停止过。基本的批评是：该模型过于笼统，没有深入考察经济体系内在调节之机制。譬如，LM 曲线旨在描述货币市场，那么货币究竟是什么？货币市场究竟包括哪些资产或市场？此乃牵涉着货币供应和货币需求之重大问题，不可不深入考察。Alan H. Meltzer and Karl Brunner 很早就指出：“对货币需求的深入分析必然要

求我们区分货币和银行信用。一旦区分货币和信用，我们就必须分析公众愿意持有的债务总量、决定政府债务总量的市场过程、决定货币和信用均衡量的各种力量。将银行信用纳入货币和产出分析，必将超越IS－LM模型，超越凯恩斯经济学之范式（Keynesian Paradigm）”。

1988年，伯南克和Alan S. Blinder合作发表《信用、货币和总需求》，追随Meltzer－Brunner之思维路线，成功地将信用市场纳入总体宏观经济模型，并推导出一系列重要的理论含义或假说。Bernanke－Blinder模型的关键点是将经济体系区分为信用市场和货币市场，从一般均衡角度考察信用市场冲击对总体经济之影响，实乃伯南克大萧条实证研究之模型化。根据Bernanke－Blinder模型：“伯南克（1983）对大萧条为何旷日持久的解释，就可以看做是信用供给曲线向下移动，根源则是贷款风险不断提高、银行面临挤兑危险而大幅度增加流动性资产。根据本文之模型，信用供给向下移动，则减少信用总量、降低GNP、降低政府债券利率，同时提高贷款利率。”

该模型对货币政策提出一个至关重要的问题：货币政策终极目标都是维持货币稳定、产出和就业的持续稳定增长，为达此目标，中央银行究竟是应该致力于稳定货币总量，还是应该致力于稳定信用总量？此一重大问题，与今日中国货币政策之控制目标选择有极大关系，值得我们深入研究。货币政策传导机制是货币理论和货币政策之核心。数百年来，围绕货币理论和政策的一切争论，皆可以归结为货币政策传导机制：不同学派或学者对传导机制之认识各持己见，加上经验事实极其复杂多变，货币政策传导机制至今仍然可说是未解之谜。

古典经济学所理解的货币传导机制，乃是著名的“货币长期中性”（即经典货币数量论）：货币是所谓的名义变量，无论货币供应量（通常被认为是外生变量）如何变化，其他名义变量（名义利率和名义价格）皆随之等比例变化，真实经济变量不会有任何改变。后世货币理论之创新，基本上就是要证明或否决“货币长期中性”之命题。

费雪是从实证角度系统研究货币数量论的第一人。他的重大贡献之一是区分名义利率和真实利率，预期通货膨胀率则是联结二者之变量，此乃著名的“费雪公式”，是现代货币理论之基石。显然，根据费雪等式，只要名义利率跟随通货膨胀率、通货膨胀率又跟随货币供应量增长率等比例变化，真实利率就不会有任何变化，“货币中性”成立。费雪的重要创见是：他发现名义利率变化之幅度，经常并不等于通货膨胀率（原则上，应该是预期通胀率，但预期通胀率无法观察，事后通胀率可以近似描述之），其中的关键是公众不能完全预期到货币供应量之变化。易言之，费雪的货币政策传导机制，基本渠道是公众预期的转变或不完全。

凯恩斯完全否决古典经济学的“货币中性”命题。其一，名义变量不可能无限制变化，从而确保经济体系总会达到均衡。譬如，当投资需求小于储蓄之时，根据古典经济学之货币中性假设，名义利率总会持续下降，直至投资与储蓄相等。然而，凯恩斯指出“货币经济体系”（Monetary Economy）具有一个最本质的特征：名义利率不能为负数，即名义利率之下降总有一个限度。名义利率既然无法自由变化，以便经济体系实现均衡，那么真实经济变量就必然出现变化：当投资小于储蓄之时，国民收入则相应下降，最终迫使储蓄下降，直到储蓄与投资重新相等。此乃凯恩斯著名的“投资—支出—收入”调节机制。其二，凯恩斯认为：经济体系有时会陷入一个非常特殊而奇怪的困境，即“流动性陷阱”。此时，公众之货币需求弹性无限（LM 成为一条平线），货币供应量无论如何变化，皆无法左右名义变量，亦无法左右真实经济变量。货币政策完全失去效力。其三，正常情况下，名义变量无法跟随货币供应量等比例变化（凯恩斯亦考虑到人们预期的不完全性和市场不确定性），真实经济变量总会相应变动。即货币供应量之改变，肯定可以改变真实产出水平和就业水平。

凯恩斯对经典货币数量论或“货币长期中性”假说的否决，石破天惊，震撼整个经济学术界，成为后来货币理论创新的不竭源泉。然而不幸的是，凯恩斯的天才创见到了“新古典综合”或“凯恩斯学派”（Keynesian Economics）手里却完全走样，货币政策传导机制演变成利率或资金成本机制：即货币供应量变化改变真实经济的渠道，乃是改变借款人的资金成本。

1950 年代，弗里德曼发起“货币理论反革命”，旨在复苏古典经济学的“货币长期中性假说”。理论上，他有《货币数量论之重新表述》；实证上，他和施瓦茨合作完成了皇皇巨著《美国货币史》。他和众多追随者的不懈努力，只是为了证明：货币供应量之变动，乃是经济波动（主要是价格水平之波动，或通胀通缩）的基本力量。为了稳定经济，首要任务是稳定货币供应量。弗里德曼才华盖世，学究天人，其货币政策传导机制与古典经济学大同小异。大同者，即“货币长期中性”；小异者，即货币供应量之变化，短期内亦导致真实产出之变动。货币供应量变化导致真实产出变动的主要渠道，则是投资和消费支出之改变。

理性预期学派或新古典经济学（New Classical Economics）继承弗里德曼的基本思想，从预期不完全或信息不完全角度，深入讨论货币传导机制，进一步确认“货币长期中性”假说。他们当然承认经济周期或经济波动，亦承认短期内，货币供应量变动之经济波动的重要力量，但他们的基本命题是：货币供应量之所以会改变真实产出，原因是公众之预期或信息不完全。

伯南克是新凯恩斯货币理论之领军人物，重心自然是货币政策传导机制之新发现。伯南克的货币政策传导机制理论，新颖之处有四。其一，他仔细考究了货币政策变动之后，真实经济究竟发生了什么事。就是说，他研究的出发点不是逻辑推理，而是迷惑不解之事实。他重视的是真实世界之证据。其二，他的货币政策传导机制，乃是基于明确的成本理念。“只要存在市场摩擦，诸如信息不完全或合约执行成本高昂，我们就会观察到：外部融资成本（比如发行债券，此债券之抵押或担保无法消除一切相关风险）与内部资金的机会成本之间出现一个差额。我们称之为外部融资额外成本。”外部融资额外成本是伯南克首创的一个成本理念，是其货币理论最重要的概念。其三，为量度“外部融资额外成本”，自然就要详尽考察经济决策者面向未来之决策行为，包括个人、家庭和企业。显然，金融制度或货币制度之安排，是外部融资额外成本之决定力量。因此，伯南克货币政策传导机制，最终归结于对金融、货币制度之考察。其四，他用矢量回归技术，证实了“外部融资额外成本”假说的诸多推论。

他的货币政策传导机制主要由两个渠道构成：其一，企业资产负债表渠道；其二，银行借贷渠道。资产负债表渠道乃是基于显而易见的事实：企业面临的外部融资额外成本取决于企业的财务状况。特别是，企业净资产越大，其外部融资额外成本越低。银行借贷渠道亦然：货币政策改变金融中介机构之信贷供给总量，尤其是商业银行贷款供给总量，从而改变企业的外部融资额外成本。

"外部融资额外成本"理念对于分析中国货币政策之效果，具有重要意义。中国特殊的企业制度（垄断经营的国有企业和自由竞争的私营企业并存）和金融制度（政府全权掌控银行体系之经营），造成中国企业外部融资额外成本之两极分化：国有垄断企业之外部融资额外成本非常低，极易获得巨额乃至多余之信贷资金；竞争性的私营中小企业则面临极其高昂的外部融资额外成本，极难获得信贷资金。此乃中国特色的"信贷配给"。由此出发，我们可以推导一系列有关中国信用制度、信贷资金流向、企业投资方向、货币政策的重要含义。

货币政策和资产价格波动

资产价格动荡是货币政策面临的最大挑战。历史上，中央银行面对资产价格动荡，措置失当、铸成大错之例子数之不尽。只说两个算了。

第一个也是最著名的：1929 年华尔街股市崩溃之后，美联储虽然意识到经济衰退迫在眉睫，却依然连续采取紧缩货币政策，遂造成普遍的银行危机和持续多年的大萧条。从 1929 年夏天到 1933 年 3 月，美国货币供应量（存量）下降了 28%，工业产出下降了 50% 还多。为什么美联储没能采取适当的、正确的行动来避免大萧条？至今依然是学界争论的热门话题。

第二个例子是日本中央银行 1985～1995 年的货币政策。目前比较一致的研究结果认为：1985～1989 年，面对高速增长的资产价格泡沫，日本央行之货币政策过度宽松，有意或无意强化了资产价格泡沫；1989 年之后，面对迅速崩溃的资产价格，日本央行又试图稳定股票市场，没能有效应对通货收缩，结果造成日本经济长期衰退。

困难主要有二：其一，央行如何判断资产价格出现泡沫（正向泡沫或反向泡沫），即如何用数量指标来量度资产价格泡沫。理论上，假若我们能量度资产价格泡沫及其与真实经济变量之关系，就可以将资产价格指标纳入货币政策控制目标。其二，央行如何采取正确行动以便防止泡沫之形成，或者泡沫破灭之后，防止经济跌入衰退或通胀之深渊。目前的基本思路只有两个：一是央行应该针对资产价格采取行动；一是央行无需理会资产价格，只要致力稳定通胀即可（Inflation－Targeting Rule）。

伯南克和他的同事们对资产价格动荡与货币政策之关系，进行了长期深入研究，发表了许多论文。基本结论是：第一，货币政策本身不足以完全遏制资产价格泡沫，以及泡沫破灭可能对整体经济造成的伤害。第二，"中央银行实施短期货币政策时，应该将物价稳定和金融稳定看做相互补充、相互协调的目标，应该在统一的货币政策架构内同时实现这两个目标。特别是，我们相信：采取灵活的、可调节的通货膨胀率指标作为货币政策基准，乃是实现两个目标的最佳政策策略"。

为什么货币政策不应该直接针对资产价格？伯南克说："货币政策不应该直接针对资产价格变动，除非资产价格波动显示出预期通胀的变化。试图稳定资产价格的货币政策不可取，原因很多，其中一个重要原因是：我们几乎不可能知道资产价格变动是源于经济的基本面，还是非基本面，还是二者兼有。中央银行专注于资产价格变动所引起的通胀或通缩压力，既能有效遏制资产价格泡沫兴起和破灭的恶果，又不需要去考究资产价格变动的原因（即：是基本面还是非基本面）。专注于通胀或通缩压力，中央银行还能避免重蹈历史的覆辙：资产价格泡沫一旦被强行'戳破'，很容易演变成金融恐慌。最后，货币政策的通胀率基准既能提供稳定的宏观经济环境，又意味着资产价格上升阶段利率上升（通胀），下降（泡沫破灭）阶段（通缩）利率下降，从而降低资产价格泡沫很快触发金融恐慌的潜在危险。"

然而，不理会资产价格的货币政策准则是否真的有效或最优，是学界争论的焦点。好些学者认为盯住通胀（Inflation－targeting）之货币政策准则，不能有效地实现稳定货币环境之目的（譬如蒙代尔一直认为盯住通胀率之货币政策不行）。

探索资产价格动荡之源，发现金融加速器机制

伯南克从解释大萧条出发，深入考察信用市场摩擦或成本，厘清货币政策传导的信用市场机制（包括企业资产负债表渠道、银行信贷渠道和家庭个人资产负债表渠道），最终归结为“金融加速器机制”（The Financial Accelerator）。他和 Mark Gertler，Simon Gilchrist 合作的论文“经济周期数量模型里的金融加速器机制”，已经成为该领域的经典之作。所谓“BGG 模型”已成为众多学者进一步研究的主要参照模型。

发现经济体系内在的某种“加速器”或“乘数机制”，历来令人着迷。真实产出市场的“哈罗德—凯恩斯投资乘数机制”和“萨缪尔森的乘数—加速度机制”、货币市场的“货币乘数机制”，皆为大家耳熟能详。伯南克和他的合作者集中探索信用市场摩擦或成本，发现了信用市场成本—经济周期波动的“金融加速器机制”。

金融加速器机制的思想来源是：

第一，IS - LM 模型、Modigliani - Miller“金融市场无关定理”和尤金·法玛（Eugene Fama）的“完美金融市场模型”，皆无法解释信用市场之变化、如何能够大幅度改变真实经济变量。

第二，费雪的“债务—通货收缩—大萧条机制”。“费雪和凯恩斯都注意到：信用市场条件恶化（资不抵债和破产企业急剧增加，真实债务负担加重，资产价格崩溃，银行体系危机），并不仅仅是真实经济活动下滑的简单被动反映，它们本身就是导致经济衰退和萧条的主要力量。比如，费雪（1933）认为：1930 年代大萧条之所以如此严重，部分原因就是 1930 年代早期的通货收缩导致企业债务负担加重，金融危机随之而起。”

第三，不对称信息经济学之开创性成果，揭示了信用市场摩擦或成本之根源。“我们已经充分认识到：不对称信息是决定借款者—贷款者之关系的关键力量；贷款金融机构和金融合约之所以有各种不同种类，目的就是降低信息收集的成本、解决信用市场委托人—代理人问题；信用市场数之不尽、纷繁复杂之问题，其共同特征就是信息不对称状况的恶化，以及相关代理成本之上升。由于信用市场危机（或者信用市场运转

不顺畅）增加信用供给之成本，降低借款人—贷款人之间信用融通之效率，信用危机事件就会对真实经济活动产生广泛影响。简言之，一旦信用市场充满不对称信息和代理人问题，莫迪格里安利—米勒金融市场无关性定律就不再成立。”

第四，金融危机或信用危机之“蝴蝶效应”或“多米诺骨牌效应”，是世人熟知的事实，却一直没有得到理论阐释。以严格理论模型阐释“蝴蝶效应”并推导出可以被观察事实验证的含义，是宏观经济学面临的重要挑战。

第五，伯南克的“投资不可逆理论”（The Theory of Irreversible Investment）。投资之不可逆性经常迫使投资者等待，或者花费更多时间和支付更高成本，以获得尽可能多的投资信息。伯南克的投资不可逆性理论有一个重要含义：小幅度的信息变化，有可能造成投资的剧烈波动，利率的大幅度改变却不会造成投资的剧烈变化；坏消息对投资的负面影响，要远远大于好消息对投资的正面推动。此乃伯南克投资理论的“坏消息原理”（Bad News Principle），亦是金融加速器机制的重要思想源泉。

BGG 模型引人入胜之处，约有三端。其一，它自始至终从“外部融资额外成本”角度，阐释信用市场摩擦，或信用市场各种条件变化对真实经济之影响。其二，既然是明确的成本视角，就必须深入考察经济体系之决策者的局限条件，亦即经济制度安排。BGG 模型致力于探讨经济制度各种关键局限条件对“外部融资额外成本”之影响（譬如垄断与竞争、状态识别问题、政府货币政策之选择）。其三，BGG 模型从合约视角观察整体经济，从而将不对称信息、交易费用等关键变量明确引入总供给和总需求模型，开辟了宏观经济研究的崭新领域。

BGG 模型的主要不足是：它是一个封闭经济模型，没有明确考虑国际金融或货币制度安排、汇率预期或过度反映（Overshooting）、投机性资金冲击。毫无疑问，当代世界金融危机的主要根源是国际货币制度。开放经济的金融加速器模型，应该是未来研究的重点。

全球储蓄过剩和美国经常账户赤字

美国经常账户巨额赤字之根源究竟是什么？此问题不仅牵涉到最基

本的国际货币理论，而且关乎美国之总体国际经济和汇率政策，关乎美国之金融外交战略，尤其是今日针对人民币汇率的基本策略。

美国财政部的主流解释认为，美国经常账户巨额赤字，乃是其他国家操纵汇率、攫取不公正国际竞争优势之结果。1970～1980年代，美国财政部指责的主要对象是日本和德国，今天则是中国。相应的外交策略则是强压日本、德国、中国将本币相对美元大幅度升值。财政部的政策理念乃是基于完全错误的理论逻辑。伯南克身为尊重科学真理之著名学者，当然不会重弹财政部的老调。

概而言之，对国际收支或贸易收支的理论阐释，无非两个角度：真实经济视角和货币金融视角。前者透视焦点是国际产业分工和真实贸易流向；后者透视焦点则是国际货币制度和国际资本流动。两个角度实为一个硬币之两面。

伯南克采取的是货币金融视角，基本观点简单之极：美国经常账户巨额赤字，乃是全球储蓄过剩，尤其是新兴市场国家或快速成长的发展中国家储蓄过剩，相应的是美国国内储蓄不足。伯南克概述了全球储蓄过剩和储蓄不平衡的主要原因：其一，全球人口老龄化；其二，汇率不稳定和金融危机迫使许多发展中国家积累大量外汇储备；其三，绝大多数新兴市场国家或发展中国家没有发达的金融市场以吸收本国储蓄、并转化为投资和消费。

依照此解释，解决美国经常账户巨额赤字的基本政策顺理成章。其一，美国应该致力降低联邦预算赤字、鼓励国内储蓄；其二，发展中国家应该继续致力于稳定宏观经济，改善投资环境，加强金融制度建设，以刺激国内投资和消费。易言之，我们应该采取有效措施，促使全球储蓄离开美国，流向更需要资金的发展中国家。

至此，我对伯南克的“全球储蓄过剩论”完全赞同。然而，我认为他的阐释不够深入，尤其是忽视了两大关键。第一，全球储蓄大量流入美国，为美国经常账户融资，最重要的原因是美元本位制，即美国是全球储备货币“中心国”。第二，全球储蓄过剩或储备资产过剩或流动性过剩的根源，是浮动汇率所造成的全球金融货币动荡，它源自1971年布雷顿森林体系崩溃。降低美国经常账户赤字、减少全球流动性（至少防止其进一步过快增长）、稳定全球货币金融，关键是稳定全球汇率体系。美国必须带头抛弃浮动汇率政策哲学。

伯南克的货币政策哲学：“灵活的通货膨胀基准目标”（Flexible Inflation Targeting）

给货币政策提供明确、简单的指南或规则，是货币理论研究的基本目标。自从中央银行问世，中央银行家和货币理论家就一直不懈努力，希望为货币政策找到可靠的准则。最早的货币政策准则是1827年英格兰银行所采取的帕尔默准则（Palmer’s Rule）。后世著名的货币政策准则有：费雪的“补偿美元准则”，弗里德曼的“货币供应量固定增长率准则”，泰勒的利率准则（Taylor’s Rule）。

概而言之，货币政策准则（或货币政策之“锚”）无非三种：其一，以某种货币总量为目标准则；其二，以某种价格水平（通胀或通缩水平）为目标准则；其三，以汇率为目标准则。严格而言，前述泰勒准则是货币政策操作目标准则（基准利率是货币政策操作目标）。人类历史上最持久、最成功的货币准则，是汇率准则。一切金属本位制（金本位制、银本位制、复本位制）和布雷顿森林体系，都是汇率准则。

对于货币政策准则，蒙代尔有极其精辟的阐释。他说：“货币政策选择并不是固定汇率或浮动汇率那样简单。真正选择的是各种不同的货币准则。第一个货币准则是以货币供应量为目标（或它的变化率），让汇率和价格水平适应货币供应量。第二个货币准则以汇率为目标，让货币供应量和价格水平适应汇率目标。第三种可能的货币准则是以价格水平为目标，让汇率和货币供应量适应价格水平。三种可能的货币准则列举如下：

货币政策之可能准则

政策体系	准则或政策目标	变量	变量
A	货币供应量	汇率	价格水平
B	汇率	价格水平	货币供应量
C	价格水平	货币供应量	汇率

“在一个抽象的一般均衡模型里，三个政策体系数学上是等价的。让三个方程分别代表商品市场、货币市场、外汇市场的过度需求，三个变量分别是货币供应量、汇率和价格水平，再加上齐次性假设，系统只有一个自由度。静态均衡相对基准商品（或市场）的选择将具有不变性。”

“货币供应量准则是三个准则里最脆弱的一种。如果目标是实现价格稳定，那么通过固定货币供应量或其变化率，将几乎永远无法达到价格稳定最优化。货币具有太多不同的定义；货币供应量的测算很难逐日获得，甚至以周计算也很困难。短期货币需求的变动属于准随机行走，受汇率和利率预期的强烈影响。货币的定义总是随着技术和制度创新而不断改变。即使大家同意一个单一的货币目标，创新很快又使这个定义过时。凡是采取货币供应量目标的国家，全都失败了。”

蒙代尔同样认为盯住通胀率的货币政策准则不可取，尤其是对于金融市场不发达的发展中国家不可取。

然而，伯南克却坚定地相信盯住通胀率的货币准则，乃是最优的货币政策准则。他首先给出定义：

“什么是灵活的通货膨胀基准目标？虽然具体操作各有差异，但一般而言，通货膨胀基准目标具有三大特征。其一，顾名思义，通货膨胀基准目标要求：货币政策必须致力于实现既定的长期通货膨胀目标，长期价格稳定是货币政策‘压倒一切的’或‘首要的’目标。重要的是，通货膨胀基准目标要求：通货膨胀既不能太低又不能太高。避免通缩（或许更重要）与避免通胀同等重要。其次，在致力实现长期通胀目标的约束下，短期内中央银行有一定程度的灵活性，以追求其他目标，包括产出稳定。这就是为什么叫‘灵活的通货膨胀基准目标’。第三，通货膨胀基准目标要求：货币政策决策者必须保证政策充分开放和透明，比如定期发表通胀形势报告，公开讨论政策方案和计划。”

为什么他坚信该准则最优？“灵活的通货膨胀基准目标最主要的优点是：它提供了统一的货币政策架构，既能实现正常情况下的货币政策目标，又能防止和缓和金融危机的冲击。特别是，通货膨胀目标具有一个关键优点：一旦面临资产价格波动或其他金融动荡，通胀目标能够指引政策制订者朝着稳定经济的方向调节利率。逻辑简单明了：因为资产价格上升刺激总需求，资产价格下滑压缩总需求，只要通胀目标捍卫者致力于稳定总需求，他们就要‘逆风而动’——资产价格上升时提高利率，资产价格下滑时降低利率。如此自动应对的货币政策不仅稳定总体经济，而且有可能稳定金融市场本身，原因是：第一，宏观经济稳定，尤其是消除通胀或通缩，本身就促进金融市场稳定。第二，当资产价格下滑时，中央银行降低利率，可以在某种程度上保护资产负债表，避免经济遭受更严重的负面冲击。最后，如果金融市场参与者预期中央银行将逆周期而动，即资产价格上涨过度，可能危及经济稳定时，央行就提高利率，反之则降低利率，那么，金融市场源自市场心理和非基本面因素的过度反应就可能被遏制。”

“灵活的通货膨胀基准目标”之政策准则并非伯南克的发明。然而，他是该政策准则最有力的倡导者。1999 年，伯南克发表著名论文，认为美联储应该再进一步，采取明确的通货膨胀目标（美联储近年采取的是所谓暗含的通胀目标）。现在，伯南克亲自执掌联储帅印，有权力将自己的理论付诸现实。

假若我们希望对美联储未来货币政策行动有前瞻性理解，我们就必须深入研究伯南克所信奉的政策准则。

结论：一切经济学皆是制度经济学

伯南克的全部学术研究，一言以蔽之，那就是：调查信用市场之制度安排，以解释现象和行为。从解释大萧条到阐释美国经常账户赤字，从投资不可逆性到金融加速器机制，一以贯之的理念就是成本局限和制度安排，基本分析工具是需求定律。易言之，伯南克的全部学术研究说明：一切经济学，归根结底是制度经济学。科斯有言：解释世界就是解释制度，改造世界就是改变制度，伟哉斯言！

凯恩斯的经济学
和新凯恩斯经济学

前言

新凯恩斯经济学是近20年经济学最活跃的研究领域。其主要领袖包括阿卡诺夫、斯蒂格利兹、斯宾塞（三人荣获2001年度诺贝尔经济学奖）、曼昆（哈佛大学教授、著名教科书作者）、萨默斯（美国前财长、哈佛大学前校长）、伯南克（现任美联储主席）以及Robert Hall，Olivier J. Blanchard，David Romer，John Taylor等众多美国学术界和财经政界的顶尖风云人物。

阿卡诺夫2001年度的诺贝尔奖演说，即以《行为宏观经济和宏观经济行为》为题，宣称宏观经济研究已经跨越新古典经济学或理性预期学派（New Classical Economics or Rational Expectation School）。他说："我探索不对称信息问题，只不过是实现伟大梦想的第一步。我的梦想是：追随凯恩斯《通论》的真精神，创建行为宏观经济学。"行为宏观经济学就是新凯恩斯经济学。1998年，曼昆和David Romer主编两卷本文集《新凯恩斯经济学》，第一卷题为："不完全竞争和价格粘性"（Imperfect Competition and Sticky Prices），第二卷题为："协调之失败和真实市场之刚性"（Coordination Failures and Real Rigidities）。此乃目前最全面的新凯恩斯经济学论文集，亦标志着该学派成为美国经济学界的新主流。

什么是新凯恩斯经济学？曼昆和David Romer的答案是："任何探索经济波动之宏观经济理论，都需要回答两个基本问题：其一，理论是否抛弃古典经济学的二分法？理论是否假设：名义变量之波动（譬如货币供应量)，将左右真实经济变量（譬如产出和就业）之波动？其二，理论是否假设：要理解整体经济波动，关键是要理解真实市场的不完全性？不完全竞争、不完全信息、相对价格之粘性，是否是理论的中心假说或命题？新凯恩斯经济学对上述问题皆给以肯定的回答。否决二分法、致力探索名义变量和真实变量之间的相互影响或传导机制，是新凯恩斯经济学最显著之特征”。新凯恩斯经济学的“微观基础”是不对称信息理论。

顾名思义，新凯恩斯经济学秉承的是凯恩斯《通论》之“真精神”。那么，什么是《通论》的真精神？本文旨在回答此问题。我将给《通论》或“凯恩斯革命”以全新阐释，为理解新凯恩斯经济学提供一个独特视角。

凯恩斯革命之本质：开创经济学的交易费用研究范式

众所周知，《通论》实现了经济科学之革命，史称“凯恩斯革命”(Keynesian Revolution)。我们首先要问：所谓凯恩斯革命，究竟是什么含义？历久以来，经济学者的阐释数之不尽，要提出一个新的解释似乎不再可能。然而，学术界至今依然没有对凯恩斯革命（或凯恩斯的原创贡献）达成广泛共识，对《通论》各个命题之不同乃至完全对立的理解，从来都是经济学激烈辩论的焦点；对凯恩斯思想的新发现或新解释，历来都是经济学创新的不竭源泉。仅此一点，足以表明：重新阐释凯恩斯经济学不仅完全可能，而且非常必要。它将有利于我们更好地理解经济科学演进的历史过程，更重要的是，它将有利于经济科学的未来发展。

本文给凯恩斯革命以全新阐释。新阐释简单明确、直截了当。凯恩斯带给经济科学最重大、最根本性的“福音”是：为了解释“我们每天生活其中的真实世界或经济社会”，经济学者必须彻底抛弃古典经济学“极端误导和灾难性的”诸多假设，集中探索人类行为所面临的真实世界局限条件。人类行为之真实世界局限条件，就是最广义的成本理念，其中最关键的是交易费用理念。“交易费用”之理念，乃是“鲁滨逊·克鲁索一人经济体”（Robinson Crusoe economy）所不可能发生的一切成本，亦即最广义的制度成本。是的，凯恩斯没有明确发明或定义交易费用、信息成本或制度成本。然而，假若我们完整、准确地把握凯恩斯的思维逻辑和理论架构，我们就会明白：凯恩斯的原创性贡献，完全来源于他对真实世界具体、特定的市场制度、组织或成本局限条件之深入剖析，譬如货币合约（monetary contracts，所谓名义合约）、法律体系、金融市场、货币利率（monetary rates of interest，名义利率）、预期、粘性工资和价格，等等。

古典经济理论或新古典瓦尔拉斯一般均衡模型的最根本谬误（the Classical Theory or Neoclassical Walrasian system），乃是完全忽视所有相关的交易费用。从最根本意义上讲，一个没有交易费用的世界，不会有任何经济问题。那就是说，古典经济理论或新古典瓦尔拉斯一般均衡模型、或集其大成的阿罗—德布鲁一般均衡模型，逻辑上具有难以克服的困难：旨在阐释经济问题的理论架构，却从基础假设里否决了经济问题之存在！一个完全没有交易费用的世界，所有制度（当然包括市场本身）都不会存在，亦不具备任何意义。假设掉一切交易费用，我们就进入完美天国、通体舒泰：完美的预见、完全的知识或信息、不确定性完全消失、所有价格（或工资）皆完全弹性、经济体系随时随地皆能瞬时调节至完美均衡、需求永远等于供给、即著名的萨伊定律永远成立，等等。既然不费吹灰之力（零交易费用），拥有完全信息或知识，我们就能知道一切理想的行动路线或方案，选择亦就没有必要、没有意义，成本自然就失去意义，经济科学当然就无需存在。零交易费用世界里，甚至瓦尔拉斯拍卖人意义上（price in the sense of Walrasian auctioneer）的价格调节机制都没有必要，其他调节机制当然完全没有必要和可能，更不要说人类还需要发明各种复杂的制度安排。资源永远充分就业，失业不可想象。所有失业理论或经济波动理论不会产生，亦难以想象。人类不会发明货币，货币亦没有任何作用。所有人的行为皆依据真实变量，无需选择。古典经济学的支柱——货币齐次性假设，亦无需提及，或者说永远成立。

《通论》开篇直指古典理论的根本谬误。凯恩斯说得非常明确：“古典经济理论的基本假设是：总体产出之价格，必定等于其供给价格。此乃古典理论的基本公设（就像欧式几何之平行线公设那样）。古典理论之一切命题皆源于此：私人和国民总体储蓄极端重要之理论；古典利率理论；古典就业理论；货币数量论；自由放任之贸易政策具有无上优越性之理论。当然，还有为数众多之命题，此不细述。本书之主旨就是要揭示上述诸多理论之谬误。”“古典经济学有一个根深蒂固的思想：那就是货币对真实经济活动没有任何影响（一些小小的摩擦除外）；基于真实经济变量之间的交换，我们就完全可以推导出产出和就业理论（穆勒就是这样做的），只是在最后的章节里，货币才被例行公事般地引进来。此乃古典经济学的现代版本。譬如，庇古教授（Professor Pigou）的几乎全部著作，自始至终贯串着上述思想。”

易言之，古典经济学假设掉一切交易费用，让全部经济理论失去意义。古典经济学的基本假设实际上否决于任何严肃认真的经济解释或经济研究。将经济学从古典理论或瓦尔拉斯的虚幻完美世界，拉回到处处充满制度安排和交易费用的真实世界，是凯恩斯对经济学真正重要和持久的贡献，是凯恩斯革命的本质。然而，不幸的是，经济科学从零交易费用的瓦尔拉斯世界转向正交易费用的真实世界，交易费用或不对称信息研究范式开始大行其道，却要等到《通论》出版半个世纪之后，才露出希望的曙光。

失业的本质：需求找不到供给，或供给找不到需求（Mismatch Between Supply and Demand）

古典经济学或现代瓦尔拉斯式的一般均衡理论，其核心是著名的萨伊定律（Say’s Law），首倡者是法国19世纪有名经济学者萨伊。该定律简单之极：供给自动创造需求，或总需求永远等于总供给。根据萨伊定律，我们可以推导出众多极其重要的含义，其中一个关键含义就是：资源不可能出现失业。我们要问：萨伊定律成立的机制是什么？易言之，经济体系具有怎样的内在机制，能够确保供给和需求永远相等？古典经济学者的答案异常简洁：该机制就是灵活的价格机制。当需求小于供给，价格下降；当需求大于供给，价格上升。古典经济学认为：正是（也只有）灵活的价格机制，才能确保需求永远等于供给。当然价格要做广义理解，除了一般商品价格之外，还包括工资、利息、租金等要素价格和一切资产价格。

既然价格完全灵活变动，进一步的推论就顺理成章：个人决策者之决策依据，乃是真实变量，不是名义变量，因为货币供应量的任何变化，皆瞬时反映于价格水平之同比例变化（货币数量论）。个人决策者不会受任何“货币幻觉”之影响，他们知道名义变量是一切变化之源，且能完全区分名义变量和真实变量。此外，价格随时之灵活变化，确保经济体系几乎每时每刻瞬间迈向均衡。易言之，经济体系永远处于均衡，古典经济学意义上的“非均衡”不可思议。古典经济学的上述思维，到马歇尔、瓦尔拉斯和庇古手里，登峰造极，令人拜服。阿罗和德布鲁将均衡分析翻译为现代数学语言，神乎其计，亦推出许多新的含义。

凯恩斯首先从劳力市场挑战古典经济学之逻辑，自然是受到大萧条期间全球大规模失业之刺激和启发。根据古典经济学之逻辑，“非自愿失业”（involuntary unemployment）根本不可能。古典经济学家只承认某种形式的“摩擦性失业”（frictional unemployment）和“自愿失业”（voluntary unemployment）。摩擦性失业之发生，有三个根源：其一是“人们计算或规划失误、或需求之暂时性波动，造成各种专业化资源之相对数量暂时失衡”；其二是“人们没能预期到的各种需求和供给变动，造成需求和供给之间的时间滞后”；其三是“劳动者从一个职业转向另一个职业，不能瞬时完成，总有时间滞后。”自愿失业之发生，则是因为“好些原因造成求职者拒绝或不能接受与其边际生产力相匹配的劳动报酬，这些原因包括：立法、社会习俗或惯例、劳动合约之集体谈判、人们对变化的事物反应迟钝、乃至人性自身的顽固不化。”

尽管古典经济学承认摩擦性失业和资源失业，却不认为它们是重要的经济现象。相反，它们之存在，只不过说明灵活价格之自动调节机制，的确还有小小的摩擦，影响其完美运转。经济组织之改进或完善、人们预期能力之提高以及其他的社会变革措施，将逐步消除价格自动机制之摩擦。古典经济学者心目里，此类摩擦不是经济学探索的主题，不改变古典理论的一般结论，他们遂将此类摩擦现象放到一边，作为一般结论之小小的脚注或限定。因此之故，凯恩斯将整个古典经济学概括为“完全充分就业条件下的收入分配理论”。既然自动价格机制完成经济体系之调节，产出和就业波动实在没有什么好谈的。

然而，真实世界绝不是只有一点“小小的摩擦”。凯恩斯与古典经济学的分水岭，乃是他对1930年代大萧条期间全球性大规模失业极其敏锐而深刻的观察。“我们没有任何可信的理由断言：美国1932年所经历的大规模失业，乃是由于求职者顽固拒绝削减货币工资；或者求职者所顽固要求的真实工资水平，高于其劳力所能够创造的生产力（亦即该劳力在当时之经济条件下，所能够创造的生产力）。我们看到就业水平出现巨大而广泛的波动，却没有观察到求职者之最小真实工资需求或劳力之生产力，有任何明显的巨大变化。大萧条期间的求职者，绝对不比繁荣期间之求职者更加难缠或顽固——事实远远不是如此。萧条期间之劳力生产力也绝没有下降。真实世界所发生的诸多事实，为我们提供了最基本和最重要的依据，让我们置疑古典经济理论之有效性。”

简言之，古典经济学无法解释真实世界，我们需要新理论。毋庸置疑，凯恩斯的出发点是真实世界实际发生之现象。

真正让凯恩斯感到迷惑不解、决心一探究竟的现象（the real puzzle）是：即使需求者和供给者都愿意需求更多和供给更多，需求和供给却无法达成交易或无法实现匹配（mismatch or unequality between demand and supply）。他对“非自愿失业”的著名定义，可以扩展到所有供给—需求无法实现交易或匹配之现象。“当工资物品之价格、相对货币工资出现少许上扬（亦即真实工资下降——笔者著）之时，愿意接受目前货币工资水平之求职者的劳力总供给量、愿意支付目前货币工资水平之雇主的劳力总需求量，却都大于目前实际的就业总量。此时求职者之失业，我们称之为非自愿失业。”

易言之，劳力之供给不仅存在而且上升，与此同时，对劳力之需求同样不仅存在而且上升。为什么有愿望出去工作的求职者，有愿意雇佣更多劳力的雇主，他们却无法走到一起、达成交易、皆大欢喜？为什么经济体系无法实现更高就业水平之均衡？这是一个真正的困境（dilemma）。就业市场之困境，与爱情婚姻市场无法匹配之困境类似。爱情婚姻市场里，无数男女皆愿意供给或皆需求爱情和婚姻，然而，古往今来，依然有数之不尽的男男女女无法走到一起、达成“交易”、成为眷属。实际上，需求和供给无法走到一起、无法达成交易、无法匹配之现象触目皆是，经济学者为此发明了一个术语：“市场失败”。我们要问：市场为什么失败?

《通论》之全部目的，就是要破解“供给—需求无法匹配之谜”。凯恩斯的推理简单、清晰、深刻。他推理的第一步是：供给之所以无法创造相等的需求（或需求无法与供给相等），原因有二：其一，消费者之边际消费趋向小于1；其二，投资不足。加总起来，就是凯恩斯著名的“有效需求不足”假说。

然而，假若凯恩斯仅仅停留于第一步推理，他就决不能声称自己发起了经济科学之革命。真正具有革命性意义的，是他的第二步推理：决定消费趋向和投资需求之因素，到底是什么？他直指制度安排和人类行为的基本约束条件或成本局限条件，核心是不确定性和预期。不确定性和预期本质上即是信息成本或交易费用之约束（即最广义的成本约束）。显然，为了理解劳力市场之失业、理解产出和就业波动，或所有其他形态的资源失业（其他术语包括无效率、市场失败、帕累托最优之无法达成，等等），我们只有深入调查此类现象背后特定的制度安排和成本约束条件。

预期占据着凯恩斯整个理论分析架构的中心位置。他所有的关键概念（消费趋向、资本边际效率、流动性偏好之利率理论，等等），皆源于他对不确定性和预期的深刻考察。不确定性是人类生活面临的最基本事实、无法改变的事实；预期则是人类面对不确定性，为行为或决策所探索的方向。假若没有不确定性，我们将迎来一个异常奇妙的世界：无需预期、无需选择；决策、成本、利率皆失去意义；人们没有必要偏好流动性，亦没有必要对比资本之边际效率和利率；当然，经济学和经济学家完全不会出现。只要存在不确定性，一切麻烦如影随形：错误决策、失业、经济周期、流动性偏好、利率、小于1的消费趋向、投资不足，等等。易言之，正是不确定性造成了供给和需求无法达成交易、无法匹配。《通论》第五章之主题就是“预期决定产出和就业”，凯恩斯之洞见，深不可测！

当然，仅仅声称不确定性、预期或交易费用是失业之局限条件，极易陷入套套逻辑之怪圈。经济学者之任务，就是要针对具体的真实现象，调查和厘清现象背后的特殊制度安排和成本局限条件。过去四十年来，追随凯恩斯的基本战略，交易费用研究范式、不对称信息研究范式、新凯恩斯经济学大行其道，我们对真实世界之认识今非昔比。尽管不是所有研究者都直接受到凯恩斯的启发，然而，从解释和推测真实世界的基本路线出发，他们最终走到了一起。

利率理论和货币理论：凯恩斯经济学之重心

凯恩斯是货币理论大师。货币和利率理论是凯恩斯经济学最重要之组成部分，亦是各家各派阐释凯恩斯经济学分歧最激烈之处。教科书的老生常谈是：凯恩斯的利率理论乃是所谓货币利率理论或名义利率理论（monetary theory of interest），而古典经济学的利率理论则是真实利率理论（the real theory of interest）。前者认为利率乃是由货币市场之货币供给和货币需求决定；后者则认为利率乃是由真实储蓄和真实投资需求决定。二者之区别究竟何在？长期以来，此问题一直是经济思想最重要的未解之谜，触发数之不尽的论点和混淆。

凯恩斯从来没有否认真实利率之存在。《通论》讲得非常清楚："每一个耐用商品，皆有其自身之利率。我们有稻谷之利率、铜之利率、住宅之利率、乃至钢铁厂之利率。"凯恩斯要回答的问题是：就经济体系整体而言，哪个利率决定总体投资需求，或者说哪个利率决定投资量。他的答案是："支配经济体系之利率，应该是所有商品自身利率（我们姑且如此称呼）里面最高的那一个利率。原因是：如果我们想要生产或创造或积累新的资本资产，该资产之边际效率必定要向所有利率里面最高的那个利率靠拢、或必定要等于那个最高的利率。我们可以指出诸多理由，证明货币利率通常就是那个最高利率。我们将会发现：其中重要原因是，经济体系内在有好些力量，其运作可以降低其他资产之自身利率，却无法降低货币（资产）之利率。"

为什么货币利率是所有资产自身利率里最高的利率呢？凯恩斯的答

案源自他对货币供给和货币需求独特性的深刻把握。货币（资产）供给之独特性有二：其一是“货币生产具有非常小的、近乎为零的供给弹性”；其二是“货币与其他资产之替代弹性等于或近乎等于零”。货币（资产）需求之独特性就是凯恩斯著名的流动性偏好，乃是人类行为的一个基本特征。流动性偏好即是“个人全部资源里，他愿意以货币形式持有的那一部分。”人们之所以偏好货币，是因为“货币和其他（几乎所有）资产之间，有一个本质区别：货币资产给人们带来的流动性好处或溢价，远远大于货币的携带成本；相反，其他所有资产之携带成本则远远高于其流动性好处或溢价”。正是货币供给和需求的独特性质，决定了货币利率的特殊重要性，亦即货币利率对就业产出水平之决定发挥着中心作用。

凯恩斯说：“货币利率之特殊重要性，乃是源于货币供给和需求之独特性及其二者之结合。也就是说，由于人们存在流动性偏好之行为动机，当货币数量相对其他形态之财富数量（亦以货币量度）发生变动时，货币利率可能不会随之等比例地发生变化；同时，从货币供给层面看，货币之生产和替代弹性等于零或近乎忽略不计。”“货币自身的独特性质，决定了货币利率的独特性：当产出增加时，货币自身之利率（即货币利率），相比其他任何资产之自身利率，其下降要缓慢得多，然而货币利率乃至经济体系之基准利率，因为资本边际效率乃是与货币利率相比较。”

凯恩斯明确指出：正是货币利率之特殊性，造成了投资不足和失业。“货币利率规定了所有其他商品自身利率之底线（亦即其他商品自身之利率不能低于货币利率），从而阻碍了所有其他商品之投资和生产，然而，与此同时，货币利率本身却不能刺激人们投资去生产货币。因为，依照基本假设，（政府之外的）所有投资者是无法生产货币的。”“失业之所以会发生，是因为人们的行为出现悖论——人们所希望持有的物品（即货币）是无法投资生产的物品，没有人能够雇佣劳力去生产货币；与此同时，人们对货币的需求或渴望却无法轻易遏制或削弱。”

非常清楚，凯恩斯利率理论和古典经济学利率理论之分野，绝非前者是货币利率理论，后者是真实利率理论。二者之分野在于：基于对货币自身独特性的深刻认识，凯恩斯标举出货币利率相对其他资产自身利率的特异性和特殊的重要性。然而，为了理解凯恩斯的利率学说，我们需要进一步理解凯恩斯对货币独特性的深刻见解。

关键依然是不确定性和预期。假若生活没有不确定性和预期、及其相关的交易费用或信息费用，我们压根儿不需要货币。没有交易费用或信息费用，经济体系所有交易皆瞬时完成，没有“双向碰巧”（double—coincidence）之困扰；所有商品之自身利率必定相互完全均等，因为既然交易费用为零，一切套利行为或活动瞬间完成，各个商品之自身利率不可能存在差异。推到极端，没有不确定性和预期，所有利率亦将消失或失去意义，因为我们无需在现在和未来之间进行抉择或选择，无需在消费和投资之间进行抉择或选择。

货币是降低交易费用或信息费用的制度安排。货币之“发明”或演化历程，乃是人类不懈努力、试图尽可能降低交易费用之艰辛历史。为什么稻谷之自身利率不同于铜的自身利率？为什么住宅的自身利率不同于钢铁厂的自身利率？为什么上海货币市场之利率不同于伦敦市场的银行同业拆借利率？等等等等，背后之根源是特定的交易费用或信息费用。

凯恩斯毕生思考的基本问题是：货币在现代货币经济体系里（Modern Monetary Economy）相比于古典经济学所假设的、没有货币的、以物易物的纯粹经济体系究竟发挥着怎样的功能。他另一部经典著作《货币论》，开篇即强调货币之最本质功能是协助交易。凯恩斯的世界是正交易费用的真实世界，是我们日常生活其中的世界；李嘉图学派或现代阿罗—德布鲁模型的世界，则是没有交易费用或信息费用的想象世界，我们可以称之为“乌托邦”（是的，假若没有交易费用，莫尔—马克思的乌托邦世界立马实现。乌托邦的准确定义，就是没有交易费用的世界!）

没有交易费用的乌托邦世界里，所有利率皆完全均等，自然完全等于货币利率（我们已经指出：此时实际上一切利率皆失去意义!）也只有在这个极端的勇敢新世界里，在一个非常奇怪的意义上，我们才可以勉强地说：凯恩斯的经济学和古典经济学有一个交点!

由此出发，我们才能深刻理解货币利率在现代货币经济体系里的特殊重要性。货币利率之特殊重要性，乃是源于一个基本事实：人们之消费、投资和相关决策，必须有一个损益计算的参照点，现代货币经济里，此参照点就是（或通常是）货币利率。真实世界充满复杂性、随机性；逆向选择、道德风险，比比皆是。人们的所有决策皆是面向未来之选择。真实世界之个人决策，完全无法通过阿罗—德布鲁式的保险合约来规避所有风险、应对所有不确定性；相关的决策和合约亦无法用真实变量来约定。真实世界之交易合约，几乎全部是状态依存（state - contingent）合约、且几乎全部是以名义变量或货币变量约定。

假若没有货币和货币利率作为参照点或损益计算的基准，合约谈判或履行之成本将极之高昂，乃至完全无法达成合约。理由至为明显：人们几乎无法就每个投资、消费决策的真实利率（即相关商品之自身利率）、真实回报率、状态依存之风险（risk - contingency）达成一致意见，当然无法以真实变量（in real terms）达成合约。以货币量度和货币利率为参照点，是减少交易费用、成功达成合约或交易几乎唯一的途径。

商品和服务市场不用说了。所有经济学者皆认识到：即使是史前的人类部落，亦无法依赖“双方巧合”（double—ccincidence）来实现交易，货币之历史同人类历史一样悠远和古老。没有货币就没有市场。金融市场“双方巧合”（double—coincidence）之困难，比商品服务市场还要高出何止千万倍！试想：储蓄者或资本供给者今天决定储蓄或借钱给他人，乃是希望未来能够购买供自己享受的商品和服务，任何人事先都无法准确知道自己未来将要购买什么样的商品和服务；资本需求者或借款人之生产，与资本供给者的真实商品和服务需求，经常完全不相干。因此，所有借贷活动或金融交易，只能以货币为中介，只能以货币利率为参照点。即使是最落后的国家或地区，几乎所有借贷活动都是以货币条款达成交易。没有货币和货币利率，人类将退回到野蛮时代。唯有借助货币之伟大“发明”，人类文明之演化或进步方为可能。货币降低交易费用之功能，解释了一个统一的国家为什么需要一个统一的货币；一个全球经济必定创生一个全球货币。它同样精确地解释了：为什么人类始终致力于稳定货币币值、消除汇率风险或不确定性。

货币之一般购买力和高度流动性，易于促成统一的利率水平，其他资产之自身利率，则无法形成统一的利率，尽管我们经常看到各个地区或国家之货币利率亦差距甚大。地区或各国之间的货币利差，根源是信息费用或交易费用或风险贴水（三个术语其实说的是同一局限条件）。货币币值之稳定、货币之间之汇率稳定（或完全消除汇率），极大地降低交易费用或风险贴水，反过来促进各个地区或国家之间的货币利率水平趋同。金本位制之黄金时代，全世界各国之长期利率维持基本相同之水平，被学者称之为“黄金常数”（golden constant）；布雷顿森林体系时代，尽管各国资本市场高度分割、货币利率由各国央行操控，然而，由于可信的固定汇率制度消除了汇率风险、风险贴水降低到最小水平，因此，布雷顿森林体系时代，各国长期利率依然高度稳定和趋于一致。相反，今天的国际货币体系，却经受着各国短期利率和长期利率的巨大差距和变化莫测，根源则是浮动汇率和国际“热钱”冲击、极大地增加了汇率风险贴水、摧毁了简单的利率平价。

结论

《通论》是一部奇书，充满灵感和智慧，启发了一代又一代经济学者。与同时代和后来的经济学大师相比，凯恩斯的经济学有一个极其鲜明之特征：他从不操纵什么效用函数和生产函数，尽管他是马歇尔剑桥经济学派之顶级高手，自认是马歇尔的忠实追随者；尽管《通论》问世之时，已经有好些经济学者深入讨论生产函数和极其复杂的效用函数。凯恩斯关注的焦点始终是真实世界实际发生之现象，空空如也的效用函数和生产函数显然无法解释真实世界（从经济科学的基本规范来说，从特定的效用函数和生产函数出发，推导出可以被观察事实验证的含义，亦无不可，然而直接从调查真实现象背后的局限条件出发，是解释世界更有效的途径）。

远为重要的是：凯恩斯没有追随李嘉图著名的“真实经济—货币经济相区分”或“价格理论—货币理论相区分”的二分法。他明确摒弃了李嘉图所代表的古典经济学二分法：“本书前面章节的主要目的之一，乃是摒弃经济科学自我分裂之状况，旨在紧紧依照价值理论之逻辑，构建物价水平之全部理论或总体理论。古老相传，经济学有两个自我分裂：价值理论与分配理论之分裂；价值理论与货币理论之分裂。我认为，此类分裂大错特错。”

“我们真正需要的是：一个关于货币经济体系（Monetary Economy）的完整理论。”《通论》详尽分析了货币经济体系的根本特征：不确定性、预期、交易费用、面向未来之决策行为、以货币变量约定的千变万化的合约。

凯恩斯的基本主题是：没有自然世界和人类社会生活的不确定性，我们就不需要面向未来的决策行为，货币就不会出现。他讲的非常清楚："货币之本质功能在于，它是联结现在和未来之工具或手段。”没有不确定性、预期和面向未来之决策行为，所有成本理念和经济科学将完全失去意义。为了解释或理解我们日常生活其中的真实世界，我们必须抛弃静止不变的所谓“稳态”（steady - state），必须抛弃没有成本（尤其是交易费用）的、没有货币的乌托邦；必须抛弃绝对肯定的阿罗—德布鲁世界；必须抛弃空洞的效用函数和生产函数；必须抛弃随意假设局限条件的博弈论。解释真实世界只有一条路：那就是直接从真实世界实际发生的事实出发，仔细追寻事实背后的成本或制度局限条件，尤其是源于不确定性、预期和货币变量合约（contracts in monetary terms）的交易费用或信息费用局限条件。此乃凯恩斯经济学最重要、最持久的贡献。

蒙代尔“不可能三角理论”的运用和滥用

纵观今日围绕人民币汇率政策之争论，所谓“蒙代尔不可能三角”之论断，触目皆是；好些论者奉之为金科玉律，成为他们主张浮动汇率和汇率升值、维护货币政策独立性之基本依据；更有学人兴师动众，以复杂数学来演绎“不可能三角”，推理繁复，故扮高深，读之让人如坠五里云雾。此乃有趣现象也，让人一则以喜，一则以忧。喜的是：中国学者关于汇率政策之辩论，终于进入最本质、最基本的理论逻辑层面；忧的是：好些学者对诸多理论食洋不化、生搬硬套，被貌似高深的术语误导了。

本文从学术史角度，简要阐释所谓“蒙代尔不可能三角”理论的起源、内涵和如何恰当运用该理论。基本结论如下。

其一，所谓“不可能三角”之译法并不恰当，较好的译法应该是“蒙代尔不相容三位一体”（incompatible trinity），建议我国学者改正。本文从此即统一改用“蒙代尔不相容三位一体”。

其二，“蒙代尔不相容三位一体”，并不是支持浮动汇率制度、维护货币政策独立性之理论依据。众所周知，“不相容三位一体”之始创者乃是“欧元之父”蒙代尔，他是当代主张固定汇率制度、世界货币和世界中央银行、反对浮动汇率体系最具影响力的学术大师，从来没有运用该学说来为浮动汇率体系和货币政策独立性张目。恰恰相反，蒙代尔本人从来不认为“蒙代尔不相容三位一体”、“蒙代尔—弗莱民模型”等易于流行的术语，能够准确刻画他的思想，他甚至反对学者们使用此类术语。

其三，“蒙代尔不相容三位一体”或“蒙代尔—弗莱民模型”并不适合中国和其他发展中国家。蒙代尔本人曾经明确指出：“我个人不用蒙代尔—弗莱民式的国际宏观经济模型来分析发展中国家的经济问题，我希望我的学生们也不要这样做。”

其四，蒙代尔所开创的国际宏观经济学，对于我们今天辩论开放经济条件下中国的宏观经济政策组合，具有特殊重要的启发。然而，我们必须完整准确把握蒙代尔的全部经济思想，尤其是他对国际货币体系的深刻洞察。

其五，分析今天中国的宏观经济政策组合，必须超越或抛弃所谓“不相容三位一体”，开启崭新的经济学思维。

“不相容三位一体”的学术起源

1960年，年仅28岁的蒙代尔发表著名论文《固定及浮动汇率下国际调节的货币动态机制》（以下简称《动态机制》），是现代国际宏观经济学的开山之作。要透彻理解“不相容三位一体”或“蒙代尔—弗莱民模型”，我们必须从这篇经典论文开始。

《动态机制》的批评对象，正是弗里德曼的浮动汇率和货币政策独立性学说。1951年，弗里德曼发表著名论文《支持浮动汇率》，重新唤起凯恩斯的“内部平衡目标—外部平衡目标冲突论”，宣称为了确保经济之内部平衡目标（充分就业和物价稳定），必须放弃某个外部平衡目标（国际收支平衡或汇率稳定）。然而，充分就业和物价稳定绝对优先，国际收支平衡必不可少，必须放弃的当然就只有汇率稳定了。浮动汇率和货币政策独立性似乎成为天然的“孪生子”，不可分离，更不可舍弃。《支持浮动汇率》一文，实乃后世一切主张浮动汇率和货币政策独立性之中流砥柱。

蒙代尔以数学方程严格定义经济体系的内部平衡和外部平衡，建立一个动态一般均衡模型，结果证明：“虽然在某些情况下，固定汇率批评者的论点对静态经济有效，但是对动态经济却错得离谱。”

《动态机制》模型简洁，内涵却异常丰富。最重要的结论有三：①它首次证明汇率制度选择对宏观经济政策之效果具有决定性影响；②它首次证明国际资本流动对宏观政策之效果具有决定性影响；③它首次明确提出宏观政策组合理论，那就是大名鼎鼎的蒙代尔“有效市场划分原理”：政策工具之个数必须等于政策目标之个数，哪个政策能最有效地实现某个目标，就应该让该政策针对该目标，所谓“工欲善其事，必先利其器”也。具体地说，为实现经济体系的外部平衡（汇率稳定和国际收支平衡），货币政策比财政政策更有效；为实现经济体系的内部平衡（充分就业和物价稳定），财政政策比货币政策更有效，那么，我们就应该使用货币政策来维持外部平衡，使用财政政策来实现内部平衡。

《动态机制》是划时代的经典之作，推理紧张刺激，逻辑无懈可击，涵义精彩纷呈，开启了国际经济学的崭新时代，充分展示了蒙代尔撼人心魄的经济学天才。40 年之后，诺贝尔经济学奖委员会称赞该文是“国际经济学的分水岭”。《动态机制》实际上彻底摧毁了弗里德曼的封闭经济政策思维，为我们透彻把握开放经济条件下的宏观经济政策组合，提供了全新的视角。

《动态机制》之后，蒙代尔连续发表多篇著名论文：1961 年的《最优货币区理论》、《国际非均衡体系》，1962 年的《固定汇率下货币政策和财政政策的适当运用》，1963 年的《资本流动与固定及浮动汇率下的稳定政策》（所有论文的中译，参见向松祚译《蒙代尔经济学文集》，六卷本）。

《最优货币区理论》深刻揭示货币和汇率制度最本质的含义，是欧元诞生的理论基石，亦是蒙代尔毕生主张固定汇率制度最基本的逻辑出发点。《国际非均衡体系》首次将外部平衡方程引入经典的凯恩斯—希克斯 IS－IM 模型，以分析国际经济均衡和非均衡的内在机制。

《固定汇率下货币政策和财政政策的适当运用》，是蒙代尔经济政策组合理论的美妙运用，论文分别以货币政策和财政政策为横坐标和纵坐标，建立一个“内部平衡—外部平衡”的一般均衡模型，模型之简洁、优雅、丰富，令人叹为观止。该文写作之目的就是为了解决 1960 年代初期美国的宏观经济政策难题。当时美国宏观经济面临的基本困难是经济萎缩和国际收支恶化。

蒙代尔回忆说：“那时，美国政府正在就如何使用货币政策和财政政策而激烈辩论，各方提出各种不同的方案：主要有美国商会的方案、总统经济顾问委员会的建议和凯恩斯主义者的主张。凯恩斯主义者希望扩张的货币政策和财政政策；美国商会建议紧缩的货币政策和财政政策；总统经济顾问委员会受到萨缪尔森（他是肯尼迪总统经济顾问委员会主席的首要人选）和托宾（总统经济顾问委员会成员）的强大影响，主张货币政策和财政政策从不同方向发挥作用：即用低利率来刺激经济增长，用预算盈余来吸收经济体系的过度流动性。经济顾问委员会政策主张背后的理论被称为萨缪尔森—托宾的“新古典综合学说”。

“我的论文提供了宏观经济政策崭新的思维方式。起初它并不广受欢迎。这在意料之中，因为它建议的政策组合与当时流行的政策组合完全背道而驰。萨缪尔森—托宾的新古典综合对封闭经济体系可能有某些可用之处，但对于采取固定汇率的开放经济，它却兵败如山倒、全线崩溃。美国（还有我）应该庆幸的是：肯尼迪总统改变了政策组合，转而用减税来刺激经济增长，用紧缩的货币政策来保证国际收支均衡。结果创造了（到那时为止）美国历史上最长时间的经济扩张，直到1980年代里根总统的经济扩张才超过它。”

蒙代尔的分析逻辑和政策建议，引起国际货币基金组织各成员国、美联储、美国财政部和学术界的广泛争论。为回应批评意见，蒙代尔发表《资本流动与固定及浮动汇率下的稳定政策》。该论文是国际经济学有史以来被引用次数最多的论文，亦是“蒙代尔—弗莱民模型”和“蒙代尔不相容三位一体”的发祥之地。论文最大的创新是：它引入资本完全流动假设（本国利率水平自始至终与国际利率水平一致，本国货币当局无力改变本国利率水平），结果令人异常吃惊：

“稳定政策的效果取决于国际资本流动的程度。特别是，蒙代尔证明了汇率制度的深远重要性：浮动汇率下，货币政策强而有力，财政政策无能为力；固定汇率下，两个政策的效果恰好相反”（引自1999年诺贝尔经济学奖颁奖词）。这就是今天国际经济学教科书上触目皆是的“蒙代尔—弗莱民模型”。

后来学者从该论文的分析逻辑里，总结出著名的“蒙代尔不相容三位一体”：

“关于货币政策的条件，蒙代尔的短期分析和长期分析探询到了最基础的结论。在（i）资本自由流动条件下，货币政策能够用于实现（ii）

某个外部目标，如汇率，或者（iii）某个内部（国内）目标，如价格水平，但无法同时用来实现内外两个目标。这就是著名的不相容三位一体（incompatible trinity）。职业经济学家对蒙代尔的这个基本结论早已烂熟于心、不言自明。今天，多数真实经济政策的辩论者同样接受了蒙代尔的卓越见解”（引自1999年诺贝尔经济学奖颁奖词）。

蒙代尔从来没有运用所谓“不相容三位一体”来主张浮动汇率

许多论者对“蒙代尔不相容三位一体”津津乐道，以为它就是支持浮动汇率制度和货币政策独立性之金科玉律。更有人煞有介事，将不相容三位一体的各种可能性排列组合出来，还给出一些数字，玩玩数学游戏，然后就宣称：为了神圣的货币政策独立性，我们别无选择，必须抛弃固定汇率；为了捍卫神圣的中国货币政策独立性，我们别无选择，必须抛弃固定汇率，必须让人民币大幅度快速升值！

的确，你可以玩玩简单的排列组合游戏。譬如，如果你选择固定汇率制度，剩下的资本自由流动和独立货币政策，就只能二者取一。如果你再允许资本自由流动，你就必须放弃独立货币政策；如果你要坚持独立的货币政策，你就必须放弃资本自由流动，实行资本管制。

再譬如，你坚持选择独立货币政策，余下的就只有两种情况：固定汇率和资本自由流动。如果你再选择固定汇率，你就必须实行资本管制；如果你再选择资本自由流动，你就必须放弃固定汇率，让汇率浮动。这是简单的排列组合，你可以将所有的排列组合都列出来，倒也有些趣味。

然而，科学是严肃认真的，不是取巧的数学游戏。我们要问：究竟所谓“不相容三位一体”是不是浮动汇率主张之理论基础？依照“不相容三位一体”，是不是必然就能推导出“固定汇率与货币政策独立性水火不容”之论断？答案很简单：完全不是。我们还要问：既然“不相容三位一体”之论断源自蒙代尔多篇著名论文，他本人是否曾经运用该论断来主张浮动汇率制度呢？答案是：恰恰相反，他不仅从来没有用所谓“不相容三位一体”来支持浮动汇率制度，而且明确反对“不相容三位一体”之术语，甚至对“蒙代尔—弗莱民模型”之术语也不以为然。他认为这类不着边际的流行术语，乃是对他思想的严重误导。要完整准确把握大师的思想，必须直接回到大师的经典原著。

众所周知，蒙代尔是当今世界主张固定汇率、世界货币、世界中央银行、反对浮动汇率最具影响力的思想领袖，他赢得“欧元之父”之崇高盛誉，绝不是浪得虚名！由此产生一个思想史的有趣问题：大师的众多追随者将他的理论奉为圭臬，来支持浮动汇率；大师本人却不同意追随者的“总结”和“概括”，强烈反对浮动汇率。这到底是怎么回事呢？我的结论是：好些人误读了或没有读懂蒙代尔；还有好多人完全是凭二手资料人云亦云，他们完全没有系统拜读过大师的经典著作！2003 年，我将蒙代尔全部经典著作翻译为中文，分六卷出版，希望华夏学子能透彻理解这位不世出的思想天才。然而，最近数年的观察，我以为真正读懂大师著作的人，不到一掌之数！

且让我主要依据蒙代尔自己的论述，来简要阐释他为什么自始至终反对浮动汇率吧。

1997 年，全球主要的国际经济学者齐聚以色列特拉维夫大学，专门为蒙代尔的经典论文《最优货币区理论》举行研讨会。蒙代尔发表《最优货币区理论：回顾和展望》，详尽阐述了他汇率思想的发展历程。其中有一段话非常重要，希望理解“不相容三位一体”的学子不可忽视：

“1961 ~ 1963 的两年，我为国际货币基金组织工作。到那时为止，我只是怀疑许多情况下浮动汇率的可行性，并没有从原则上反对它。如果各位有机会阅读我在联合经济委员会的证词，就知道我那时对浮动汇率作为调节机制依然相当认同。但我的主要兴趣是努力寻找到正确的观点。从 1964 年开始，我参加了国际货币改革的巴拉乔—普林斯顿研究小组，该小组由弗里兹·马纳普、罗伯特·特里芬和威廉·福勒组织。各位或许记得，这个小组提出四个不同的国际货币体系方案：金本位制、浮动汇率、新的国际储备资产和世界中央银行。”

“各种方案讨论之后，该小组 1966 年印发一分由小组成员签字的文件，强烈要求采取浮动汇率。我没有签字，福勒打电话问我，不签字是不是就是反对这项建议。我告诉他，是的。我已经得到结论：一般性地采取浮动汇率将是国际货币体系的倒退。我知道自己踏上了不归路。非常遗憾，在这样一个基本政策问题上，我不得不与那么多良师益友分道扬镳：米德、佛里德曼、哈利·约翰逊、哥特菲尔德·哈伯勒、弗里兹·马纳普、劳艾德·梅泽、阿诺德·哈伯格以及其他支持浮动汇率的朋友。我发现自己处于如此一个分散的阵营里：罗宾斯勋爵、偌伊·哈罗德爵士、雅克·鲁夫、爱德华·伯恩斯坦、罗伯特·特里芬、奥特马·爱米格、里纳多·奥索拉、查尔斯·金德伯格、圭多·卡里、和罗伯特·鲁萨。其中有些人后来脱离了这个阵营。当然，我很高兴与几乎所有伟大的前辈经济学家站在一起，或许除了凯恩斯和费歇尔以外。前辈经济学大师都强烈反对货币不可兑换的国家之间实行浮动汇率。”

“从纯理论的观点，我开始强烈质疑浮动汇率作为调节机制的基本论点，越来越认同固定汇率下的调节机制。这并不是说，我已经忘记了蒙代尔—佛雷民模型，但我超越了它。”

蒙代尔接着清楚解释了他反对汇率汇率制度的五大理由：

其一，“把（货币政策）问题看作浮动汇率和固定汇率之间的选择是错误的、带有偏见的。如此看待问题就产生了另一个错误的观点，即认为让汇率浮动增加了额外的自由度。然而，一般均衡系统中，只有一个自由度。怎么使用这个自由度就规定了系统的特征。一个国家的稳定目标有如下几种可能选择：价格水平、货币供应量、汇率、黄金价格或工资率。易言之，一个国家可以选择商品本位制、货币本位制、外汇本位制、金本位制或工资本位制。60 年代的国际货币体系，黄金价格由美国固定，美元价格由外国固定。迈向浮动汇率把稳定政策的重担转移给货币本位制（弗里德曼式）或商品本位制（托马斯·阿特乌或费雪或佛兰克·格雷母式）或工资本位制。下面列举了四种主要的可能性：

各种本位制	固定的目标	变量	变量	变量
商品	价格水平	汇率	货币供应量	金价
货币	货币供应量	汇率	价格水平	金价
外汇	汇率	货币供应量	价格水平	金价
黄金	金价	货币供应量	汇率	价格水平

“以这种方式表达问题，事情就很清楚：一个变量固定，三个变量浮动，在一个稳定体系的框架内，没有多余的自由度。当然，货币当局也可以不固定某个特别变量，而是固定四个变量（价格、货币供应量、汇率、金价）的某种加权平均值。即使这种情况，也没有多余的自由度。”

其二，“我对调节机制的持续研究使我对固定汇率下调节机制的顺利运作越来越乐观。”“当然，人们可以构造理论模型，证明转移支付对贸易条件或真实汇率有影响，历史上汇率危机的案例多的是。然而，把危机归罪于固定汇率机制是错误的。”

其三，“我得到结论：对许多国家来说，固定汇率（以及其自动的货币调节机制）是对抗通货膨胀更有效的方式，优于包含浮动汇率的其他措施。问题之一是：政策制订者选择浮动汇率代替固定汇率，却没有代替固定汇率的其他稳定机制。用价格水平或货币供应量目标取代汇率目标是一回事，抛弃固定汇率而没有其他稳定机制来代替它却是完全不同的另外一回事。”

其四，“货币区的组成会带来好几种规模经济。首先是政策制订的规模经济。当小国货币用固定汇率与大国挂钩，而大国的通胀水平可以接受，小国就为本国其他的宏观经济政策确定了方向（既然选择了固定汇率，就要实施相应的货币政策和预算约束）。”

其五，“我质疑浮动汇率体系的另一个原因是：我越来越相信，大国和小国的国际调整负担从基本上是不对称的。”“在一个寡头支配的世界里，小国和大国的命运将是天壤之别，我们需要一个国际货币体系来保护弱国免受强国的生杀予夺。”

无需更多引用大师的论述了。事情已经非常清楚：你可以不同意蒙代尔的学说，但你必须提出内在逻辑一致的反对意见；你可以支持浮动汇率和所谓货币政策独立性，却不能以“不相容三位一体”作为自己立论的依据，你必须寻找新的令人信服的理由！

当然，我还要强调指出：蒙代尔之所以反对浮动汇率，乃是源于他对货币制度和国际货币体系超越常人的深刻理解。“在蒙代尔内心深处，货币已经成为最深层次的社会制度，如果管理得当，就会深刻地改变整个社会”。他的梦想就是要“创造一个较好的国际货币体系，将国际货币安排从过度依赖美元的沉重负担中解脱出来，消除美国在国际货币安排中过于特殊的地位和作用”（引自多恩布什《蒙代尔的诺贝尔奖》）。从1961年发表《最优货币区理论》到1873年发表《欧洲货币计划》，蒙代尔对汇率本质的透彻阐释，值得所有辩论汇率政策的人士思考再三：

“汇率变化的预期将货币市场搅得极度动荡不安，使制订任何商业计划都变得非常困难，并且从长期来看，将会极大地削弱政府控制经济政策的能力……建立一个集中的金融市场，将给欧洲带来巨大利益，仅此一点就足够了……建立统一货币市场的唯一道路就是消灭对各国货币价格断断续续的、极度令人不安的投机，这种投机已经蹂躏欧洲市场很长时期。汇率问题应当从欧洲国内和国际政治中根本上剔除出去。”（引自蒙代尔《欧洲货币计划》）

所有认真思考汇率理论和汇率政策的人士，都应该反复琢磨他的经典名言：

“汇率是与大白菜价格非常不同的特殊价格。汇率是人们预期的基础，包括对对记账单位变化的预期以及对世界价格水平的预期，汇率是连接国内与世界价格的关键。汇率与货币的质量与货币的势力紧密相关。”（引自多恩布什《蒙代尔的诺贝尔奖》）

蒙代尔－弗莱民模型和“不相容三位一体”，不能用于分析中国宏观经济政策组合

从学术思想史角度审查，“不相容三位一体”只是“蒙代尔—弗莱民模型”的推论之一，而且不是最重要的推论。

蒙代尔自己“早就超越了蒙代尔—弗莱民模型”，他多次强调：“蒙代尔—弗莱民模型应用最好的三个国家是世界上最大的三个经济体：美国、日本和德国，它们拥有强大的货币。这绝非偶然。三国不仅是世界上最大的三个经济体系，而且是最富裕的三个经济体系，拥有最发达的资本市场。它们实施财政扩张时的各种条件，都能够保持货币紧缩。很少有发展中国家（如果有的话）适合同样的结论。”（引自《蒙代尔经济学文集》第三卷）

为什么像中国这样的发展中国家不能机械照搬“蒙代尔—弗莱民模型”和“不相容三位一体”？蒙代尔说：“原因之一是：发展中国家实施财政扩张时，通常都伴随着银根放松和外部投机资本对本国货币的冲击。对许多发展中国家来说，货币政策和财政政策没有多大区别。原因是：首先，这些国家没有以本国货币交易的发达资本市场，第二，紧跟财政赤字之后，很快就出现货币扩张。我个人不用蒙代尔—弗莱民式的国际宏观经济模型来分析发展中国家的经济问题，我希望我的学生们也不要这样做。”（引文出处同上）

易言之，蒙代尔—弗莱民模型或“不相容三位一体”之成立，必须具备两个最重要的条件：

其一，货币政策必须独立于财政政策，即二者必须是相互独立的货币政策工具。唯其如此，两个货币政策工具才能分别发挥不同的功能。假若财政政策决定货币政策或货币政策服从于财政政策，二者本质上就成为一个政策工具，无法独立实现不同的政策目标，宏观经济政策组合也就是空中楼阁了。事实上，当代大行其道的中央银行货币政策独立性，其智慧源泉正是蒙代尔的开创性论文。诺贝尔经济学奖委员会之颁奖词说：“通过仔细分析政策当局分权的条件，蒙代尔率先提出了这个思想，中央银行应当被赋予实现价格稳定的独立权威。许多年以后，中央银行独立的思想已经被全世界广泛接受。”

其二，本国必须具备发达的资本市场和货币市场，本国个人和企业能够以本币进行国际借贷和汇率风险对冲。假若本国没有发达的资本市场和货币市场，本国企业（尤其是进出口企业）无法有效对冲汇率风险，那么，国际资本流动（尤其是国际投机热钱）对本国货币需求、货币供应量、资产价格，必将造成巨大冲击，从而极大地削弱宏观政策效果，“蒙代尔—弗莱民模型”的基本结论亦就不再成立。多数发展中国家（尤其是中国）当然不具备发达的资本市场和货币市场，自然不能简单照搬“蒙代尔—弗莱民模型”来分析和制定中国的宏观经济政策组合。

本国不具备发达资本市场和货币市场，自然需要不同的分析架构来制定宏观经济政策组合，这是非常重要的思想，我国学者千万不要忽视。

超越“不相容三位一体”，开启崭新的宏观经济政策思维

前面的分析已经清楚表明：所谓“不相容三位一体”之论断，对中国而言是错误的理论（至少是误导或不适用的理论），应该完全抛弃。

要正确分析当代中国的宏观经济政策组合，需要崭新的经济学思维，我建议以下三条途径。

其一，直接回到蒙代尔的开放经济宏观模型，然后根据当代中国的国内经济问题和国际宏观环境，重新准确定义“内部平衡”和“外部平衡”。蒙代尔原创模型里的内部平衡和外部平衡方程式、各个方程式里面的各个变量，乃是依据1960年代的美国经济和世界经济来确定。曾日月之几何，而江山不可复识矣。决定今日中国内部平衡和外部平衡的各个变量，以及外部平衡和内部平衡各个方程的具体形式，自然不同于蒙代尔的原创模型。通过重新定义蒙代尔模型的各个方程式和方程式里的各个变量，我们有望找到适合中国国情的宏观经济政策组合。理由很简单：蒙代尔分析宏观经济政策组合的一般均衡思维方法，乃是普适的方法。

其二，重新定义蒙代尔模型里的通货膨胀和利率变量，引入费雪效应（Fisher Effect or Fisher Equation）；区分名义利率和真实利率；区分预期通货膨胀和实际通货膨胀；引入汇率持续升值预期，等等。特别是，将资产价格纳入通货膨胀量度，重新阐释宏观经济政策的恰当组合。理由是：当年蒙代尔构造他的国际宏观经济模型时，汇率升值或贬值预期不是一个问题，资产价格暴涨不是一个问题，不是威胁整个经济体系稳定的重要力量，宏观经济政策（所谓稳定政策）无需考虑资产价格泡沫和泡沫破灭之风险。然而，今天威胁中国宏观经济稳定最重要的力量，就是资产价格泡沫，如何妥善制定政策，尽可能减少资产价格泡沫蕴涵的潜在风险，是今日中国宏观经济政策面临的重大难题。而资产价格泡沫形成的原因，又是人民币持续升值之预期，要恰当分析今天中国的宏观经济政策组合，必须纳入汇率升值预期和资产价格泡沫（或资产价格暴涨）。

其三，建立完全崭新的宏观经济一般均衡模型。譬如建立“货币信用—真实经济—虚拟经济”的一般均衡模型，代替或补充“内部平衡—

外部平衡”的一般均衡模型，以分析今天中国和全球的宏观经济政策组合。理由很充分：1971 年布雷顿森林体系的固定汇率制度崩溃以来，毫无约束的美元本位制和浮动汇率，导致全球流动性极度泛滥，最严重后果就是虚拟经济和真实经济严重背离，成为左右一国宏观经济稳定最基本的力量。我不是说“内部均衡—外部均衡”范式已经完全不再适用，而是说“货币信用—虚拟经济—真实经济均衡范式”或许是更好的分析架构，至少可以是蒙代尔“内部均衡—外部均衡范式”的适当补充。此外，全球化时代的降临，让贸易收支、国际收支、外部平衡之内涵，与蒙代尔当年之定义，已经非常不同。我们甚至可以问：追求“内部目标—外部目标”同时均衡，究竟还是不是宏观经济政策组合的恰当目标？如果答案是否定的，转向“货币信用—虚拟经济—真实经济一般均衡”也许就是正确的思维路线，也是我本人正在努力尝试的分析思路。

后　记

常言说得好：世事如棋局局新。世界变化之迅猛，远超人们之预期。昨日为非，今日为是；今日为是，明日为非。人心摇荡，意见纷纭，天下滔滔，莫衷一是。身处全球大变局时代，欲独上西楼，望断天涯，笃定心志，守静抱朴，何其难也。若随波逐流，人云亦云，趋炎附势，希图名利，易则易矣，心有不安。

本书收集之文章，实乃书生呓语，即兴抒怀，有感而发，原非学术作品，难登大雅之堂。朋友鼓励结集付梓，心怀愧疚，踌躇再三。

首先感谢中国发展出版社的尚元经老师，没有他的坚持和辛勤努力，本书不可能出版。编入本书的各篇文章，多数曾经发表于各大媒体，包括《人民日报》、新华社、《第一财经日报》、《南方都市报》、《经济观察报》、《21 世纪经济报道》、《上海证券报》、《中国证券报》、网易、新浪、和讯、腾讯、凤凰等等。作者再次对众多媒体界朋友多年来的支持和鼓励致以深深谢意，尤其需要特别感谢《第一财经日报》徐以升先生和《南方都市报》陈建利先生。

本书中出现的任何错误，皆由作者文责自负。

向松祚

2013 年 4 月